何謂中華、何謂漢？

追逐彩虹的草原男兒

漢とは何か、中華とは何か

後藤多聞——著

鄭天恩——譯

目次

序章
「中華」與「漢」的不可思議

「中華」，到底是什麼呢？

「建立起故宮的『漢』是什麼，『中華』又是什麼，這是個值得思考的問題喔！」

這是司馬遼太郎先生的話。這句話是在他猝逝前的一個月，在名古屋旅館的酒吧中說的。當時是一九九六年一月七日。

不知從什麼時候開始，司馬先生與其夫人（福田綠）已經養成了每年一月，為在周刊朝日上連載的《街道散步》進行取材之旅的習慣。名古屋是他最後的作品《濃尾三州記》（《街道散步》系列第四十三號）的取材地點。這天晚上，他在這裡和學者與編輯們會合、暢談，度過一夜。

「咦？」

我記得，當時我只做了這樣一個沒頭沒腦的回應。

在我想來，「中華」不就是中國文明的統稱，是個從古代一路延續下來、漢民族的認同概念嗎？因此對於司馬先生的話語，我實在是摸不著頭緒。

當時的我正在進行NHK特別節目「故宮」系列的製作；這一系列的副標題是「從故宮珍藏

所見的中華五千年」。司馬先生正是看到了這個標題，才會指出這樣的問題。他接著又說：

「雖然我不太想說，不過真正感到驕傲的，其實只是『漢』吧！」

這是司馬先生對現在的漢族中心國家所頌揚的「中華」，從根本上提出的疑問與抗議。司馬先生常說，要從塞外的視野來看中國；綜觀中國史，當中不只有農耕的漢族，也有邊境草原的騎馬遊牧民族，要放眼遊牧民族扮演的角色，才能看出中國令人喜愛的另一面。因此，司馬先生應該是希望我在這方面，也能傳達出中國的魅力吧！這就是司馬先生觀看中國的角度。

回家之後，我試著翻閱了好幾本辭典。

首先是《新字源》（小川環樹等編）：

中華：中國。位於中央，文明開化的國度之意。

另一方面，關於中國的解說則是：

中國：①意為「中央之國」，中國人對自己國家的稱呼。《書經・梓材》：「皇天既付中國民」。同義詞：中夏、中華。②國家的中央。③都城。

在這本辭典中，有明確歷史典故的語彙都會記載其出處。「中國」的出處是《書經．梓材》；《書經》是中國最古老的史書，也是孔子編纂的儒教重要經典——五經之一。但是在這本辭典中，「中華」並沒有出處記載。

那麼，其他辭典又是怎樣呢？

在《岩波國語辭典》（西尾實等編）中：

中華：①中國的漢民族出於自己比周圍國家民族更為優越這一信念，用來對自己國家的稱呼。例：中華思想。②（作為接頭語）「中國的」之意。例：中華料理。

三省堂《大辭林》（松村明編）：

中華：①中國的漢民族認為自己的文化與國土乃是理想之境，因此對自己國家做出的美稱；相對於此，他們則將周邊民族蔑稱為「東夷、西戎、南蠻、北狄」。同「中夏」。例：中華思想。②「中華料理」的簡稱。

大修館書店《廣漢和辭典》（諸橋轍次等編）：

中華：中國人誇耀自己國家的名稱。中是世界的中央，華則是文化、文明之意。《唐律名例疏義釋例》：「中華者，中國也。親被王教，自屬中國，衣冠威儀，習俗孝悌，居身禮義，故謂之中華。」

接下去是平凡社的《字通》（白川靜著）：

中華：中國的自稱。華是文化之意。《北齊書・高昂傳》：「于時鮮卑共輕中華朝士，唯憚服於昂。高祖每申令三軍，常鮮卑語，昂若在列，則為華言。」

漢和辭典的最高峰，漢學家諸橋轍次（一八八三－一九八二）耗費三十年歲月編成、大修館書店的《大漢和辭典》是這樣寫的：

中華：①中國的自稱。中是「居於四方中央」之意，華則是「擁有文化」之意。古代中國的君主多半建都於黃河南北一帶，後世稱此地為「中華」、「中原」或者「華夏」。換句話說，中華原本指的是黃河流域；但後來隨著疆域擴大，各王朝也將自己的所屬地併入其中，一概稱之為「中國」、「中華」。《蜀志・諸葛亮傳注》：「使遊步中華，騁其龍光。」《魏書・禮志》：

「下迄魏晉，趙秦二燕，雖地處中華，德祚微賤……」②星座的名稱。《晉書・天文志》：「東蕃四星，第二星曰次相，其北中華東門也。」

《大漢和辭典》說「後世稱此地為『中華』、『中原』或者『華夏』」，其中的「中原」，指的是黃河中游，亦即黃河文明搖籃之地；就地理上來說，它包含了陝西省的渭水流域、山西省與河北省的南部、河南省與山東省的西部，和現在大半為黃土堆積的黃土地帶相重合。

據諸橋所言，一開始「中華」和「中原」指涉的是同一個地區，但後來隨著版圖擴大，冠以中華之名的領域也隨之擴張；這種觀點，可以稱之為「擴大的中華」。

可是，在當作「中華文明」使用時，「中華」又變成了文化、精神上的概念。故此，「中華」其實具有具體性（地理性）和抽象性雙重意味，這是我們必須理解的。

由國語學者編纂的前兩本辭典，並沒有記載「中華」的出處；另一方面，他們使用的是「漢民族」，而諸橋使用的是「中國人」，這也反映了他們對於「中華」與「漢」在概念上的各自不同認識。國語學者的解釋，相當符合把「中華」與「漢民族」視為等同概念的一般常識；只是，這兩本辭典都沒有針對「中華」誕生的背景加以說明。

那麼，讓我們來看看這個詞的出處吧。提及「中華」出處的辭典共有三本，其中所講到最古老的正史是《三國志・蜀志》（西晉陳壽撰），但引用的出處是南北朝時代，南朝宋的裴松之注。

從正史記錄來看，最早出現的並不是「中華」，而是天界的星座名稱「中華門」；在繼承曹魏的司馬氏之晉（西元二六五—四二〇）的正史《晉書》（唐房玄齡撰）天文志中，可以看到這項記載。做為單獨名詞使用的「中華」，則是出現在騎馬遊牧民族鮮卑拓跋族的國度——北魏（三八六—五三四）的正史《魏書》（北齊魏收撰），以及之後的《北齊書》（唐李百藥撰）中。《北齊書》是北魏滅亡後，鮮卑系王朝北齊（五五〇—五七七）的正史。至於《廣漢和辭典》所引用的《唐律》，則是時代更後的唐朝所使用的法令集。

若是從這些出處最早的時代看起，那麼「中華」的出現，乃是四世紀以降的事。和有史以來便有此稱呼的「中國」相比，「中華」是個相對較新的詞彙。

既然如此，這又意味著什麼呢？

魏書的用例是太和十六年（四九二），也就是北魏達到繁榮頂點的第六代皇帝孝文帝（四七一—四九九在位）時，臣下對皇帝的上奏（上表）：

下迄魏晉，趙、秦、二燕雖地據中華，德祚微淺……

在這份上奏中，也有著「晉既滅亡，天命在我」這樣的文句。這既是對西晉滅亡後，逃亡南方的東晉流亡王朝的正統性加以否定，同時也是認定先行的趙、秦、二燕等盤踞中原的五胡騎馬民族政權，在取天命上有所不足。在這裡，中華是一種地勢的概念，意味著由鮮卑族所建立的北魏領土；換言之，「中華」就等於「鮮卑」。

從這以後又過了五十年，在《北齊書》中出現了「于時鮮卑共輕中華朝士」的字句。這意思是說：和鮮卑密切相關的北齊高祖（四九六—五四七）相當輕視中華，唯獨對漢人高昂深表敬意。當他在向軍隊下命令的時候，一般都是用鮮卑語，只有高昂在列的時候，會用華（漢）語。在這裡的「中華」比起領土，更趨向於文明的意思，而從這也可以類推出，鮮卑並不屬於中華領域。換言之，這裡的等式就是「中華等於漢，不等於鮮卑」。

在孝文帝的極端漢化政策下，北魏趨向衰弱，並於五三四年分裂為東西。東魏的宰相是高歡，也就是《北齊書》所稱的高祖。當時北魏在長城北邊，設有稱為「六鎮」的防衛據點；所謂「鎮」，是這個時代獨特的行政單位，管轄某個特定區域，並具有防備外敵的兵力。雖然擁有稱得上是領土的轄區，不過位階比州要低。

高歡就是六鎮之一懷朔鎮的下級武人。六鎮抗拒漢化政策，充滿了復古主義與鮮卑的民族意識。五五〇年，高歡的次子高洋接受東魏皇帝禪讓，建立北齊。

兩個正史的「中華」——北魏和北周，同樣是鮮卑／騎馬民族系王朝，對「中華」的理解卻迥然相異。

在名古屋的會面後僅僅兩個月，當我正逐漸明瞭，「中華」這個詞並不是那麼單純的時候，不幸的消息傳來；司馬先生倒下，成了不歸之人。

那是一九九六年二月十二日的事。

人家告訴我，司馬先生始終奮戰不懈，直到最後仍然保持著感受不到痛苦的沉穩容顏，只是在嘴角留有些許血跡。

「中華是什麼」這個問題，是司馬先生留給我的習題。不過，關於它的解答，線索其實就在司馬先生的文章裡：

……「中華」與其說是西洋概念下的領土思想，不如說是只有中國具備的文明主義詞彙。維吾爾人也逐漸浸淫在中華的禮教中；即便不懂漢文，也知道在高尚的人面前低頭才是對的。文明主義下的版圖，與歐洲風的領土思想，在歷史性質上具有非常大的差異；正因如此，兩者自近代（清末）以來，造成了相當大的混亂與衝突。（司馬遼太郎／陳舜臣／金達壽，《在歷史的交叉路口：日本、中國、朝鮮》）

將中華解釋成「文明主義詞彙」的司馬史觀，其背景究竟是什麼呢？

我的「中華」探索之旅就從這裡開始。首先要釐清的疑問是，中華、漢與騎馬民族是在何處、又是如何交錯，從而使得「中華」這個概念越來越重要呢？

追逐草原彩虹的騎馬民族

「騎馬民族」這個概念，自從考古學者江上波夫（一九〇六—二〇〇二，東京大學榮譽教授）在第二次世界大戰剛結束不久的一九四八年，發表了「騎馬民族征服王朝說」以來，便逐漸廣為人知。所謂騎馬民族，指的是遊牧民在進入戰鬥態勢時，一時之間所呈現出來的狀態，因此並非純粹的民族學概念；等到戰鬥結束、回歸故鄉草原時，他們就又會變回本來的遊牧民。

在中國史中，蒙古族的元與滿洲（女真）族的清等塞外民族，都屬於這類型。因此我們也可以說，騎馬民族就是「建立遊牧帝國、擅長騎馬並以遊牧為生的非漢人集團」。

一部中國史，就是騎馬遊牧民與農耕民的對立競爭史；這樣的歷史，最早可以追溯到西元前。

中國大陸自古以來，在經濟上就是南北地理環境的意義遠大於東西差異。中國的東西之間，因為緯度差距不大，所以氣候也沒有太大差異，但是南北之間的氣候與氣溫則差異甚大，因此產物的種類與豐饒程度也大不相同。對身處氣候嚴酷的北方草原騎馬遊牧民來說，南方廣大、溫暖且物產豐饒的田園地區，常常刺激著他們的慾望。

從抗爭歷史中最早登場的匈奴、月氏到突厥，曾動搖中國歷代王朝的騎馬民族不勝枚舉；但在這當中，也有不少民族現在已經不復存在。某位民族學者就說：「民族是人為創造出來，也會因人為而抹消的事物。」

既然如此，那這些曾一時席捲歐亞大陸的騎馬民族，又到哪裡去了呢？從結論來說，大部分的月氏人，以及突厥／土耳其系民族，都往阿富汗，甚至更西的土耳其安那托利亞高原遷徙了。在中國大陸，則除了現在仍以少數民族之姿存在的蒙古族、吐蕃族、維吾爾（回）族以外，其他的騎馬遊牧民族，都已融入了中原這個「民族大熔爐」之中。

在我探索「中華」的過程中，騎馬遊牧民族的存在，在我心中留下了深刻的特殊印象；而就在這時，我看到了一句值得注意的話——

周隋唐皆出武川

據東洋史大學者宮崎市定（一九〇一－一九九五，京都大學榮譽教授）的高足礪波護（京都大學榮譽教授）所言，這是宮崎先生在東洋史專業的首堂課上，屢屢向學生提及的一個短句。這句話出於《二十二史箚記》，這是清朝最盛時期、第六任皇帝乾隆帝（一七三五－九五）時代的一位學者趙翼（一七二七—一八一四）所撰的歷史解說書。趙翼年輕的時候，就曾在乾隆皇帝率領的軍機處（處理軍事情報、直屬皇帝的機構，由乾隆的父親雍正帝所設立）服務，是位相當優秀的文人。所謂「劄記」，意思是「一條一條書寫下來的讀書雜記」。

周、隋、唐三代之祖皆出於武川。宇文泰四世祖陵，由鮮卑遷武川……是為周文帝。楊堅五世祖元素，家於武川……是為隋文帝。李淵三世祖熙，家於武川……是為唐高祖。區區一彈丸之地，出三代帝王。（趙翼，《二十二史劄記》卷十五）

「武川」指的是武川鎮（今內蒙古自治區呼和浩特近郊）。

「區區一彈丸之地，出（周隋唐）三代帝王。」

北魏分裂為東西後，接受西魏禪讓建國的（北）周、乃至於隋、唐，這三代王朝，都是起源自這個北邊的小方鎮、一塊狹小的彈丸之地。

這個說法指出了「三代王朝都是出自騎馬遊牧民族鮮卑族之地」這個重點，同時透過中國的社會、經濟、制度史，形成了宮崎中國史的根本認知。

過去，我總認為「隋、唐是漢民族建立的代表性帝國」；我想這也是當時一般人的認知吧！但是早在清朝時期，就已經出現了與此迥然相異的見解，我不由得感到自己對民族這個概念的理解，實在太淺薄了。

四世紀以降，所謂漢族被稱為「五胡」的遊牧系民族逐出中原，陷入偏限江南一隅的時代；這就是南北朝時代，或者又稱為五胡十六國時代。五胡指的是匈奴、鮮卑、羯、氐、羌這五個民族，他們都是位居北方或西方草原山岳地帶的狩獵遊牧系民族，也就是所謂的「騎馬民族」。

五胡時代的開端是西元三〇四年，雄霸五胡的匈奴大單于劉淵建立漢國，自稱皇帝。

宮崎先生曾說北宋史家司馬光（一〇一九—八六）撰寫的《資治通鑑》是部「宛若壯闊的大河小說般，充滿魅力的史書」，給予它相當高的評價。在這當中，他認為關於亂世——五胡十六國時代的記述最為有趣；這些篇章，特別能呈現出年輕、充滿魅力的霸主活躍的時代：

在大一統政治的和平時代，就算出現英雄豪傑，他們的行動範圍也極其狹窄且受限。他們首先必須服從皇帝的權威，接著還必須被政府的機構法制束縛，並被傳統的風俗習慣所拘束。既然他們是在這種束縛之下嶄露頭角，無法逃脫這樣的束縛，也是理所當然。然而五胡的英傑，因為被允許自由行動，所以全都一味仰賴實力，意圖獨步天下，並且毫不留情地擊倒對手，以求攫取霸權。（宮崎市定，〈資治通鑑的有趣之處〉）

這個時代，五胡相繼建立了許多短命王朝；讓混亂得以平息、重新統一華北的是五胡之一的拓跋部，這也是被宮崎評為「野蠻民族」的鮮卑族的支部。拓跋部建立北魏的時刻，是在五世紀中葉的四三九年。

從《魏書》的例子來看，當時間來到五世紀末、北魏第六代皇帝孝文帝時，他在史上頭一遭使用了「中華」這個詞，來表示胡人、也就是自己所屬的領域。

孝文帝也是為了實現自己的理想與野心，在戰火中脫穎而出的年輕英雄之一。

據趙翼所言，這個鮮卑拓跋部，正是誕生出隋唐王朝的母體。

也有一種新的觀點，將周、隋、唐三代統稱為「拓跋國家」；提出這個觀點的是杉山正明（京都大學教授，專攻東洋史、蒙古史）。

> 北周、隋、唐等國，不只在統治階層上彼此互通，王室之間也相互通婚；不管從政權、國家的型態與體系來說，都沒有太大的差異。因此，若將自北魏開始的這個時代歷史看成是「拓跋國家」的時代、加以一貫的敘述，或許正是最能清楚理解事態的方法吧！（杉山正明，《遊牧民的世界史》）

在廣大的北方蒙古草原上，時常會驀然出現巨大的彩虹。彷彿像是埋藏著寶藏一般，它的根部消失在遠方山的那一端，筆直延伸到天空的尖端則隱沒在霧氣之中、朦朧不清。雖然從遠遠的地方能看見它的拱形，但逼近一看，更會為那一直線延伸到天空的宏偉彩虹感到驚嘆不已。對胡／騎馬遊牧民族而言，「中華」帝國的建立，正是宛若這大草原的彩虹一般，看不到盡頭的夢。這些草原孕育出的年輕人，全都期盼著這道彩虹，也就是將中原和西域合而為一的巨大帝國——漢王朝的再度降臨。

鮮卑拓跋部。他們所建立的北魏這個國家，作為其特徵的事物之一就是佛教信仰。他們所樹立的佛教樣貌，對後代也有重大的影響。特別值得一提的是，在北魏首都平城郊外的雲岡石窟，突然出現的大佛群。這是中原第一次建造的大佛，之後延伸出唐代的龍門石窟奉先寺大佛，以及奈良東大寺大佛的建造。大佛思想是在何處產生、又是何時、由誰帶進中原的？釐清這點，是我們理解當時狀況與騎馬民族的精神所不可或缺的課題。

胡族是如何掌握霸權、又以「中華」標榜自我的呢？

周隋唐皆出武川

接下去就讓我們以這句話為關鍵，一起探訪草原之民那宛若彩虹般的野心、也就是邁向「中華」帝國之旅。

「漢」，又是什麼呢？

作為前提，我首先想提提「漢」、「中華」、「中國」這幾個詞彙。

「中國」自古以來，就一直為人所使用。比方說一九六三年，在今天中國陝西省西安以西、黃河支流渭水流域的寶雞市出土，西周時代（西元前一〇二七—七七一）的青銅器「何尊」上，就刻有「宅茲中國」（定居於中國）字樣。孔子（西元前五五二—四七九）彙整的詩集《詩經》，也有一段有名的句子：「惠此中國、以綏四方。」（大雅．民勞）在前漢（西漢）時代，司馬遷（西元前一四五？—八七？）的《史記》中，也有這樣的記載：

> 繆公怪之，問曰：「中國以詩書禮樂法度為政，然尚時亂，今戎夷無此，何以為治，不亦難乎？」（《史記》本紀五．秦本紀）

「繆公」就是西元前六世紀、春秋時代的秦國第九代國王穆公，也是司馬遷所說的「春秋五霸」之一。這段話是他向戎王使者提出的問題，在這裡，「中國」可以解釋成共享詩書禮樂法度的各國，也就是春秋時代爭相並起的所有國度。

同時，這裡所謂的「中國」也是指「中央之國」，亦即從地理來看位於中央的國度，是和「四夷、夷狄」相對的詞彙，因此當然不是近代的國家概念。這塊領域指的是扣除邊境的中央地區，也就是黃河中游，和「中原」可以說是同義。不只如此，在《左傳》裡，也可以看見「和諸戎狄，以正諸華」（襄公十一年）的字句。這裡的「華」，指的是和戎狄對峙的世界，也就是中原世界、中夏——以後來的漢人為中心所構成的世界。《左傳》是解說孔子編纂的史書《春秋》的作品，一般公認是在西元前四世紀完成其原型。

除此之外，也有「華夏」這樣的稱呼。據白川靜《字通》所述，華即是花，是一種美稱；夏則是頭戴舞冠、儀容端整的舞者模樣——也就是在神廟之前呈現舞蹈。後漢（東漢）時代完成的最古老漢字辭典《說文解字》（許慎撰），就說「夏，中國之人也」。「夏」這個名詞，既是中國最古老王朝的名字，同時也被當成「中國」的代名詞。

「中國人民」這個詞的來歷也很悠久，在西元前一世紀、司馬遷的《史記》中就可以看見：

……皆中國人民所喜好。謠俗被服飲食，奉生送死之具也。（《史記》列傳六十九・貨殖列傳）

在上述的時代，「中華」還沒有登場。

「中華」是「中」與「華」兩字合成起來的語彙。中指的是「中央」，華則是輝煌燦爛，或者「文化盛行的土地」（《廣漢和辭典》，諸橋轍次等編），原本並沒有指涉任何民族、或是特定場所之意；換言之，它的內涵其實是很空洞的。

皇帝自己使用「中華」這個詞的時間相當晚，大概要到七世紀中葉。使用這個詞的人，是公認史上最優秀的皇帝——唐朝的第二任皇帝，太宗李世民。

自古以來，皇帝就算平定了中夏，也無法使戎狄臣服。但太宗在逝世兩年前，也就是貞觀二十一年（六四七），舉出了五個理由，認為自己已經達成這個任務。其中的第五個理由是：

自古皆貴中華，賤夷、狄，朕獨愛之如一，故其種落皆依朕如父母。（司馬光撰，《資治通鑑》卷一九八，貞觀二十一年五月）

這段話的出處是來自《資治通鑑》。這是十一世紀下半葉的北宋時代，流淌著西晉王族血脈的名門貴族司馬光，奉宋朝第五代皇帝英宗詔命，花費近二十年歲月撰寫而成，總共兩百九十四卷，從西元前四〇三年涵蓋到西元九五九年的編年體史書。之後我還會經常參照到它，接下來都略稱為《通鑑》。

在這裡的「中華」，指的是自古代延續下來的中原文明。當然，太宗是把自己放在中華一邊的。

可是，對於太宗家族的出身，趙翼明快地斷言：

周、隋、唐三代之祖皆出於武川。

也就是說，唐朝，以及前一代的隋朝，全都繼承了北魏的血脈，換言之即是與騎馬遊牧民族緊密相連。鮮卑拓跋的後裔標榜「中華」；透過追溯箇中的來龍去脈，我們正可以看出「中華」成形的過程。

另一方面，「漢族」這個稱呼，則不見於以《史記》為首的歷代王朝正史。在歷代正史當中，也沒有類似「漢族」這樣的表現手法。據神戶大學教授王柯（專攻中國近現代史）的《多民族國家：中國》所言，漢族這個用語是在二十世紀初期辛亥革命以降，對應民族國家理論才初次誕生的詞彙。關於這點，後面我們會再提及。

不過，「漢人」這個稱呼，則是在漢王朝滅亡不久就已出現：

漢代初傳其道（佛教），惟聽西域人得立寺都邑，以奉其神，漢人皆不出家。魏承漢制，亦

循前軌（前代之法）。（《晉書》列傳第六五，藝術・佛圖澄）

從這段文字中明顯可以看出，「漢人」指的是「漢朝的人民」。

既然如此，那形成「漢」的核心居民，它又是出自哪裡呢？

在《史記》周本紀中，可以看到從漢朝上溯千年，滅亡殷（商）的周，其部族進入中原時的狀況：

> 於是古公乃貶戎狄之俗，而營筑城郭室屋，而邑別居之。（《史記》本紀四，周本紀）

周的先祖古公亶父因為被異民族所逼迫，所以率領部族從靠近陝西省與甘肅省交界處的豳（陝西省彬州市）之地，移居到陝西省北部岐山的山麓地帶。古公亶父一族原本也是出身自遊牧民；到了這個地方，他們才將原本的戎狄習俗——遊牧狩獵採集生活轉換為農耕，並且開始定居下來。

在黃河支流渭水的北方、靠近黃土高原中央定居下來的周族，他們居住的土地稱為「周原」，是中國最古老的詩集《詩經》誕生的地方。現今在微微隆起的小山——岐山的山麓地帶，還可以看到宛若往昔，綿延不斷的田園地帶。當時還沒有稻作，作物是以粟、黍、稗等雜穀（五穀）為主。

古公亶父有三個兒子；因為察覺到父親想把國家讓給么子季歷，所以長子太伯與次子虞仲往南方出奔，切斷頭髮、在身上刺青，化身成蠻族。太伯成為春秋時代南方之雄——吳國的始祖，季歷則繼承了父親的事業。季歷的兒子就是周文王，文王的兒子則是滅亡殷的武王。周大約是在西元前一〇二七年，也就是距今三千年前建國。

殷朝末期，為了打倒昏君紂王，武王的弟弟周公旦號召各民族奮起反抗；應周公號召，前來參戰的共有庸、蜀、羌、髳、微、纑、彭、濮八個民族。這些民族聯合在一起，在牧野之戰中擊破了殷的大軍。

根據《史記》的注釋：

> 八國皆蠻夷戎狄；羌在西、蜀在叟、髳微在巴蜀、纑彭在西北、庸濮在江漢之南。（南朝宋・裴駰撰，《史記集解》）

蜀、巴蜀是現在的陝西、甘肅、四川交界處，江漢是從現在湖北省西部，一直連接到四川省東部、陝西省南部的地帶。因此從中原看來，庸、濮、羌是橫行西方的異民族集團，也就是戎狄。纑、彭也位在西部；從他們和羌同屬西藏系民族來考量，這兩個民族也屬於西戎之輩。至於髳，則是洞庭湖周邊的苗族系民族。這裡展現了所謂「蠻族」以某種形式和中原產生聯繫，並且互通友誼的狀況。

在周代，誕生了後來孔子視為理想的「禮」之思想。

編纂於前漢時代的《禮記》，是一部彙整周以降有關禮的議論、注釋的書籍，也是儒教的根本經典「五經」之一。其中的「王制」是這樣說的：

凡居民材，必因天地寒暖燥濕，廣谷大川（亦即地形）異制。民生其間者異俗：剛柔輕重遲速異齊（基準），五味異和，器械異制，衣服異宜……（中略）中國戎夷，五方之民，皆有其性也，不可推移。東方曰夷，被髮文身（披頭散髮、身上刺青），有不火食者矣。南方曰蠻，雕題（額頭刺青）交趾（交叉雙腳睡覺），有不火食者矣。西方曰戎，被髮衣皮，有不粒（穀物）食者矣。北方曰狄，衣羽毛穴居，有不粒食者矣。中國、夷、蠻、戎、狄，皆有安居、和味、宜服、利用、備器，五方之民，言語不通，嗜欲不同……（《禮記》王制）

在種族或民族概念還不明確的時代，人們會以遊牧和農耕等各式各樣的生活樣式為基準，來區分共同體。以將農耕獲得的食物用火煮食、穿著用麻等纖維紡織而成的衣物、定居在房舍中的人為中心創造出來的思想，就是「禮」。

夫禮者所以定親疏，決嫌疑，別同異，明是非也。禮，不妄說人。（《禮記》曲禮上）

用是否遵從禮來「別同異」，也就是區別蠻夷與華夏。華夏這個詞在這裡，完全不含領土的意義。

可是問題也就在這裡。司馬遼太郎先生就說：

「夷」這個詞，並非人種論的詞彙。只是這種文明論的語彙，因為帶著一種「非文明人」的語感，所以聽起來並不是很舒服。（司馬遼太郎，《街道散步》第二十號——中國．蜀與雲南的街道）

「禮，不妄說人」；禮是「定親疏、別同異」的事物，因此不是對不相熟異民族的生活樣式與規範加以否定，更不是強制他們接受農耕民規範的事物。

周的人民正是從遊牧生活改為以農耕為生的定居生活，才建立起禮治之世與文明主義的版圖。在這個時代，已經在中原以農耕為生的各個民族相互混雜，而在他們的周邊，則可看見以遊牧為生的各個民族的身影。中原，也就是黃河中游，意味著「文明的中心地」；這裡從古代開始，就是「民族的大熔爐」。

周武王的軍師呂尚出身姜姓氏族，一般都認為他們屬於西戎的一支，亦即西藏系的羌族。當周公旦一族被封予魯（山東省南部）之地的時候，呂尚一族則被封於齊（山東省北部）。呂尚與周王室的關係深厚，他的女兒是武王的王后。

秦始皇時代的律令為了區別非華夏族，將身處中原的華夏族統稱為「夏」。秦是戰國時期後半，以善於飼養馬匹的民族之姿，急遽擴大勢力的新興國家，他們出身的地區，是甘肅省的山中。「說起來，他們在春秋戰國時代並不被認為是純粹的中國人，而是被當成夷狄君長敬而遠之。」（宮崎市定《日出之國：中國的開國與日本》）因此，秦也是位列在騎馬民族的譜系當中。

專攻西藏史的佐藤長（一九一三—二〇〇八，京都大學榮譽教授），在他的論著《中國古代史論考》中，斷定周和秦都是廣義的羌族（西藏系）；換言之，古公亶父和秦始皇，都是出自遊牧民族血統。可是在此同時，這個兩民族也都把《史記》中記載的五帝之一——黃帝，當成自己的遠祖。黃帝是漢族認定的祖先，也是傳說中的神明；這些王朝主張自己與黃帝有關，其實是要藉由這種偽造的族史，來讓自己的正統性有憑有據。

有個遺跡可以讓我們清楚看到秦的民族構成實態，那就是位在西安郊外的秦始皇兵馬俑遺跡。兵馬俑的顏面輪廓，實際上形形色色、不一而足。根據秦始皇博物館的分析，大概可以分類為四個民族：

身材高大、臉部輪廓有稜有角、大嘴、厚唇、額頭寬廣，這是秦的根據地——關中的居民。

身材略矮、蛋型臉、下巴尖細，這是當時剛被秦吞併的巴蜀（今四川省）的居民。鼻樑與頰骨高聳，留著奇特的絡腮鬍，這是北方騎馬民族匈奴。數量較少，有著高鼻子和大眼睛，這是西亞系的胡人。

所謂「關中」，指的是以秦都咸陽為首，位在黃河支流渭水流域的秦國舊有領土。前漢首任皇帝劉邦建立的都城長安，也位在咸陽之南的渭水流域。漢朝將秦始皇建立的體制與人民，原封不動接收下來；因此漢從建國開始，就包含了許多人稱東夷、西戎、南蠻、北狄的異民族。

既然如此，那將異民族視為戎狄、加以區隔的攘夷（驅除夷狄）思想，又是從什麼時代開始出現的呢？

渡邊義浩（大東文化大學教授，專攻中國古代史）在《儒教與中國～「兩千年正統思想」的起源》中，做出了以下的評斷：

> 前漢景帝時期（前一五七—一四一）出現的《春秋公羊傳》，受到了直至武帝時期（前一四一—八七）前漢飽受匈奴侵略所苦的影響，主張激烈的攘夷思想與肯定復仇，為兩漢的華夷思想做出了基本定型。（渡邊義浩，《儒教與中國～「兩千年正統思想」的起源》）

簡言之，「華夷思想」是基於儒教經典的產物。

與《禮記》同樣位列五經之一的《春秋》，一般咸認是孔子誕生的魯國編年史，後來經過孔子之手加以添補刪修。魯國是孔子視為理想典範的周公旦所建立的國家。《春秋》一共有三本注解書——公羊傳、穀梁傳與左傳，三書合稱為「春秋三傳」。公羊傳大約成書於西元前一五〇年，穀梁傳則成書於前五〇年左右。

據渡邊所言，《春秋公羊傳》「內諸夏而外夷狄」（成公十五年）的解釋，成為華夷思想／攘夷思想的依據。到了《禮記》編纂的時代，攘夷思想早已萌芽發展起來。

另一方面，華夷共存的思想又是從什麼時候開始出現的呢？

時代往後百年的前漢宣帝甘露三年（前五一），匈奴的呼韓邪單于降伏於漢。渡邊義浩認為，這時候以新編纂的《春秋》解釋書《春秋穀梁傳》為依據，朝向華夷混一努力的理論於焉登場：

> 《春秋穀梁傳》……基於和公羊傳相異的義（解釋）立場，其主要特徵有三：不認同讓國，主張長幼有序的繼嗣方式、力倡華夷混一的理想社會、訴說重民思想與法刑並用。（中略）就這樣，宣帝在國內的繼位問題上以長子傳承為最優先、對降伏的匈奴則給予優遇，以期建立華夷混一的理想社會；在這樣的情況下，正統化的穀梁傳遂占據了儒學的核心。
>
> 後漢的衰弱，是因為軍隊內異民族的存在感日益高漲……受《春秋穀梁傳》的影響，對異民

族的容忍持續發達。（渡邊義浩，《儒教與中國～「兩千年正統思想」的起源》）

漢帝國的時代，同時誕生了攘夷思想，以及更後來的「華夷混一」思想。而後代以復興漢帝國為目標的五胡霸主，莫不繼承了華夷混一。

只是，在這裡必須要舉出一個事實：華夷或是華戎這樣的詞彙，在《漢書》中並沒有出現過。它登場的時代，是在接下來西魏、東魏時的正史《晉書》中。在這本史書裡，「華夷」出現了十一次，「華戎」則出現了三次。由此可見，華夷意識萌生高漲，其實是西晉時代的事。不只如此，將「華」這個單字當作中原傳統王朝乃至於文化的象徵，從而產生出和「蕃夷」相對的意識，也是這個時代的事。

雖然自古以來就有「華夏」這樣的表現方式，然而當時「夏」指的是「中國人」，「華」則不過是美稱罷了。換言之，原本意義空洞的「華」這個字，在西晉時代從美稱升級，獨立成一個詞彙，同時也初次被附加了「中原王朝」的意思。這個「華」的主體，當然是位居中原的王朝；而構成它的，則是後來被稱為「漢」的人群。

華夷意識，在接下來的時代中也被持續承繼著。在鮮卑拓跋族的國度——北魏的正史《魏書》中，華戎、戎華、華夷也出現了六次。從皇帝的詔書來看，這裡的「華」指的是鮮卑族的國家；換句話說，北魏的「華」，是以騎馬民族鮮卑族為主體。

華，以及中華的主體，是會隨著時代而改變的。

既然如此，那麼「漢」這個稱呼又是從什麼時候開始出現的呢？這當然是在漢帝國成立以後，但白川靜在《字通》裡這樣說：

漢：始於五胡的時候，胡人稱漢人為「漢子」。

所謂「五胡的時候」，指的就是五胡十六國時代。這個時代的開始，是西元三〇四年，華北的匈奴單于（君長）劉淵自立，建國號為漢（後來改為前趙）。位在中原、作為漢王朝後繼者的魏與（西）晉，都是短命王朝。晉滅亡後，殘黨逃往江南建立了（東）晉。自此以後，南方陸續出現了宋、齊、梁、陳，直到隋統一全境為止，一直是短命王朝在傳承。這個時代又被稱為「六朝時代」，或者統稱為「魏晉南北朝時代」。

在從黃河流域到西域的廣大土地上，異民族王朝此起彼落，興衰不斷。後漢王朝瓦解後，這些胡族集團受到以魏晉為首的各國雇用，以傭兵之姿進入中原。雖然他們被蔑視為「不知禮儀的蠻夷」，但同時也深受中原絢爛的文化所吸引，並對之深感憧憬。於是他們一邊忍耐著侮蔑，一邊累積實力與武器，最後終於消滅了晉朝，並為了將中原納為己有，展開你死我活的爭奪戰——這就是五胡十六國時代。

漢、或者漢人這個稱呼，在這個時代是由胡族／異民族首先開始使用的。根據中國的報告（《漢文化與西部大開發～二〇〇三年漢民族學會學術討論會論文集》）所述，有關漢的稱呼，包括了漢輩、狗漢、老漢嫗（《北齊書》）、漢家、漢地、痴漢、漢小兒、賊漢頭、空頭漢（《北史》）、漢女、山東雜漢（《宋書》）等表現手法。這當中大半都是指「漢的殘黨」之類的意思，且在當時都是一種蘊含侮蔑意味的詞彙。

漢這個名詞，不過是居住在漢王朝的故地——中原人們的總稱，而非純粹民族學的概念；這樣的理解，現在已經成為主流。

五胡十六國時代，是一段長達四百年的戰亂時代，也是「民族大融合」的時代。川本芳昭（九州大學教授，專攻東亞史）就這樣說：

> 綜觀中國的歷史，在春秋戰國的割據時代後，出現了中國最初的統一國家——秦漢帝國，在這之後是持續分裂與混亂的魏晉南北朝，在往後則是再次造訪的絢爛統一時代——隋唐帝國。就像這樣，彷彿一個巨大周期般，政治上極端錯綜複雜的時代與安定的時代，交互且反覆的出現。
>
> （川本芳昭，《中華的崩壞與擴大》）

從北方草原地帶南下的騎馬遊牧民族席捲中原，漢王朝的遺民則逃往長江周邊；這個時代既是胡漢融合的時代，也是為隋唐做好準備的時代。這樣的認知，也蘊含在上述的諸多見解當中。

接下來，就讓我們首先從鮮卑這個騎馬民族登場的背景，也就是五胡十六國時代，席捲中原的五胡狀況來看起。

最後，在本書中，因為找不到足以替代位居中原民族集團的稱呼，所以只好依循舊法，使用以往的「漢族」或「漢人」來加以稱之。同樣地，「民族」這個概念，也不像現在的使用方法，是單一性、有意識下的產物。因此「漢族」說起來，大概也只是一個統合反覆聚散離合的各民族、成為當時最大勢力的部族名稱，簡單說就是一種鬆散的形象，在此特別提醒讀者。

第一章

騎馬民族奔馳的時代

——宛若壯闊的大河小說

五胡——獅子身上的跳蚤

西元一世紀下半葉，後漢帝國由中期邁入晚期，外戚和宦官橫行暴虐、政爭無休無盡，整個中原瀰漫在一股不穩的氛圍當中。

這個時候，五胡的勢力開始往中原滲透。

和帝永元中，大將軍竇憲遣右校尉耿夔擊破匈奴，北單于逃走，鮮卑因此轉徙據其地。匈奴餘種留者尚有十餘萬落，皆自號鮮卑，鮮卑由此漸盛。（《後漢書》卷九十，烏桓鮮卑列傳）

和帝在位的期間是西元八八年到一〇五年，這時候匈奴業已分裂為南北兩部。率領北匈奴的北單于受漢朝所逼，被迫逃往西方；趁隙取而代之的，是原本隸屬其下的鮮卑族。殘留的十餘萬「落」的匈奴居民融入其中，都自稱鮮卑族。這是曾經盛極一時的匈奴部族聯盟的解體沒落，與新興勢力鮮卑族宣告興起的時刻。

上述《後漢書》中所提到的「落」這個詞，一落大約是兩到三個穹廬（蒙古包，蒙古語稱為ger），當中的居民約為二十餘人。透過血緣連結數百至上千個落，便形成一個部族；因此十餘萬落，就相當於兩百多萬的人口。

自古以來，騎馬民族不管哪個民族，都會透過和某個具有勢力的集團戰鬥或者聯合，吸收其他民族集團，成為一股大勢力；而和他們會合的各民族，也都會冠上統治部族的名稱。因此在大部分的情況下，一個民族集團裡面會包含好幾個部族集團，也就是所謂的部族聯盟。宣告匈奴分裂的這段插曲，也如實呈現了騎馬民族的這一面。

另一方面，匈奴南單于所率的部族——南匈奴，則是順服於後漢，定居在現今山西省的北部。從歷史上來看，這個南匈奴對中原王朝而言，正是獅子身上的跳蚤。

在華北地區，豪族擁有廣大土地，控制了多數人口；傳統社會土崩瓦解，天災和饑饉頻繁發生。靈帝中平元年（一八四），發生了一起讓漢視這種狀況的宮廷為之震撼的叛亂，那就是以「蒼天已死、黃天當立」為號召的黃巾之亂。「蒼天」指的是後漢王朝。此後直至隋唐統一國家誕生，群雄展開了割據混亂的四百年。

在隨著領袖死去、短時間之內便遭到平息的黃巾軍的戰鬥中嶄露頭角、一時執天下牛耳的是董卓。董卓在靈帝之父桓帝的時代，曾經擔任過西域戊己校尉（西域的長官、後來的刺史），此時以東中郎將（東方遠征軍指揮官）的身分，語黃巾軍作戰。據宮崎市定所言，進入首都洛陽的董卓軍隊，原本是駐紮在西方的西藏附近，麾下也擁有隸屬於南匈奴的羌族軍隊。這支騎兵部隊的勇猛，遠遠凌駕於後漢帝國的正規軍之上。

掌握實權的董卓廢黜了少帝（在位一八九），立少帝的弟弟為帝，這就是後漢最後的皇帝獻帝（在位一八九－二二〇）。董卓軍恣意掠奪貴族的財寶，甚至還侵犯靈帝的墳墓（文陵）。這場亂事被稱為「董卓之亂」。

宮崎先生如是說：

董卓之亂是歸順漢朝的長城外遊牧民族覺醒於自己的力量，開始明顯表露反叛態度的第一步。董卓麾下的精銳是西藏系與匈奴系的騎馬部隊，就連董卓自己，也有人認為他是出身自異民族。與之相似的情況，也發生在羅馬帝國末期；當時皇帝寶座的周圍，必定跟隨著日耳曼傭兵隊長。（宮崎市定，《大唐帝國》）

這場亂事之後，進入了魏的曹操、蜀的劉備、吳的孫堅等三國志英雄的時代，熾烈的權力鬥爭於焉展開。在群雄戰鬥部隊中占重要部分的，是南匈奴和鮮卑族等身為「塞外之民」、為人所輕賤的遊牧騎馬民族。

延康元年（二二〇），後漢滅亡，曹操也辭世。此後，魏文帝（曹操之子曹丕，在位二二〇－

二二六）、吳大帝（孫權，在位二二二－二五二），蜀漢昭烈帝（劉備，在位二二一－二二三）為了成為中原霸主，展開了激烈的鬥爭。

魏是個僅僅維持了四十五年的短命王朝。第三任皇帝廢帝嘉平元年（二四九），司馬懿（晉追封他為高祖宣帝）掌握了魏的實權。司馬懿字仲達，是河內（河南省的黃河以北）名門出身，也是在五丈原之戰中被蜀漢的諸葛孔明所玩弄，留下「死諸葛嚇走生仲達」軼聞的人物。

在魏最後的第五任皇帝元帝景元三年（二六三），魏降伏了蜀的第二任皇帝劉禪，和吳形成兩國並立的局勢。兩年後的咸熙二年（二六五），司馬懿的孫子司馬炎接受元帝禪讓即位，是為武帝（在位二六五－二九〇），建國號為晉（二六五－三一六）。

咸寧六年（二七九），晉攻陷吳國的首都建業（江蘇省南京市）。由孫權展開的吳王朝，在維持了四任皇帝統治的五十餘年之後滅亡。

至此，從董卓之亂開始，將近九十年的亂世宣告終結，也出現了六十年來首度將華南華北合一的統一王朝。可是，晉的統一並沒有持續太久。

在當時的中原，漢朝的遺民與騎馬民族相互雜居；關於其狀況，曾經留有這樣一段記錄：

> 戎狄彊獷，歷古為患。魏初人寡，西北諸郡皆為戎居。今雖服從，若百年之後有風塵之警，胡騎自平陽（山西省臨汾縣）、上黨（山西省長治市）不三日而至孟津（黃河渡口的要衝，河南省），

北地、西河、太原、馮翊、安定、上郡（以上皆是黃河以北的地區）盡為狄庭矣。（《晉書》列傳第六十七，四夷）

晉建國之後不久的太康元年（二八〇），官員郭欽上疏，主張「裔（異民族）不亂華」（將擾亂「華」的異民族從中原驅逐出去），「峻（嚴格控管）四夷出入之防」。在這裡，擁有實體的「華」於焉登場。

當時已是「西北諸郡皆為戎居」的情況。現在他們雖然表示服從，但一旦發生什麼事，這些戎胡的軍隊必定會立刻席捲中原。正因如此，郭欽才提出將戎狄移居到邊境的想法，至於國防，則由漢人的刑徒替。這個計畫，其實是元康九年（二九九），太子洗馬（太子宮圖書管理官）江統所著《徙戎論》的先驅。

對晉這個國家而言，要和胡族對峙，應該採取什麼樣的方式呢？對於郭欽和江統「遠隔夷狄」的發想，渡邊義浩指出，這是「儒教華夷思想的極限」：

結果，儒教的華夷思想，完全無法應對胡漢雜居的現狀。江統的徙戎論，正呈現了欠缺現實適應力的儒教華夷思想之極限……因此，趁八王之亂的機會，將西晉「儒教國家」導向土崩瓦解之路的寒門與異民族，在對儒教所包含的差異性反彈當中，找到了自己的定位。（中略）

西晉這個「儒教國家」雖然努力復興作為儒教理想的周代政治，但在社會分化、異民族崛起的背景下，單憑儒教治國，必定會碰上瓶頸。（渡邊義浩，《儒教與中國～「兩千年正統思想」的起源》）

武帝擱置了郭欽的提案；然而不到五十年，郭欽的預言便化為現實。不只當時，靠近首都的關中地區，氐族與羌族等民族，已經占了全部百萬人口的將近一半。不只如此，山西省也籠罩在南匈奴的兵鋒之下。泰始三年（二六七）爆發匈奴叛亂以後，各地的胡族叛亂便持續不輟。咸寧三年（二七七），武帝發兵討伐崛起於北方草原的鮮卑拓跋部力微。力微被視為拓跋部的始祖，被北魏追謚為神元帝。之後力微為了和親，將太子沙漠汗送往首都洛陽。這就是百年後建立北魏的鮮卑族拓跋部，首次在歷史舞台登場。

不管怎麼說，夷狄都已經深入獅子的體內了。

武帝為了對應這種事態，在襄陽（湖北省襄陽市）設立南蠻校尉（校尉是治理一地的武官）、在長安（陝西省西安市）設立西戎校尉、在寧州（江蘇省南京市）設立南夷校尉、並在涼州（甘肅省武葳）設立護羌校尉。

「中華」的起源——在晉朝滅亡之後

在晉朝首任皇帝武帝的時代，出現了史上第一座命名為「中華門」、現已不存的建築物：

晉氏受命，武帝更定元會儀，《咸寧注》是也……《咸寧注》：先正一日，有司各宿設。夜漏未盡十刻，群臣集到，庭燎起火。上賀，起，謁報，又賀皇后。還，從雲龍東中華門入，詣東閣下，便坐。（《晉書》志第十一，禮下）

晉建國之初，武帝司馬炎便參考過去王朝的先例，制定正月朝賀皇帝的規矩。上列引文是描述朝賀開始前的準備階段，其中皇帝出席的必經之路，就是「雲龍東中華門」。

接著在《宋書》禮志，武帝泰始十年（二七四）的詔書中，也記載了謁見皇帝皇后的規矩。其中廷尉監（負責取締犯罪的高級法官）待命的場所，就是東西中華門。

《晉書》中也有另外一處提到「中華門」。五胡十六國時代，羯族的石勒從匈奴劉淵的漢（前趙）當中獨立出來，建立後趙。在後趙第六任君主石鑒的時代，東晉永和四年（三四八）的記錄曾經出現「西中華門」字樣。看樣子應該是晉滅亡後，占據中原的騎馬民族繼承了武帝的中華門吧！因為在《三國志》中不曾見過，是故以「中華門」為名的建築物，應該是在晉朝建國初期的三世紀下半葉，由首任皇帝武帝司馬炎所創設的。

既然如此，「中華門」這個名稱的出處又是從何而來呢？當我們從《晉書》中尋求答案時，諸橋《大漢和》中舉出的〈天文志〉，就成了重要提示：

> 太微，天子庭也，五帝之坐也。（中略）東蕃四星，南第一星曰上相，其北，東太陽門；第二星曰次相，其北，中華東門也；第三星曰次將，其北，東太陰門也；第四星曰上將：所謂四輔也。西蕃四星，南第一星曰上將，其北，西太陽門也；第二星曰次將，其北，中華西門也；第三星曰次相，其北，西太陰門也；第四曰上相：亦曰四輔也。（《晉書》志第一，天文上）

擁有五星的紫微是天帝的寶座，也是天帝常居之處。太微是天帝的門庭，其東西分別有太陽門和中華門。

這樣看來，武帝應該是借用天界的門名，來為自己的門命名吧！

這個時代，「華」已經作為中原或中原文明的表徵詞而登場，但是「中華」這個語彙還沒有出現。

太熙元年（二九〇），以昏庸愚昧聞名的晉朝第二任皇帝——惠帝司馬衷（在位二九〇—三〇六）即位。以這次皇位繼承為導火線，司馬家族內部展開了政治鬥爭，國家也因此大亂。惠帝將皇族分封為王、派遣到各地，結果諸王紛紛組織起軍隊，化為軍閥。武帝的皇后楊太后一族也專橫跋扈；楊太后打算拉攏位在現今山西省的南匈奴單于劉淵（生年二五一年？），企圖利用他的力量，於是任命劉淵為五部大都督、建威將軍，統率原本五部分離、擁有五萬兵力的全體匈奴。可是皇后賈氏借助了汝南王和楚王兩王的力量，抹殺了皇太后的勢力，將實權掌握在手中。十年後，賈皇后謀殺了皇太子，結果導致內亂正式爆發；趙王倫（宣帝司馬懿的第九子）排除了賈氏一族，奉惠帝為太上皇，將他軟禁在金墉城（漢魏洛陽城的西北角），自立為皇帝。面對這種局勢，諸王一同起兵，最後誅戮趙王，混亂看起來也獲得平息。

可是，以這起事變為契機，諸王的抗爭開始表面化，這就是導致晉亡國的內亂——八王之亂（三〇〇—三〇六）。

晉永興三年（三〇六），司馬懿弟弟的孫子東海王越，擁立第三代皇帝懷帝司馬熾（在位三〇六—三一三），八王之亂終於落幕。

這時候，晉距離滅亡剩下的時間，僅僅十年而已。

就在動亂正值高潮的永興元年（三〇四），劉淵稱大單于，十月在離石（山西省離石市）左國城稱王（在位三〇四－三一〇）。劉淵是冒頓單于的子孫，因為冒頓曾經娶漢高祖劉邦的公主為妻，所以他自稱是漢朝的後繼者。對繼承了匈奴與漢朝血脈的劉淵，杉山正明稱他為「貴種中的貴種」。劉淵的容姿據《晉書》（載記第一）所述，「姿儀魁偉，身長八尺四寸」；當時的一尺約二十四公分，因此劉淵是個身高兩公尺、流有濃烈西方血統的高大美男子。

不久後，劉淵在平陽（山西省臨汾市）即帝位，建國號為漢，宣示自己繼承了過去的漢帝國。這是最初的騎馬民族王朝，也是三二九年便滅亡的短命王朝（三一八年改稱趙，通稱為前趙）。

對於劉淵在歷史上的定位，川勝義雄（一九二二－八四，前京都大學教授，專攻東洋史）這樣說：

三〇四年匈奴族劉氏建立漢國，（中略）這是宣告各式各樣的異民族在中國內地建國、也就是所謂「五胡十六國時代」揭開序幕的重大事件。這雖然是移居中國內地異民族自立運動的開端，但我們不應將其視為重現塞外異民族國家的企圖。就像匈奴族劉氏標榜「漢帝國的復興」那樣，在中原建國，就注定會朝向建設囊括胡族、漢族兩種文明的普世性帝國這條路上走去。（川勝義雄，《魏晉南北朝》）

自劉淵建國的三〇四年，到北魏滅亡北涼的四三九年，這一百三十六年的動亂時代，就是五胡十六國。

劉淵帳下的核心是他的第四個兒子、文武雙全的劉聰（生年不詳—三一八）；其他還有漢人王彌（生年不詳—三一一）、羯人石勒（二七四—三三三）等各式各樣的人才，換言之就是一支多國籍部隊。

羯族一般被認為是匈奴的別部，不過因為他們具有深目、高鼻、多鬍等特徵，所以很可能其實是中亞系的民族。據中國著名歷史學家陳寅恪（一八九〇—一九六九）所言（萬繩楠整理，《陳寅恪魏晉南北朝史講演錄》），羯族是月氏人，石姓則是出自石國（今烏茲別克共和國塔什干）。

這個時代也有投身匈奴陣營的漢人。雖然是晚期的情況，不過留在華北的知名漢人就算投奔南朝，也很難在逐漸鞏固的朝廷體制中謀得一席之地。因此，這些漢人投身騎馬民族王朝，應該是想把自己在漢人王朝當中難以實現的理想，透過異民族王朝使之成為現實吧！關於這種現象的背景，谷川道雄（一九二五—二〇一三，京都大學榮譽教授，專攻東洋史）如是說：

> 雖然當時的漢族士大夫普遍不願意侍奉異民族政權，但是上述這些〔侍奉前趙的〕人們，卻沒有把心思放在西晉政權上，反而對胡族政權展現出積極的態度，這是為什麼呢？雖然多少只是想像，不過他們應該是對門閥權貴日夜不休忙於政爭、輕佻浮誇的西晉王朝不抱期待，轉而將自己身為士大夫的期盼，寄託在胡族劉淵的身上吧！（谷川道雄，《隋唐帝國形成史論》）

據三崎良章（專攻東亞史、中國古代史）在《五胡十六國：中國史上的民族大遷徙》中所述，前趙是個由兩百二十萬的漢人與四百萬的五胡所共同組成的國家。

要探索中華概念建立的背景，最大的課題就是騎馬民族與中華之間的關聯。為了驗證這點，我們至少必須確認在正史中登場、所有關於「中華」的用法才行。可是，要怎麼從龐大的正史中進行這樣的檢索呢？為我解決這個難題的，是我的老友——時任京都大學教授、專研中國文學的高田時雄先生。他透過台灣中央研究院計算中心（ASCC）的資料庫，對二十四史中關於「中華」的用法進行了檢索。

當我綜觀這些龐大的資料後，赫然發現在《魏書》中，有一段文字寫著「唯我皇魏之奄有中華」。這句話的意思是說「我們皇魏（北魏）統治了整個中華」，也是北魏對「中華」的標榜。這是北魏第六任皇帝孝文帝時代的記錄。看到這段文句的當下，我立刻確信自己這篇文章的論述方向，毫無疑問是正確的。

「中華」至少在北魏這個時代，是騎馬民族所獨占的概念。

不只如此，我還有一個更大的發現，那就是「中華」並非首先出現在《魏書》，而是在年代更早的《晉書》中便已登場。

永嘉五年（三一一年），也就是晉朝面臨滅亡危機的這一年，「中華」這個詞，在一份向皇帝提出的上奏（提案的文件）中，有點唐突地首次在正史登場。

通常，正史的文章是由「補充說明」、「對話」、「詔令與上表」所構成。補充說明雖然大多是根據當時的記錄而成，但或多或少會受到撰史者在編纂當時的考量、亦即當時的價值觀所影響。至於對話，雖然我們也不能否認在編纂的時候，有可能會受到撰史者的增添削減，但在某種程度上，還是能傳達出原本時代的氛圍。另一方面，皇帝的詔令、以及臣子向皇帝的提議（亦即所謂上表），則能更正確反映出該王朝對於時代的認知與理解。

這份上表的內容是這樣的：

骨肉之禍未有如今者也。臣竊悲之，痛心疾首。今邊陲無備豫之儲，中華有杼軸（用來編織經線緯線的工具）之困，而股肱之臣不惟國體……（《晉書》列傳三十一，劉喬）

當時，劉喬以威遠將軍、豫州刺史的身分，駐紮在抗敵的最前線；他的治所在河南省淮陽縣，是當地的最高軍事長官。東海王司馬越打算撤換他的刺史職務，改以自己的親信代之，年逾六十、身經百戰的勇將劉喬則以「沒有天子命令」為由，拒絕了司馬越的要求。憤怒的司馬越於是準備討伐劉喬，這時一位官員（劉弘）向皇帝直接陳情，希望能終止這種內訌。劉弘的意思是：「邊境沒有對騎馬民族的防備，股肱之臣也沒有為國效忠之心，中華這個框架的控制力愈來愈薄弱。」由此可以看出，他所說的「中華」，指的是與國體密切相連的中華，亦即「皇帝所掌控的現實世界」，也就是晉朝。

可能是西晉建國之後意氣昂揚，所以晉武帝的宮廷才頭一次將具有實體的「華」和「中」組合起來，併稱為「中華」吧！畢竟，要說作為西晉象徵的詞彙，會在國家危急存亡之際突然出現，實在很難想像。不過，這仍屬於推測的範圍。

這時候也還沒有「漢」這個民族稱呼；「漢」是東晉被五胡逐出中原以後才有的稱呼，因此這時候的中華，也不能認定為具體的民族集團。如果硬要從領域來解釋的話，那就是指當時晉的版圖，也就是中原地區。

諸橋轍次《大漢和辭典》中的「中華原本指的是黃河流域」一說，就是根基於這段記載吧！畢竟不管怎麼說，這都是「中華」第一次出現在史書上。

據這項記錄推斷，自西元三世紀下半葉（二七四年）「中華門」出現以降，雖然確切時間不定，但到永嘉五年（三一一年）的三十餘年間，晉朝宮廷應該已經開始使用「中華」這個語彙了。

劉弘的陳情產生了效果，這項討伐計畫最後無疾而終。不久後司馬越為了討伐動向不穩的羯人石勒，率領兩萬兵力從首都洛陽出發，卻在戰陣中病歿。軍隊為了將他的遺體歸葬故國東海而繼續往東，結果遭到石勒的騎馬軍團蹂躪、全軍覆沒，他的靈柩也被燒毀。

那麼，原本不過是一介傭兵的五胡首長們，是從什麼時候開始，產生了意圖成為中原霸主的野心呢？

五胡十六國時代初期，漢胡雙方都有一個共識，那就是「自古以來，無戎人而為帝王者」；但是隨著時間經過，這樣的共識也產生了變化。

開五胡十六國先河的匈奴劉淵，當他放棄晉朝的時候，明確指出自己要建立一個繼承漢朝正統的國家。他的話是這樣說的：

> 夫帝王豈有常哉，大禹出於西戎，文王生於東夷，顧惟德所授耳。……吾又漢氏之甥，約為兄弟，兄亡弟紹，不亦可乎？（《晉書》載記第一，劉元海）

作為與漢結有姻親關係的匈奴後裔，劉淵透過這種論點，為建國吹起了響亮的號角聲。

在混亂的晉朝當中，有一個名為王浚的男子開始嶄露頭角。雖然身為晉朝的安北將軍，但王浚意圖篡奪政權，並派遣麾下的鮮卑騎馬軍團攻陷惠帝與其弟成都王穎所在的根據地鄴城（河北省臨漳縣）。這時劉淵麾下的武將石勒，向王浚送去了一封信，信中這樣寫道：

> 勒本小胡，出於戎裔

意思是石勒認為自己是戎狄（胡），沒有奪取天下的意思，因此支持以王浚為號召，建立新的國家。為石勒送這封書信過去的使者王子春，對懷疑石勒意圖的王浚這樣說：

自古誠胡人而為名臣者實有之，帝王則未之有也。石將軍非所以惡帝王而讓明公也，顧取之不為天人之所許耳。願公勿疑。（《晉書》載記第四，石勒上）

石勒裝出一副對漢人忠誠的樣子，結果王浚果真中了他的計，被他所殺。

西元三一三年，晉朝最後一任皇帝——愍帝司馬鄴（三一三—三一六在位）即位；但這時，中原已經不是一塊安全的土地。

劉淵即位六年之後逝世；他逝世之後，匈奴的勢力也沒有因此衰退，永嘉七年（三一三年），劉漢第三任皇帝劉聰（三一〇—三一八在位）麾下的漢人將軍王彌，以及劉淵的養子劉曜，率領軍團攻陷洛陽；他們殺害了城民好幾萬人，還燒毀了許多宮殿與宗廟，是為「永嘉之亂」。

三年後的永嘉十年（三一六年）八月，劉曜逼近晉朝首都長安。長安和外部聯繫完全斷絕，時間長達兩個月：

冬十月，京師饑甚，米斗金二兩，人相食，死者太半。太倉有曲數餅，麴允屑為粥以供帝，

至是復盡。（《晉書》帝紀第五，孝愍帝）

連皇帝都只能吃餅削下來的碎屑做成的粥，庶民的悲慘更是可想而知。人們彼此相食的「食人」行為，不只是在這個時代屢見不鮮，在中國這塊廣大而得不到安定的土地上，更是稀鬆平常。

十一月，愍帝投降被捕，晉朝滅亡。

晉朝亡國之前，有一支貴族集團因為害怕胡族侵略而逃亡到南方；他們的領導者是瑯琊地區（山東省臨沂市）的名門——瑯琊王氏的王導。這些貴族擁戴瑯琊王司馬睿（東晉首任皇帝元帝）渡過長江，在江南建立流亡政權，定都於吳國的故都建業（江蘇省南京市）。此後，人們便稱先前位居中原的國家為西晉，後繼王朝則為東晉（三一七—四二〇）。

關於東晉，宮崎市定這樣說：

東晉政權的性質，莫名地會讓人聯想起今日台灣的國民政府。首先，它徹頭徹尾是一個流亡政權，恢復中原是這個政府被賦予的終極任務，江南只是他們一時的暫居之地罷了。（宮崎市定，《六朝時代江南的貴族》）

相傳由東晉貴族王羲之（三〇三？—三六一？）寫下的《喪亂帖》（宮內廳三之丸尚藏館藏），就是反映這個時代的產物；王羲之在文章中，寫滿了對故鄉的祖先墳塋遭異民族蹂躪的悲嘆。可是，他們奪回中原的夢想，也隨著時間一併風化消逝。

西晉滅亡兩年後，也就是東晉太興元年、前趙麟嘉三年（三一八），在位九年的劉聰過世了。這一年，晉將劉琨送了一封長信給石勒勸他歸順，信裡這樣寫著：

> 今相授侍中（宰相級顧問）、持節（軍政長官的追加稱號）、車騎大將軍、領護匈奴中郎將（管轄匈奴的長官）、襄城郡公，總內外之任，兼華戎之號，顯封大郡，以表殊能，將軍其受之，副遠近之望也。自古以來誠無戎人而為帝王者，至於名臣建功業者，則有之矣。（《晉書》載記第四，石勒上）

劉琨要以「兼華戎之號的最高禮遇」迎接石勒，但石勒拒絕了他的邀請：

> 君當逞節本朝，吾自夷，難為效（建立功勳）。（《晉書》載記第四，石勒上）

——自古以來誠無戎人而為帝王者。

對於漢人的這種觀念，石勒表面上裝出一副相信的樣子，但到了第二年（三一九年），他便捨棄了前趙第五任皇帝劉曜，獨立出來建立後趙。石勒一直在位到三三三年，在這個時代算是長命政權，而他的統治也造就了一個相對安定的時期。

「五胡」這個詞彙首度出現，是在東晉第四任皇帝康帝的皇后——褚皇后，代替年幼的穆帝（三四四—三六一在位）攝政時所發布的詔書當中：

四海未一，五胡叛逆，豺狼當路，費役日興，百姓困苦。（《晉書》列傳第二，后妃下）

也就是說，它是在四世紀中葉誕生的名詞。

五胡時代的特色，就是國家在短時間之內不斷輪替。之所以如此，理由之一就是欠缺足以繼承建國英雄事業的人才。形形色色民族的豪傑，雲集在某位英雄麾下，不斷蓄積自己的力量，等到掌權者過世，便開始獨樹一幟。

從這時候開始，「胡人不能成為皇帝」這個前提，就只是中原漢人一廂情願的想法罷了。

雖然話題有點跳躍，不過我想從宏觀角度出發，稍微確認一下當時的狀況。西晉滅亡的遠因是氣候的寒冷化，引發遊牧民族向南方大規模遷徙。據葛劍雄《中國人口發展史》所言，中國首次掌握全國人口是在秦代。歷經戰國時代的混亂之後，當時的人口大約是兩千萬左右。這個數字在前漢武帝的時代激增到四千萬，之後也不斷增長。後漢的人口據說曾經達到六千萬，但到了三國時代又急遽減少到魏、蜀、吳三國加總起來，也不過兩千四百萬的程度。到了晉代，人口又回復到三千五百萬。

接下來又過了兩百年，到遊牧民族南下結束的六世紀時，南朝的人口約為兩千萬、北朝則為三千萬，合計起來超過五千萬。當然，北朝的三千萬人口並不全是南下的胡族，其中理應也有許多是不得不留在異民族掌控土地上的所謂「漢人」。儘管如此，南下的異民族，為數恐怕還是不低於一千萬人；這個數字遠遠超過了同時期日耳曼民族的大遷徙。

《晉書》載記序按照時間先後，彙整了五胡王朝的興亡；這是一段胡漢一把抓、相當簡略且特異的歷史記述。在此將其彙整加以整理成表，至於這篇在眾多正史中相當特異的文章，其背景則有待後述。

不管怎麼說，除了立足於西域、由漢人張氏所建立的前涼以外，表中所有的國家，都是五十年不到就滅亡的短命國度。

晉書中記載的國名

	建國者	建國年	國名	首都	慣用國名
一	劉淵	三〇四	漢	離石	前趙
二	石勒	三一三	趙	襄國	後趙
三	張重華	三四九	涼王	河西	前涼
四	冉閔	三五〇	魏	鄴	冉魏
五	苻健	三五一	秦	長安	前秦
六	慕容儁	三五二	燕	遼東	前燕
七	慕容垂	三八三	後燕	鄴	後燕
八	慕容沖	三八五	西燕	阿房	西燕
九	乞伏國仁	三八五	秦	枹罕	西秦
十	慕容永	三八六		上党	西燕
十一	呂光	三八六	涼	姑臧	後涼
十二	慕容德	三九八	南燕	滑台	南燕
十三	禿髮烏孤	三九八	南涼	廉川	南涼
十四	段業	三九八	北涼	張掖	北涼
十五	李暠	四〇一	敦煌	西涼	西涼
十六	沮渠蒙遜	四〇二	涼		北涼
十七	譙縱	四〇六	成都王	蜀	
十八	赫連勃勃	四〇八	大夏	朔方	夏
十九	馮跋	四一〇	北燕	和龍	北燕

西域僧人——騎馬民族的精神支柱

席捲中原的騎馬民族霸主們，捨棄了一直以來信奉的民俗信仰——薩滿教（咒術），轉向皈依跨越沙漠而來的佛教。當時的佛教包含經濟、法制、文藝、建築、雕刻、繪畫工藝、醫療、乃至於幻術和占卜，是當時最尖端的知識體系：

所有這一切全部結合在一起，用來指導人民。發生爭執的時候進行調解、作為集會所、作為交易所、作為當鋪、作為銀行……政府應該負責的事情，寺院全都一手包辦了。（宮崎市定，《大唐帝國》）

騎馬遊牧民族不像漢人社會那樣深受儒教桎梏，對他們而言，佛教是與多民族國家經營緊密相連的事物。著名的佛教石窟，其歷史便與五胡王朝的關聯甚深。

在這個時代，各霸主麾下都有頗負盛名的佛教僧侶。在羯族石勒與堂弟石虎的後趙

（三一九—三五一），有西域僧人佛圖澄；氐族苻堅的前秦（三五一—三九四），有佛圖澄的弟子漢人道安；由苻堅部將呂光建立的後涼（三八六—四〇三）、殺害苻堅的羌族姚萇、姚興的後秦（三八四—四一七），有西域僧人鳩摩羅什；匈奴（一說月氏）人沮渠蒙遜建立的北涼（四〇一—四三九），有天竺（印度）僧人曇無讖。這些人或以佛教的教化者、或以善使法術的軍師之姿，在史書上留下名號。

佛經初次被帶進中原是在後漢時代，由天竺僧人攝摩騰與竺法蘭所引進。這兩人都是中天竺（五天竺之一，位在印度中央地帶）人，帶進來的經典也是大、小乘（大乘與南方上座部）兼具。

在馮乘鈞《歷代求法翻經錄》中，彙整了漢代到隋代間，來自西方的僧侶數量與國籍。根據這份資料，這段期間來到中土的僧侶共有八十二名，其中天竺有五十名、安息國（帕提亞）有五名、月支國

五胡十六國勢力分布圖

（大夏）有七名、康居國（撒馬爾罕）五名，其他從西域、現今新疆塔克拉瑪干沙漠周圍的于闐國、龜茲國等地前來者，則有十五名。

就時代而言，傳法僧西來以五胡十六國時代最多，共二十五名；另一方面，往西方取經則是自西晉時代開始盛行，光是五世紀就有將近百人。

北京有一所「中南民族大學」，隸屬於國家民族事務委員會，是負責中國少數民族教育的最高學府。據該校李吉和副教授的著作《先秦至隋唐時期西北少數民族遷徙研究》所述，從伊犁河流域西遷至巴克特里亞（大夏）的大月氏人，他們建立的貴霜王朝在二世紀下半葉發生內亂，因此有不少大月氏人又從西域返回東方。雖然大月氏和貴霜王朝的關係至今仍然不甚確定，但在關於大月氏人的遷徙方面，李先生的說法是正確的：

> 支謙，字恭明，一名越，大月支人也。祖父法度，以（後）漢靈帝世（一六八—一八九在位），率國人數百歸化，拜率善中郎將。（梁．僧祐，《出三藏記集》支謙傳第六）

僧侶支謙的祖父既然能率領數百名國人歸化後漢王朝，想必是大月氏的王族吧！支謙從小在中原漢人世界長大，十三歲便能學習胡書，通六國語言。獻帝時期，他於漢末的混亂中逃亡到吳地，侍奉孫權。兼通華戎語言的他，翻譯了《維摩詰經》等作品。

順道一提，《出三藏記集》是六世紀初，由南朝梁人僧祐所撰的作品，內容是對佛典翻譯的相關資料進行分類整理，是中國現存最古的佛教經典目錄。

羽溪了諦（一八八三—一九七四，京都大學榮譽教授，專攻中國佛教史）在《西域之佛教》中指出，從大月氏國、罽賓國、健馱邏國、迦濕彌羅國、安息國、于闐國、龜茲國等地前來的僧侶，翻譯了許多的經典；其中也列出了西域佛教的中心之一、位在塔克拉馬干沙漠周邊的綠洲國家——龜茲國，當地遠赴中土的僧侶在翻譯經典方面的業績：

魏甘露三年（二五八）
白延：大乘部《無量清淨平等覺經》、《菩薩修行經》、《首楞嚴經》等四部；小乘部《除災患經》一部。
西晉太康七年（二八六）
帛元信：《正法華經》。
西晉惠帝時期（二九〇—三〇六）
帛法炬：大乘部《大方等如來藏經》等四部；小乘部、阿含經典等，計四十部五十卷。
帛尸梨密多羅：大乘密教部《大灌頂經》、《大孔雀王神咒經》等十三卷。
後秦弘始四年至十五年（四〇二—四一三）

鳩摩羅什：大乘部《中論》、《百論》、《十二門》、《般若經》、《金剛般若經》、《仁王般若經》、《大智度論》、《文殊師利問菩提經》、《阿彌陀經》、《彌勒成佛經》、《彌勒下生經》、《千佛因緣經》、《十住婆娑論》、《妙法蓮華經》、《坐禪三昧經》、《禪法要解》、《梵網經》、《文殊悔過經》、《十誦比等丘戒本》、《雜譬喻經》等，以大乘經典為中心計三百餘卷（引自羽溪了諦《西域之佛教》）

從這份清單可以得知，龜茲僧侶帶來的經典不只大、小乘混雜，甚至還包含了密教經典。這些僧侶的姓氏大多是「帛」或「白」，這是龜茲王室的姓。在這當中，鳩摩羅什這位僧侶翻譯的經典尤其多而搶眼。事實上，鳩摩羅什在中原佛教中的角色非常重要；關於這點，後面會再詳述。

在這本書中，也可以窺見龜茲佛教中少為人知的面相：

西晉永嘉年間（三〇七—三一二），在支那建初寺首次翻譯密教經典的龜茲國沙門帛尸梨密多羅，依照他的傳記所述，確實是國王之子；從這當中可以明瞭，佛教在龜茲國的上流社會、特別是王族之間擁有極大勢力。（中略）帛尸梨密多羅長於法術，據說他的法術相當靈驗。（羽溪了諦，《西域之佛教》）

十分靈驗的法術——這是戰亂時代，騎馬民族王者捨棄薩滿教、轉投佛教的一大契機。五胡十六國時期的國王之所以會上演高僧爭奪戰，不單單只是因為想要更深入理解佛理，而是為了治理國家，需要佛教擁有的法術與預知能力，更對堪稱「集最尖端知識大成」的佛教整體力量，抱持著極高的期待。

在羯族石勒、石虎統治的國家後趙，有一位怪異的僧人佛圖澄，被認為是中國怪僧的先驅者。佛圖澄本姓帛，和帛尸梨密多羅一樣，與龜茲王室有密切關係。他出生於西元二三二年左右，身高據說達到八尺（魏的一尺約相當於二十四公分），身材異常的高大。

石勒的軍隊在葛陂（河南省汝寧）一帶恣意殺戮，也有許多沙門因此而犧牲。佛圖澄認為要拯救人民，就應該讓石勒皈依佛教，於是前去拜訪石勒的手下大將郭黑略。郭黑略原本就很關心佛法，於是將佛圖澄迎入帳下；之後，郭黑略在石勒要遠征的時候，都能事先預測勝敗，而且分毫不差。石勒感到相當不可思議，問他原因，郭黑略回答說：「我拜一位智計和法術都很優秀的沙門為師，至今為止我所提出的建議，都是這位沙門告訴我的。」於是石勒便召見佛圖澄，要試試他的法術。佛圖澄拿來一個盛了水的缽，焚香念咒，剎那間在缽中便生出一朵青蓮，還散發出宛若太陽般的金色光輝。看到這種景象，石勒於是認真開始信奉這位沙門。

在後趙第三任皇帝石虎（三三四—三三九年在位）的宮廷裡，有位漢人官員向他進諫說：「佛是外國的神明，我們不該尊奉祂；應該要回歸漢魏傳統、廢除佛教，並勒令出家人還俗。」對此，石虎的回答相當明快：

朕出自邊戎，忝君諸夏，至於饗祀，應從本俗。佛是戎神，所應兼奉，其夷趙（以夷為主的趙國）百姓有樂事佛者，特聽之。（《晉書》列傳第六五，藝術．佛圖澄）

石虎對佛的崇敬，完全不可撼動。「朕出自邊戎」；因為我是來自邊境的戎狄，所以自應遵從騎馬遊牧民族的習俗，信仰戎神，也就是異民族的神——佛教。石虎就是這樣對推廣佛教，抱持著積極且認可的態度。

佛圖澄在從三國時代魏國以來，便一直作為都城的鄴城（河北省臨漳縣）各地興建寺廟，不管皇族或武人還是一般百姓，都有許多人陸續出家。佛圖澄所到之處，有將近一萬名門徒前呼後擁。據他的傳記所言，他巡迴各州，三十年之間在各地共創立了八百九十三間寺院；以單一僧侶所創建的寺廟數量而言，堪稱是史上最多。

佛圖澄對後趙石氏朝廷的感化，實為亙古未有。佛教最終能夠取得支那國教的地位，都是靠佛圖澄的力量所致。佛圖澄的功績最偉大之處，除了讓佛教普及民族上下之外，還在於他培養了像是道安、竺法汰這些優秀的人才。支那佛教之所以能從老莊之中獨立，全都是因為佛圖澄撒下種子、再經過道安開發，才使之枝繁葉茂、花朵綻放。（常盤大定、關野貞，《支那佛教史蹟評解》第三集）

戰前長年在中國大陸調查佛教遺跡的佛教學者常盤大定（一八七〇—一九四五），給予佛圖澄極高的評價。

亂世中嶄露頭角的騎馬民族首領們，各自為了承繼漢朝而彼此激烈爭鋒；但就算在這樣的時代裡，還是有無法擺脫過去觀念的人存在。比方說在石虎麾下任職、屬於羌族的姚弋仲（二七九？—三五二），是建立後秦的姚萇之父。

姚弋仲出身南安赤亭（甘肅省隴西縣），祖先臣服於漢朝，擔任西羌校尉、歸順王。在西晉爆發八王之亂時，他率領族人往東移居到陝西省；從「戎夏隨之者數萬」的記載來看，在這群人當中也有漢人。之後他先是跟隨前趙的劉曜，接著又率領數萬人歸順後趙的石勒。後趙滅亡後，臨終的姚弋仲命令自己的四十二個孩子，要他們歸順東晉：

吾本以晉室大亂，石氏待吾厚，故欲討其賊臣以報其德。今石氏已滅，中原無主，自古以來未有戎狄作天子者。我死，汝便歸晉，當竭盡臣節，無為不義之事。（《晉書》載記第十六，姚弋

仲）

「自古以來未有戎狄作天子者」——這是自古以來流傳於中原的既定觀念。對姚弋仲而言，「義」就是歸順流亡的東晉王朝。

在姚弋仲逝世的西元三五二年，鮮卑慕容部開始嶄露頭角。在這之前，位居遼東的慕容部一直是由慕容皝所統治；慕容皝先是臣服於西晉、之後又歸順逃往南方的東晉，受其封為燕王。繼承慕容皝地位的兒子慕容儁（三一九年生）從東晉獨立，建立前燕（三五二—三七〇）；前燕的首都，位在先前曾為後趙都城的鄴（河南省臨漳縣）。

這個時代立志建國的五胡領袖，大多是年過四十、正值壯年之時。

面對勸說他即位的群臣，慕容儁這樣說：

吾本幽漠射獵之鄉，被髮左衽之俗。（《晉書》載記卷十，慕容儁）

「因為我是屬於披頭散髮、衣襟左邊在前面風俗的戎狄，所以不適合擔任皇帝」，慕容儁於是拒絕了臣下的勸說。但在第二年，他就背棄了自己前面的這段說法，即位建國。他對來訪的東晉使者這樣說道：

汝還白汝天子，我承人之乏，為中國所推，已為帝矣。（《晉書》載記卷十，慕容儁）

慕容儁要東晉理解，南北各有一個皇帝存在已是事實。在這裡，「戎狄不能成為皇帝」的禁忌，已然不復存在。

此後，陸陸續續出現了五胡出身的皇帝。

同時與鮮卑慕容部擴大勢力的，還有原居略陽（甘肅省秦安縣）的氐族苻健（三一七年生）。氐族和羌族都是殷周時代便已登場的異民族，和中原民族混合通婚的歷史相當悠久。漢代時，氐族居住在現在甘肅省南部、從長江支流漢水流域到四川省北部的山地，羌族則位居於青海省的黃河上游及其支流大通河、洮水流域。在之後的魏晉時代，氐族遷徙到甘肅，羌族則遷徙到現在的陝西。

苻健的父親苻洪（二八四—三五〇），其祖先為「有扈之苗裔」、「西戎酋長」。這一族人被稱為「臨渭氐氏」，根據地位在黃河支流、流經長安的渭水流域，也就是現今甘肅省的天水市北部。西晉滅亡後，苻洪受位在長安的前趙劉曜所逼，加入他的陣營。劉曜為後趙石虎擊敗後，他又降伏於後趙，被封為冠軍將軍，駐紮在黃河畔的要衝枋頭（河南省浚縣），負責西方的守備任務。後趙石虎政權末期，他因為深受厚待，結果遭嫉妒被解職，於是率領十萬餘眾倒向東晉。東晉永和六年（三五〇年），他被東晉穆帝封為征北大將軍、都督河北大諸軍事、冀州（河北省高邑縣）刺史、廣川郡公，同樣是非比尋常的優厚待遇。

這年，苻洪自稱大將軍、大單于、三秦王，明白表示樹立王朝的意思。「大單于」是匈奴君長的稱號。然而不久之後他便病倒，留下「鼓行而西」的遺言給繼承人苻健後，以六十六歲之齡辭世。

後趙滅亡之際，苻健遵照苻洪的遺命率兵西進，以長安為都，建立前秦（三五一—三九四）並即帝位（三五一—三五五在位）。這一年，苻健三十五歲。

華北再次被鮮卑慕容氏的前燕與氐族的前秦一分為二；這兩個政權和出現在西域的漢人政權前涼一起，形成三國鼎立的局勢。

四年後，三十九歲的苻健病死，十九歲的苻生（三三七年生）成為第二任皇帝。東晉升平元年（三五七年），姚襄（三三〇—三五七）進攻關中。姚襄是姚弋仲的長子，他原本遵守父親的遺命和東晉交好，但因為受到疏遠而舉兵反叛，自稱大單于，意圖攻陷洛陽。

苻生派遣苻健的姪子苻堅（三三八年生），斬殺了姚襄。苻堅是苻健弟弟苻雄的嫡子。

苻生和苻堅都是二十歲左右的青年男兒，因此前秦是個屬於年輕人的王朝。從他們開始，揭開了宮崎市定所謂「大河小說」中最有趣的時代。

繼承敗死的姚襄軍團的，是他深具謀略的弟弟姚萇（三三一—三九四）。苻堅將這位降伏的敵將納入帳下、作為幕僚；三十年後，姚萇殺害了苻堅。

這時候，苻生耽溺於酒色，經常不分青紅皂白殺害家臣。就在擊破姚襄這年的六月，苻生懷疑苻堅有二心，於是下令暗殺他；結果聽到這個傳言的苻堅反而起兵反叛，殺了苻生。

苻堅原本勸說苻生的庶兄苻法即位，但被他所辭退，於是自己即位為大秦天王，並賜死了苻生手下的二十餘名佞臣。另一方面，苻堅之母則害怕苻法的人望，於是派人殺了他。

真是一個動盪的時代。

第二章

邁向彩虹、氐族年輕武士苻堅的野心

——氐人非胡

苻堅——致力復興漢朝的胡人皇帝

十九歲的年輕皇帝、氐族的苻堅（三三八年生，在位三五七—三八五）於焉登場。在五胡帝王當中，他是相當傑出的人物，也是霸主之一，更是在這個不久之後孕育出「中華帝國」的時代裡，第一個以騎馬民族之姿，構想出新世界的人物。

史書對苻堅的幼年時期，曾有以下敘述：

臂垂過膝，目有紫光。……（苻）洪曰：「汝戎狄異類，世知飲酒，今乃求學邪！」欣而許之。（《晉書》載記第十三，苻堅上）

前段有關「臂長」的敘述，常被當成亂世英雄的身體特徵，散見於史書當中。前趙劉曜也有「垂手過膝、目有赤光」的描述。至於眼睛的顏色，後面會提到的鮮卑族慕容垂，也有用到「紫光」這樣的方式來描述。雖然我們也會用「紫電」這個詞來形容目光銳利，但這裡說的是眼瞳明顯可以看出紫或赤這種具體的顏色，這或許暗示他們混有西域民族的血液。

「汝戎狄異類，今乃求學耶！」

祖父苻洪稱孫子為「戎狄異類」，問他說：「一般人在這個年紀應該都是開始體會飲酒的滋味，你卻想做學問嗎？」於是祖父欣然鼓勵苻堅立志向學。他學的東西，是以漢字寫成的中原（黃河中游流域、也是黃河文明搖籃之地）傳統文化。大概也就是在這時候，漢朝的事蹟映入了他的視野中；同時毫無疑問地，他也承繼了儒教華夷混一的理想。

復興漢帝國——在苻堅心中有著這樣一道彩虹。

苻堅的心腹是漢人王猛（字景略）。王猛出生於北海劇縣（山東省昌樂縣）的一個貧窮家庭，年幼時便前往洛陽行商。他博學多聞，特別喜歡兵書；執東晉牛耳的桓溫認為他是奇才，願以高官厚祿邀請他，但遭他所拒絕。之後，他遇到了時任龍驤將軍、東海王的苻堅，兩人意氣相投，「一見如故」，宛若舊友，親密深交有如劉備遇到軍師諸葛孔明。（《通鑑》第一百，升平元年）

王猛在西元三七五年病逝，享年五十一歲，因此他的生年應該是三二四年；苻堅即位時，他正值壯年。他將未來賭在這位比自己年紀小上整整一輪的年輕人身上，對苻堅效忠臣服。

王猛在苻堅即位後，被任命為中書侍郎（掌管詔令機構的副長官）。因為苻堅對他過於禮遇，所以有位氐族的長老大唱反調還斥罵王猛，結果遭到苻堅斬殺。這項激烈的行動，展現了苻堅的決心。

以下的事蹟，也是出於王猛的獻策：

（苻）堅起明堂，繕南北郊，郊祀其祖洪以配天，宗祀其伯健於明堂以配上帝。親耕藉田，其妻苟氏親蠶于近郊。（《晉書》載記第十三，苻堅上）

苻堅（世祖）建立明堂（施政的場所），還執行祭天儀式。雖然之後五胡的王朝也都採取了類似行動，但前秦明顯是效法過去王朝的儒教儀禮。意圖稱霸中原的霸主苻堅，在他的意識中，清楚浮現了過去以儒教治國的漢朝：

自永嘉之亂，庠序（古代的學校）無聞，及堅之僭，頗留心儒學，王猛整齊風俗，政理稱舉，學校漸興。關、隴（從長安周邊、漢中盆地到西方的甘肅隴山一帶）清晏，百姓豐樂，自長安至于諸州，皆夾路樹槐柳，二十里一亭（旅舍），四十里一驛，旅行者取給於途，工商貿販於道。（《晉書》載記第十三，苻堅上）

苻堅和王猛一起打造的前秦首都長安，街道有著鮮綠行道樹，商業繁盛，旅人在路上都有飲食供應；其繁華的程度，宛若後來的大唐首都長安。由此可窺見前秦的國情安定與國家繁榮。

戎狄人面獸心，不知仁義。其稽顙內附（額頭貼地表示歸順），實貪地利，非懷德也。（《通鑑》升平四年）

當數萬鮮卑人投降前秦時，苻堅的弟弟陽平侯苻融，對他做出這樣的勸諫。這段話的意思是說：這些戎狄雖然額頭貼地表示臣服，但並非仰慕德行而來，只是渴望實利罷了。

從這裡也可以看出，苻堅一族的共通認知，就是自己不屬於戎狄。精通漢文化的苻堅，確實不認為自己的出身是胡人，他曾說：「氐人非胡。」

圍繞中原霸權展開的戰亂，依然持續不輟。

在這之前的東晉太和四年（三六九），東晉將領桓溫率領北伐軍，逼近前燕領地枋頭（河南省浚縣）。前燕二十歲的年輕皇帝慕容暐（三四九年生，在位三六〇—三七〇）向苻堅求援，但是當前秦的兩萬步騎援軍抵達時，先帝慕容儁的弟弟慕容垂（三二六年生）已經擊退了桓溫軍。相當諷刺的是，因為這場戰役聲名大噪的慕容垂，卻遭到嫉妒而在族中陷於孤立，最後在感到危機的情況下，投奔到苻堅麾下。

慕容垂父子譬如龍虎，非可馴之物；若借以風雲，將不可復制，不如早除之。（《通鑑紀事本

末》卷十六上）

王猛向苻堅進言，認為應該殺掉慕容垂。王猛或許是認為在這個民族自立、建國野心相互交錯的時代，苻堅不應該如此大度，接納年紀相當、文武雙全的慕容垂，但苻堅卻說：

> 吾方收攬英雄，以清四海，奈何殺之！
>
> （《通鑑紀事本末》卷十六上）

苻堅於是任命慕容垂為冠軍將軍，將他納為幕僚。

第二年（東晉太和五年，西元三七〇年），苻堅派王猛率領六萬兵力討伐前燕。王猛擊破了前燕四十萬大軍，攻陷上黨（山西省長治

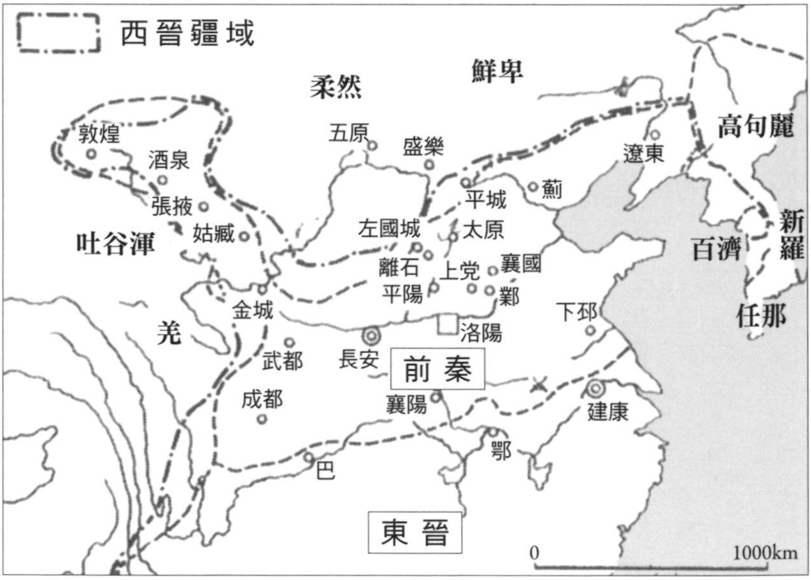

前秦與東晉勢力分布圖

市）、晉陽（山西省太原市），之後更攻破了前燕的首都鄴。

華北一帶於是被前秦所吞併，這是自石勒以來四十年，華北首次統一。

亡國的前燕皇帝慕容暐和「關東豪傑及諸雜夷」十萬戶，一同被帶往長安。苻堅再度拒絕了部下「應該處決慕容一族，以絕後顧之憂」的建議，封慕容暐為尚書（皇帝的心腹重職）。先前投奔前秦的慕容垂則被封為京兆尹（首都長官），慕容暐的弟弟慕容沖也被任命為平陽太守（山西省臨汾縣一帶的地方長官）。

苻堅對異民族表現出徹底的寬容態度。即使匈奴起兵叛亂，他還是任命投降的左賢王劉衛辰為夏陽公，命他繼續統領手下的族眾。羌族的姚萇也是一個例子。

不問華夷、禮遇英雄豪傑，是苻堅終生不移的政治和軍事策略。從這裡可以看出，他想要跨越民族之壁、建立華夷一統王朝的理想主義。

結果，首都長安附近充滿了鮮卑和匈奴人。不只如此，苻堅還更進一步壓下群臣的反對聲浪，推行一項大膽的政策：他寵育鮮卑、羌、羯人，「布諸畿甸（都城周邊）」，卻把「舊人族類，斥徙遐方」；也就是把最值得信賴、他自己出身部族的氐族十五萬人，從首都移居到東方的要衝之地。

堅既平山東，士馬強盛，遂有圖西域之志。（《晉書》載記第二十二，呂光）

苻堅腦海中的帝國形象，是過去漢武帝的版圖，也就是一幅從西域到江南的壯麗圖像。即位十四年後，正值壯年的苻堅將下一個目標移向西域。建元六年（三七〇年）十一月，他向反對遠征的家臣這樣說：

二漢（前漢、後漢）力不能制匈奴，猶出師西域。今匈奴既平，易若摧朽，雖勞師遠役，可傳檄而定，化被昆山，垂芳千載，不亦美哉！（《晉書》載記第十四，苻堅下）

統治西域，讓前秦的國威流傳後世；苻堅心中所想的，必定是以武帝為首、漢代諸帝的事蹟吧！漢辦不到的討伐匈奴，自己卻辦到了；以此做為自負的依據，苻堅有意識地致力成為第一位以胡族之姿，統治中國全土的皇帝。這時的苻堅是三十二歲。在《晉書》中，可以看到他的這樣一番話：

今四海事曠，兆庶未寧，黎元應撫，夷狄應和，方將混六合以一家，同有形於赤子，汝其息之，勿懷耿介。（《晉書》載記第十三，苻堅上）

「夷狄應和」——在這裡完全沒有五胡的意識。他把自己定位為中原的統治者，與傳統王朝相連結。三崎良章對苻堅的這種思想，給予很高的評價：「從這當中可以看出超越氐族支配國家的形式、乃至於超越民族框架的中國統一理想。」不過他也說：「至於這種理想到底能適應現實到什麼程度，那又是另一個問題了。」（《五胡十六國～中國史上的民族大遷徙》）

在苻堅的認知中，氐族位於胡的範疇之外；正因如此，他才會將其他異民族定義為「夷狄」。「自古以來未有戎狄為天子者」，出身氐族的苻堅，同樣認可這個自漢代以來深深浸染胡漢的觀念；因此，他將自己手中的彩虹轉變為現實的方法，就是讓大家認同氐族不屬於戎狄。「氐人非胡」，這個將氐族排除在五胡之外的新概念，透過他以漢帝國為目標、建立華夷混一國度的努力而得以實現。

從此以後，這個「氐」字被形形色色的騎馬遊牧民族替換成自己的民族名，朝著中原正統王朝的方向不斷邁進。就這層意義來看，苻堅的這個發想對五胡而言，是個重要的轉捩點，也為他們築起了一座新的橋頭堡。

佛教王國龜茲——被覬覦的綠洲

前秦建元十二年（三七六），苻堅命中書令梁熙率領十三萬軍隊攻擊姑臧（甘肅省武威市），前涼第九任國王、也是末代國王張天錫（三六三—三七六在位）被迫投降。

在黃河畔城市蘭州西北邊，聳立著覆蓋終年不化冰雪的祁連山脈。山路沿線的最高峰烏鞘嶺，高三千零六十公尺，即使在夏天，也長滿了宛若翩翩飛雪的雪絨花。這條可以清楚看到對面山脈肌理的狹窄小道，據說是玄奘法師曾穿越過的舊道。從嶺口往下的道路，是被南北標高五千公尺級的高山環繞的廣大迴廊，那就是河西走廊。河西走廊是海拔八百到一千六百公尺的高原地帶，寬度從五十公里到一百二十公里，呈不規則狀延伸；從烏鞘嶺以西，到敦煌與玉門關，形成一片面積九萬平方公里，長達一千公里的迴廊。

河西四郡按照漢武帝的定制，由東向西分別是涼州（甘肅省武威）、甘州（甘肅省張掖）、肅州（甘肅省酒泉）、瓜州（甘肅省敦煌）四郡。這四個城市，都是仰仗祁連山脈為水源的沙漠河川所創造出來的綠洲都市。在河西四郡的西邊是高昌國（新疆省吐魯番），西域——現在所謂的東突厥斯坦、新疆維吾爾自治區——就從這裡開始。在這裡有焉耆、龜茲（庫車）、于闐（和田）等綠洲都市國家；再從西突厥斯坦的大宛（烏茲別克的費爾干納，汗血馬的產地）渡過阿姆河，可以抵達大夏（阿富汗）、波斯（伊朗）。在阿姆河的北岸，有著過去亞歷山大大帝所建築的要塞都市泰爾梅茲（烏茲別克最南端的國境城市）。這座城市在貴霜王朝時期，佛教曾經盛極一時。直到現在，這裡仍在持續發掘佛教遺跡，相繼出土了不少西元一世紀左右的舍利塔，以及表情溫柔優美的佛像。

掌握河西走廊、連結西域的涼州，不只是絲路的中繼點，對中原來說，也是重要的生命線。

建立起前涼這西域一大勢力的，是漢人貴族張軌（在位三〇三—三一四）與他的族人。張軌是曾侍奉前漢建國之君——高祖劉邦的趙王張耳第十七世孫。在西晉亡國的導火線八王之亂爆發那年（永寧元年，三〇一），張軌看出西晉前途無望，自願前往涼州擔任護羌校尉（統治羌族的長官）、涼州刺史（涼州地區的最高長官），平定了河西四郡。

兩年後張軌獨立，建都姑臧（武威），自稱涼王，這就是前涼（三一三—三七六）。靠著控制西域交易，前涼獲得了莫大的財力，雖是位處邊疆，但國家財政相當安定。它的控制範圍從高昌國，遠至塔克拉瑪干沙漠周圍的焉耆國、龜茲國、于闐國。

在五胡十六國這個戰亂時代中，唯有涼州歌頌著安定與繁榮。張氏家族篤信佛教，從西域到來的僧侶在這裡積極翻譯經典，於是中原入口處的河西走廊，遂成為佛教的一大據點。

商隊渡過沙漠的交易場所是姑臧。這座古代匈奴建造的堡壘，當時已是繁華的城鎮：

（張駿）於姑臧城南築城，起謙光殿，畫以五色，飾以金玉，窮盡珍巧。（《晉書》列傳第五十六，張軌、張駿）

據說姑臧城的謙光殿共有四座宮殿，分別按四季加以使用；這是張軌逝世十年後，第四代國王張駿（三二四—三四六在位）時代的記錄。張駿統治的二十二年間，前涼的國勢達到了頂點。之後，張駿的墳墓遭到盜掘：

見駿貌如生，得真珠簏、琉璃榼、白玉樽、赤玉簫、紫玉笛、珊瑚鞭、馬腦鐘，水陸奇珍不可勝紀。（《晉書》載記第二十二，呂纂）

張駿墓中的無數寶石與樂器、酒器，全都是絲路交易的產物，也是前涼豐饒、繁榮的證明。

三七二年，前涼的第九代國王張天錫（三六三—三七六在位）進軍枹罕（甘肅省臨夏縣），和王猛率領的前秦軍交戰，結果大敗，被迫臣服於前秦；之後張天錫被任命為涼州刺史，但兩者之間的緊張關係仍然持續不斷。四年後，張天錫在與前秦的最終決戰中失敗，投降苻堅。

梁熙以持節西中郎將（西方遠征軍指揮官）、涼州刺史的身分入主姑臧。張天錫被送往長安，苻堅任命他為西平郡公。這時是張駿時代之後的三十年，建國七十六年的前涼自此滅亡。

梁熙遣使西域，稱揚堅之威德，并以繒彩賜諸國王，於是朝獻者十有餘國。大宛獻天馬千里駒，皆汗血、朱鬣、五色、鳳膺、麟身，及諸珍異五百餘種。（《晉書》載記第十三，苻堅上）

遙遠的大宛，向苻堅獻上馳騁千里的天馬——汗血馬；以此為首，西域的十多個國家陸續獻上珍奇物品。不過後來梁熙將這些貢品分別歸還給各國，以宣揚皇帝苻堅的仁德。

前秦直接和西域諸國產生聯繫，將絲路牢牢掌握在手中。

可是苻堅的目標還沒有完全達成。他想要的是吞併河西以西的各國，以及南面的流亡政權東晉，建立一個與過去漢朝相匹敵的巨大帝國。

苻堅身邊有位高僧道安。道安是仰慕佛圖澄而雲集於其下的群僧之一；在佛圖澄逝世後，他成為執佛教界牛耳的人物，同時也是第一位以正統佛教學者之姿，廣受好評的漢人僧侶。

道安在西晉永嘉六年（三一二）出生於常山的扶柳（河北省正定縣），從小失去雙親，由表兄撫養長大。他在十二歲時出家，「神性聰敏，而形貌甚陋，不為師之所重」，簡單說就是因為相貌醜陋而被師父疏遠，過了整整三年躬耕的生活。直到有一次，他只花了一天時間就默背出一整卷經典，展現出特異的才能，才終於揚名。他四處遊學，在後趙的首都鄴城遇見了佛圖澄，佛圖澄認可他的才智，收他為弟子。後趙石虎建武十四年（三四八），佛圖澄逝世，第二年石虎也隨之而去。之後，道安逃離戰亂的鄴都，前往東晉控制下的襄陽；當時他留下了這樣一句話：

今遭凶年，不依國主則法事難立。（《高僧傳》義解二，釋道安）

他認為，為了守護佛法、弘揚佛法，利用權力者是可以被允許的行為。對佛教界而言，這是相當重要的主張；他們之後就是秉持著這種觀點，去吸引北魏皇帝。

道安的出家姓為「釋」。在他以前，僧侶的姓氏都是隨出身地而定，比方說來自天竺者就姓「竺」；相對於此，道安是第一個使用「釋」為姓的出家人：

後獲《增一阿含經》，果稱四河入海，無復河名；四姓為沙門，皆稱釋種。（《出三藏記集》卷十五）

道安主張，既然大家都步入了名為佛理的大海，那就都是釋迦的家人，彼此是平等的，所以應該一律姓「釋」。

雖然道安並不通梵語，但留有五十四種著作；他制定了《僧尼規範》、《弘法憲章》等規約，追求在日常生活中謹守嚴格戒律。

在這之後，道安帶著弟子五百人抵達襄陽，在當地一位豪族的宅邸中落腳，並將之命名為「檀溪寺」。襄陽地區的富豪爭相捐助，沒多久就讓檀溪寺發展成有五層佛塔與四百間僧房的大寺廟；涼州刺史更捐贈一萬斤的銅給他，讓他造起一座高達一丈六（約五公尺）的佛像。苻堅也捐給他一座塗有金箔、高達七尺的異國倚坐佛像，以及黃金坐佛、彌勒佛像等物品。

道安旅居襄陽十五年，東晉第九任皇帝孝武帝（三七二—三九六在位）下令，讓他「俸給一同王公」，也就是給予他等同王侯貴族的待遇。道安雖然身為僧侶，但過著無拘無束的日子；他的名聲甚至遠傳到前秦，苻堅對自己的心腹這樣說：

襄陽有釋道安是神器。方欲致之以輔朕躬。（《高僧傳》義解二，釋道安）

苻堅期待這位佛教高僧，能擔負起引領國家的國師職責。他在前秦建元十五年（三七九），出兵攻陷襄陽：

朕以十萬之師取襄陽。唯得一人半。（《高僧傳》義解二，釋道安）

他口中的「一人」指的是道安，「半」則是另一位在襄陽享有盛名的學者[1]，由此可見苻堅對道安的仰慕有多深。於是，道安便以七十歲的老耄之齡，被迫遷徙到前秦的首都長安。

對苻堅而言，道安並不只是一名單純的佛教僧侶而已。他和道安同乘一輛馬車、對道安推心置腹，還一起商議政治，清楚展現將道安奉為國師和政治顧問禮遇的態度。此外，向苻堅提出招攬西域高僧鳩摩羅什的人，也是道安。

前秦建元十九年、東晉太元八年（三八三）正月，苻堅任命同屬氐族的驍騎將軍呂光（三三八—三九九）為都督西討諸軍事，負責討伐涼州以西的西域諸國。呂光出身略陽氐氏，家族根據地在現在的甘肅省天水市近郊，跟苻堅一族在地緣關係上頗為接近。

呂光以車師前國（位在吐魯番的遊牧系國家）和鄯善國（即過去的樓蘭王國）國王為嚮導，率領鐵騎（精銳騎兵）五千、總數十萬的兵力從長安出發。

對苻堅而言，這次遠征還有另一個目的。他在送別呂光的時候，特別交代說：

> 朕聞西國有鳩摩羅什，深解法相、善閑陰陽，為後學之宗，朕甚思之。賢哲者國之大寶，若剋龜茲，即馳驛（快馬加鞭）送什。（《高僧傳》譯經中，鳩摩羅什）

苻堅已然盤算好，一旦壓制龜茲王國，就要立刻把堪稱該國重寶的高僧鳩摩羅什帶回長安。

龜茲王國是個國際色彩濃烈的國度，也是西域（東突厥斯坦）數一數二的綠洲國家。當地的居民「深目高鼻」（《魏書》西域傳），屬於伊朗系雅利安人種，講的言語是庫車語（吐火羅語）；現在聳立在克孜爾石窟研究所門口的等身大鳩摩羅什像，正符合了這樣的形容。

在佛經中，可以看到該王國在四世紀下半葉時的模樣，當時它在中原被稱為「拘夷國」：

拘夷國寺甚多。修飾至麗。王宮彫鏤立佛形像與寺無異。有寺名達慕藍（百七十僧）北山寺名致隸藍（五十僧）劍慕王新藍（六十僧）溫宿王藍（七十僧）。右四寺佛圖舌彌所統……王新僧伽藍（九十僧）有年少沙門字鳩摩羅，才大高、明大乘，與舌彌是師徒，而舌彌阿含學者也。阿麗藍（百八十比丘尼）輸若干藍（五十比丘尼）阿麗跋藍（三十尼道）右三寺比丘尼統，依舌彌受法戒；比丘尼外國法不得獨立也。此三寺尼，多是葱嶺以東王侯婦女。為道遠集。斯寺。用法自整。大有檢制。（《出三藏記集》第十一）

文中的「藍」指的是梵語的「saṃghārāma」，也就是僧人居住的伽藍、寺廟的意思。

龜茲是佛教王國，自國王以下皆篤信佛教。王宮裡裝飾有雕刻的立佛，看起來像是寺院一

1 譯注：指東晉史家習鑿齒。

樣。都城裡有四大寺，由信奉小乘的僧侶佛圖舌彌統籌管理，尼寺則聚集了帕米爾高原（蔥嶺）以東的王侯公主。同時，王國裡那位「年少沙門（鳩摩羅什）」的名號，也一路遠傳到了中原。

鳩摩羅什這個名字，首次出現在六世紀上半葉，南朝梁釋惠皎所著的《高僧傳》當中。他和玄奘（唐僧侶，六〇二—六六四）、不空金剛（印度僧侶，名阿目佉跋折羅，七〇五—七七四）、真諦（印度僧侶，名波羅瑪訶陀，四九九—五六九），並列為四大譯經高僧。鳩摩羅什出生於東晉建元二年（三四四，一說為三五〇年），是印度王室出身的天竺僧侶鳩摩羅炎與龜茲王白純的女兒耆婆所生。他的母親也是位虔誠的佛教信徒：

（鳩摩羅什之母）聞雀梨大寺名德既多，又有得道之僧，即與王族貴女德行諸尼，彌日（日復一日）設供請齋聽法……什年七歲亦俱出家。從師受經。（《高僧傳》譯經中，鳩摩羅什）

羅什七歲的時候，就在母親的意思下於雀梨大寺出家。九歲的時候，他和母親一起前往罽賓國（健馱邏）的都笠剎尸羅，學習小乘經典。當時，曾在現今巴基斯坦、阿富汗一帶建立起強大王國的貴霜王朝已然衰退，邁入了笈多王朝（三二〇—五五〇？）的時代。羅什在這裡鑽研佛典三年，於十二歲時越過帕米爾高原返國。歸國途中，他在疏勒國（新疆維吾爾自治區喀什）遇到了一位大乘傳道者須梨耶蘇摩；須梨耶蘇摩是莎車國（新疆葉爾羌）王族出身，年輕的羅什從他那裡獲得大乘經論的傳授，最後皈依了大乘。羅什後來曾經這樣感嘆：

吾昔學小乘，如人不識金，以鍮石為妙。（《高僧傳》譯經中，鳩摩羅什）

大乘與小乘（南方上座部佛教）的差別在於，小乘的修行是為了僧侶本人解脫，就像小轎子一樣，但大乘則是為了拯救一切眾生而修行，宛若一座乘載無數人的大轎子，兩者也因此得名。羅什認為大乘是金，小乘則是鍮石（銅礦石），由此可見接觸大乘，對他的衝擊有多麼之大。

大乘首先在貴霜王國發展起來，其核心的龍樹思想對日後佛教產生了決定性的影響，因此中國和日本都敬奉龍樹為「八宗祖師」。將龍樹的「中論」譯為漢語傳入中原的，正是羅什。

鳩摩羅什時代的龜茲王國，和現今庫車近郊所殘留遺跡之間的關聯，至今仍不甚明瞭。舉例來說，鳩摩羅什與母親一同出家的雀梨大寺，究竟該比對到哪個遺跡呢？

玄奘在《大唐西域記》中說：「荒城北四十餘里，接山阿；隔一河水，有二伽藍，同名昭怙釐。」過去的說法認為，玄奘所記的昭怙釐寺，其狀況與位在庫車郊外十五公里處、沿河兩岸伸展的蘇巴什遺跡相吻合。水谷真成的《高僧傳》譯注中，認為這間寺廟就是雀梨大寺，而伯希和與斯坦因也抱持同樣的見解，但是提出異議者也很多。

另一方面，鳩摩羅什年輕時講解大乘的「王新僧伽藍」所在地，以及它與這時候已經開始建造的克孜爾、庫木吐喇石窟群究竟有何關係，這點也不甚明朗。

關於這些問題，最近新疆研究者不斷展開積極的發言。這些發言以一九九三年出版的《龜茲佛教文化論集》（新疆龜茲石窟研究所編）為先驅；在這本論集中，收錄了一篇由前新疆文物處長韓翔與龜茲石窟研究所所長陳世良所撰，名為〈龜茲佛寺之研究〉的論稿。韓陳兩人斷然否定舊有的說法，主張雀梨大寺就是克孜爾千佛洞。之後在二〇〇八年，新疆藝術學院西域佛教文化藝術研究所以「絲路佛光叢書」的名義，陸續出版了陳世良的《西域佛教研究》、史曉明的《克孜爾石窟藝術論集》，為古代佛教從龜茲傳來，提出了新的假說：

> 關於龜茲佛教的開始，據漢文文獻記載，在三到四世紀左右，已有相當數量的龜茲人在中國從事經典翻譯。據考古學者吳焯所言，從後漢末期（西元一世紀）到三國時代，有竺法蘭、安士高、支謙、支類迦讖、康申祥、帛延、佛馱什等眾多西域小國的高僧，為了前往中國傳教而途經此地。竺是天竺（印度）、安是安息（波斯）、支是月氏（阿富汗）、康是康居（撒馬爾罕）、佛馱是罽賓（健馱羅）、帛（白）則是龜茲王族的姓；這些姓氏分別代表了他們出身的民族。「佛」這個名詞的成立，據推斷也是在這個時候。（陳世良《西域佛教研究》）

舊有說法認為，玄奘所謂的「荒城」應是王城，也就是庫車河東岸的皮朗古城；不過新疆學者認為，皮朗古城是唐代的龜茲都城，至於玄奘親眼目睹、位在龜茲國東境的荒城，則是皮朗古城再往東北三十公里處的克爾依希古市遺跡。從這個遺跡往庫車方向，正好距離蘇巴什遺跡十五公里，換算成當時的尺寸約三十九里，而方位也和玄奘記錄的「北四十里」相吻合。

陳世良從地理關係和文獻記錄做出分析，得出了這樣的結論：雀梨大寺不在庫車河畔，而是應該在克孜爾河沿岸，也就是相當於克孜爾千佛洞的地點。

陳世良又從克孜爾石窟的初期窟中可以見到很多僧房與生活窟來推斷，這裡或許就是蔥嶺以東王侯貴族僧侶與尼師居住的地方。

在這個新論點中，浮出水面的重要人物，是鳩摩羅什的外祖父——白純王（帛純王，三三〇—三八四在位）。白純的父親白山王，在三一五年左右與焉耆的戰爭中戰敗身亡；此後十五年間，龜茲一直處於沒有國王的亡國狀態。後來在三三〇年，有一位國王借助鮮卑族的力量重建國家，玄奘稱這位國王為「金花王」，龜茲語文獻則稱為「Suvamapuspa」；陳世良認為，這位金花王就是白純王（帛純王）。

陳世良又主張，金花王建立的金花寺就是《高僧傳》中所說的王新寺，也就是現在的庫木吐喇千佛洞石窟。他的依據之一，是當時王城的所在地。陳氏注意到五世紀時某位佛教僧人所撰的《西域記》[2]中，曾提到「（龜茲）國北四十里，山上有寺，名雀離大清淨」。迄今為止被認為是王都的皮朗古城距離克孜爾千佛洞有百里以上，而克孜爾石窟往北四十里，正好又是庫木吐喇石窟，因此他推論，當時的王城與王新寺就位在庫木吐喇石窟一帶。

史曉明教授也以陳說為前提，認為羅什學習小乘的師傅佛圖舌彌既然統領著位在克孜爾石窟的眾寺院，那麼羅什毫無疑問，也是住在克孜爾。

這種新觀點為至今角色一直不明的克孜爾與庫木吐喇巨大遺跡，初次賦予了歷史中的定位。

前秦持續擴大其控制區域。在滅亡前涼的建元十二年（三七六），苻堅派出十萬大軍，攻打鮮卑拓跋部的代國（後來的北魏）。代國是從現在山西省北部到陝西省北部的黃河流域——也就是所謂鄂爾多斯地區，一直延伸到北方蒙古高原的廣大騎馬遊牧國家。戰敗的代國皇太子殺害了父王什翼犍（北魏建國後追謚為昭成帝），向前秦投降。

夢想著重現漢朝的苻堅，他的國土東至滄海、往西直指西域、南逼襄陽、廣及華北全境；唯一威令還無法抵達的，就只剩東晉的首都建業（建康）了。

就在這時候，流亡王朝東晉已經開始使用「中華」兩字了。

《晉書》這本史籍，彙整了西晉、東晉兩王朝的歷史。在這當中出現「中華」的例子，西晉時代除了先前提到的劉喬傳以外，還有陶侃傳、陳頵傳；東晉時代有殷仲堪傳、桓溫傳，合計五例。至於載記部分，則有序、劉曜傳、慕容超傳等三例，總計起來為八例。關於記載五胡興亡的「載記」這三例，我們稍後會再提及。

以下所舉的例子中，◎為「下詔或上表」、▼為「對話」、▽為「補充說明」：

◎今邊陲無備豫之儲，中華有杼軸之困，而股肱之臣不惟國體……（列傳第三十一，劉喬傳）

▽中華人士恥為掾屬，以侃寒宦，召為舍人。（列傳第三十六，陶侃傳）

◎（陳）頵與王導書曰：中華所以傾弊，四海所以土崩者，正以取才失所，先白望（先看受歡迎程度）而後實事……（列傳四十一，陳頵陳頵傳）

▼（仲堪乃奏曰……）蓋定鼎中華，慮在後伏，所以分斗絕之勢，開荷戟之路。自皇居南遷，守在岷邛（四川省的別稱）……（列傳五十四，殷仲堪傳）

◎強胡陵暴，中華蕩覆，狼狽失據，權幸揚越……（列傳六十八，桓溫傳）

劉弘的言論是出現在第三任皇帝懷帝永嘉五年（三一一，西晉滅亡五年前），陳頵給王導的信件是寫於第二任皇帝惠帝永興二年（三〇五），兩者都是西晉末的記錄。故此，文中的「中華」是具備實體的存在，也就是自漢以降，受前王朝禪讓一直延續下來的王朝——位於中原的西晉。在這之後的殷仲堪與桓溫，則是南遷的東晉貴族。他們所謂的中華，指的也是南遷之前的西晉。對東晉來說，中華的意思可以解釋成「失落的中原」。

2 譯注：現存於北魏酈道元之《水經注》中。

就漢胡關係而言，桓溫是主導北伐的東晉重臣。在四世紀下半葉的五胡十六國時代，桓溫懷抱著奪回中原的悲願，和氐族前秦、鮮卑慕容氏作戰，一度曾經奪回洛陽，是位猛將。在他口中的中華，明顯不包含鮮卑與其他五胡在內。桓溫用「中華」這個詞來與「強胡」做對應，因此中華所涵蓋的民族是漢人，也可以說，「中華」就等於「漢」。

接著在五世紀中葉，由南朝宋裴松之作注的《三國志》（裴注）中，引用了《晉陽秋》這部作品的內容。在這當中桓溫的上表，也出現了「中華」兩字：

◎中華有顧瞻之哀，幽谷無遷喬之望；凶命屢招，姦威仍偪……（《三國志》蜀書十二，譙周傳）

桓溫在這裡再次展現出一種歸還舊都無望的悲痛情緒；對他來說，「中華」是只能回顧的悲傷存在。

接著是《資治通鑑》中記載，關於同時代的「中華」。

東晉將領荀羨攻擊鮮卑慕容氏的國家前燕，俘虜了太守漢人賈堅：

羨謂堅曰：「君父、祖世為晉臣，奈何背本不降？」堅曰：「晉自棄中華，非吾叛也。民既

無主，強則托命。既已事人，安可改節！」（《通鑑》卷一百，升平二年）

「晉自棄中華」，拋棄中原的西晉王朝，造成了許多人流離失所。對為了存活而投奔強者──五胡之一的前燕陣營──的賈堅而言，應當堅守節操的，是庇蔭了自己的慕容氏之國，因此他拒絕就此向東晉倒戈，寧可選擇死亡。

此處的「中華」具有地理上的意義，也就是「西晉所在的中原」。

接著在西元四二〇年，承繼東晉的南朝宋正史中，也可以看見東晉王朝末期的「中華」：

中華湮沒，闕里（宮城）荒毀，先王之澤（恩惠）寢，聖賢之風絕。自此迄今，將及百年。（《宋書》志第四，禮一）

這段文字是太元九年（三八四），某位官員（李遼）向東晉第九代皇帝孝武帝司馬曜上表的內容。李遼說「百年前中華已經湮沒、滅亡」，因此他指的是南遷之前的西晉。在這裡的中華，也是指滅亡的西晉，或者「位於中原的故國」、「失落的中原」之意。

只是，用來表示國家或民族的詞彙，還是以「中國」和「華夏」為主。在《晉書》中，相對於中華的八例，中國有九十一例，華夏則有十三例。

司馬光的歷史之眼——野心消散的時刻

派遣呂光前往西域的前秦建元十九年（三八三）十月，苻堅在太極殿召集群臣，準備迎向人生最後的挑戰：

冬，十月，秦王堅會群臣於太極殿，議曰：「自吾承業，垂三十載，四方略定，唯東南一隅，未沾王化。今略計吾士卒，可得九十七萬，吾欲自將以討之，何如？」（《通鑑》卷百四，太元七年）

對已經獲得遠至新疆廣大版圖的前秦而言，未定的就只剩下「東南一隅」，也就是東晉而已。歷經三十年戰亂脫穎而出的霸主苻堅，他的最終目標就是征服東晉，一統中國。儘管如此，前秦太子苻宏以及大部分臣下卻都大唱反調。支持苻堅將近二十年的智將王猛，在這之前的三七五年，已經以五十一歲之齡染病逝世。當他臨終時，前往探視的苻堅問他對後事有何遺言，王猛說：

晉雖僻陋吳、越，乃正朔相承。親仁善鄰，國之寶也。臣沒之後，願不以晉為圖。鮮卑、羌虜，我之仇也，終為人患，宜漸除之，以便社稷。（《晉書》載記第十四，苻堅下）

「正朔」原本是指一年的第一天，後來轉成指曆法本身。頒布務農所必須的正確曆法給民眾，是帝王崇高的義務；不只如此，根據殷周以來的傳統，新的王朝也必須制定新的曆法，因此「定正朔」就變成了天命所歸的象徵，也意味著正統王朝之所在。

東晉儘管偏促江南一隅，卻仍然屬於正統王朝，因此應當放棄攻擊它的打算；相反地，胡族——特別是鮮卑與羌，乃是國家的仇敵，終究會成為禍根，必須敬而遠之。這是王猛這位年長的知己，留給苻堅最後的話語。

東晉太元七年、前秦建元十八年（三八二）秋，東晉發兵，意圖奪回襄陽。苻堅擊退對方之後，為了將東晉連根拔除而率軍親征，目標是攻陷東晉的首都建康。發兵之前，陽平公苻融曾極力諫止這趟遠征，在他的忠言中，也可以看到「中華」兩字：

▼「且國家本戎狄也，正朔會不歸人。江東雖微弱僅存，然中華正統，天意必不絕之。」

（《通鑑》卷百四，太元七年）

甚至連前秦皇族，也認為攻打持有正朔的南朝不是大義之舉；然而，苻堅就連信賴的道安勸諫，也完全聽不進去。苻堅抱持著與他們迥然相異的想法，是因為他對戰鬥有絕對的自信；畢竟他從青年時代就連戰連勝，不曾嘗過敗北的滋味。

苻堅曾明白揭示戰勝後的人事安排：

期克捷之日，以（孝武）帝為尚書左僕射，謝安為吏部尚書，桓沖為侍中，並立第以待之。

（《晉書》載記第十四，苻堅下）

「夷狄應和」——不只是氐、鮮卑、羌等胡族，就連南朝的皇帝與貴族，也應該一併融合入王者之德當中；這正是苻堅一貫理想主義的體現。

陽平公融所說的「中華」，指的是敵國東晉；更進一步說，是奉正朔的中原王朝之意。但我們可以察覺到，苻堅的想法是：如果天意翻轉的話，那麼「戎狄」也能成為中華。

從這時候開始，「胡也能成為中華」的概念，逐漸蔓延開來。

苻堅南征，朝向「重現以德治為本的漢帝國」，為自己事業添上最後一筆的目標邁進。

苻堅將主力部隊留在項城（河南省項城市），秘密率領五千輕騎推進到淮河畔的壽春（安徽省壽縣）。在那裡，他派遣東晉降將朱序為使者，前往勸降敵軍，但是朱序卻背叛了他；朱序向東晉透露，苻堅的陣勢相當薄弱，可以埋伏加以攻擊。戰鬥的結果，前秦軍徹底崩潰，苻堅的弟弟陽平公苻融戰死，東晉軍追逐前秦敗兵，從淮河一路追到淝水，這裡也成了苻堅最後的戰場。

前秦徹底敗北，苻堅也受了箭傷，僅僅率著千餘名親衛逃出戰場，逃進唯一毫髮無傷的慕容垂三萬軍隊陣營當中。淝水之戰，是苻堅人生中最初也最大的敗北。

慕容垂的部下建議應該殺害苻堅，但慕容垂以苻堅對自己的恩義為由拒絕了。至少我們在這個地方還能看見，在這個動亂時代裡，仍存在著比起自己民族利益，更加以義為重的想法。

慕容垂在護送苻堅返都的途中以掃墓為由，請求允許返回鄴城。雖然苻堅的家臣都大表反對，認為這是縱虎歸山，但苻堅仍然允許了這個請求。

第二年（建元二十年，三八四）正月，慕容垂在中山（河北省定州市）建都，自稱燕王（後燕）。後燕被認為是五胡十六國後期最強的民族政權。

同年三月，慕容垂（三八四－三九六）發動軍隊討伐前秦，在前秦任職的慕容垂姪子、北地郡長史（陝西省耀縣的地方長官）也起兵呼應。苻堅派遣姚萇與自己的兒子苻叡前去征討，但苻叡卻大敗戰死。姚萇派遣使者前往苻堅處解釋理由，但苻堅卻勃然大怒，斬殺了使者。害怕被追究責任的姚萇於是逃亡到渭水以北的羌族故地，在那裡糾合了五萬多鄉黨自立，國名為後秦

（三八四—四一七）。

十二月，好不容易回到長安的苻堅，接獲了人在西域的呂光報告。呂光說，他越過三百里黃沙，逼迫焉耆等國投降；唯獨龜茲王不願投降、堅守城池，他正展開攻擊。

在這之後，陷於混亂中的前秦，便斷絕了與西域的聯絡。

接下來，更大的不幸襲擊了苻堅，那是前所未見的飢荒：

> 時長安大饑，人相食，諸將歸而吐肉以飴妻子。（《晉書》載記第十四，苻堅下）

將領們回家時，帶給家人的食物都是人肉，情況如此悲慘。

第二年七月，自稱燕王的慕容沖攻陷太子苻宏防守的首都長安，出城轉戰各地的苻堅於是失去了歸所。當他抵達五將山（陝西省岐山縣東北）的時候，和夫人張氏以及幼子一起被姚萇軍所捕獲。張夫人因為拒為「羌奴」所辱，和兒子一起自殺。苻堅當面斥罵背叛的姚萇；面對逼迫交出玉璽的姚萇，苻堅罵道：

> 小羌乃敢干逼天子……五胡次序，無汝羌名！……璽已送晉，不可得也。（《晉書》載記第十四，苻堅下）

小羌的「小」字，猶如現在稱呼「小日本」般，是種蔑稱，簡單說就是一種民族歧視的言詞。聽到苻堅咆哮著說「已經將象徵正統王朝的玉璽送給東晉」，同樣憤怒欲狂的姚萇於是下令將他絞死。

前秦太安元年（三八五）七月，五胡十六國時代首屈一指的明君苻堅逝世。這是自他十九歲成為皇帝、在弱肉強食的血腥時代中殺出一條道路以來，經過三十年之後的事。苻堅享年四十八歲。

苻堅這位一代霸主，朝著建立德治下的多民族國家不斷努力、追逐理想，但最後卻因信賴任用的異民族降將陸續背叛，慘遭挫折。

《資治通鑑》作者司馬光，對此作了一段總結。司馬光在北宋最盛時期——第六任皇帝神宗（一〇六七－一〇八五在位）時代，擔任翰林學士（在皇帝直屬的翰林院中，負責起草詔令的重要職務）一職。身為朝廷中樞文官，司馬光的遠祖可以追溯到西晉高祖宣帝（司馬懿）的弟弟司馬孚；同時，他也是反對王安石政治改革（新法）的舊黨領袖。《資治通鑑》是他從前任皇帝英宗時代開始編纂，到生涯晚年的一〇八四年終於完成，共兩百九十四卷的史書。他原本將這套史書取名為《通志》，但神宗將之改名為《資治通鑑》。

在《通鑑》中，有著司馬光以「臣光曰」開頭，對各時代人物與事件進行的評論。司馬光從自己角度出發的評價或斷罪，即使經過數百年，依然是令人深感興味的歷史評論。

他對苻堅的評論是這樣的：

臣光曰：論者皆以為秦王堅之亡，由不殺慕容垂、姚萇故也，臣獨以為不然。許劭謂魏武帝治世之能臣，亂世之奸雄。使堅治國無失其道，則垂、萇皆秦之能臣也，烏能為亂哉！堅之所以亡，由驟勝而驕故也。（《通鑑》卷第百六，太元十年）

司馬光對慕容垂的評價很高，從他在太和五年（三七一）年條目下的論評可知，他認為苻堅禮遇慕容垂的判斷「未為過矣」（並不算過錯），而建言斬殺慕容垂的王猛則是「有如嫉其寵」（因為嫉妒，所以鼓動苻堅斬殺慕容垂）。

司馬光認為苻堅挫敗的原因，是因為從年輕開始常勝的記憶，以及持續的勝利，讓他變得驕傲自滿；也因此才會在淝水一敗，就導致各民族混合的軍隊陷入崩潰。深讀司馬光以平淡冷靜敘述作出的評論，可以發覺他其實認為倘若苻堅不因常勝而驕傲自滿，是有可能攻下東晉的。

在《通鑑》中還有另一個值得注目的地方，那就是在從劉淵自立以來的五胡十六國篇章中，司馬光針對苻堅作了四次評論；相對同時代的其他國家，南朝加起來合計五次，北朝的慕容氏、苻健各一次，司馬光對苻堅的待遇，可說極其特別。

這兩百九十四卷《通鑑》，是司馬光從一〇六六年開始，耗費十九年編纂而成的編年體通史。在中國史書中，它的評價也相當之高：

《資治通鑑》即使從現在看起來，也堪稱無懈可擊；它是一部在嚴密意義上，以堅實學問為基礎編纂起來的史書。（宮崎市定，〈資治通鑑的有趣之處〉）

這套書的編纂者司馬光，不時會以「臣光曰」來記述自己的評價。這讓我們得以透過這位距今千年前的史家之眼為基準，追尋一位又一位接連興起霸主的動向。

讓我們回歸正題。

前秦在這之後雖然一時得保命脈，但在三九四年還是遭到姚萇之子姚興所滅亡。姚萇說到底，並不是一個橫行無忌的暴君。三九三年，他以六十四歲之齡辭世；臨終之前，他留下這樣一段話給太子姚興：

汝撫骨肉以仁，接大臣以禮，待物以信，遇黔首（人民）以恩，四者既備，吾無憂矣。（《晉書》載記第十六，姚萇）

恩、信、禮、仁，四者都是儒教的德目。從這段文章可以得知，姚萇其實和石勒、苻堅一樣，都把儒教當成國家的精神支柱，並朝著和傳統王朝連結的路線邁進。

定都長安的前秦，一度繁榮至極；可是，苻堅在支配中原的同時，終究沒能盼到把晉朝誕生的「中華」這個詞彙，納為己有的那天。這個時代，五胡之人還是認為中華的正統，是從西晉傳承到東晉之手。

苻堅的死，導致了新的混沌局勢。各地原本臣服於前秦的民族，紛紛建立自己的國家。漠北的鮮卑拓跋族，在苻堅死後第二年（三八六年）改國名為北魏，勢力急速擴大，和關中的後秦形成對峙之勢。

《晉書》載記在這裡，有另一個關於「中華」的記述。這是東晉義熙五年，在鮮卑慕容部的國家——南燕發生的事。當時，這個國家正面臨距亡國僅剩一年的危機：

（慕容）鎮出，謂韓諱曰：「主上既不能芟苗守險，又不肯徙人逃寇，酷似劉璋矣。今年國滅，吾必死之，卿等中華之士，復為文身矣。」（《晉書》載記第二十八，慕容超）

「主上」指的是兩代十二年滅亡的南燕第二任皇帝慕容超（四〇五—四一〇在位）。南燕是位在山東半島，以廣固（山東省青州市）為都的國家。

面對逼近首都的東晉軍，王族慕容鎮提出主戰論卻遭到斥退，於是對幕僚私下宣洩，自己對皇帝只想等待後秦援軍的不滿。劉璋是三國時代因為優柔寡斷，結果未經大戰便讓劉備趁隙奪走國家的蜀地之主。面對南朝東晉北伐軍逼近首都的危急狀況，皇帝卻做不出明確的判斷。

——這樣下去會跟劉璋一樣。你們這些中華之士亡了國，也只能恢復紋身（刺青）、過野蠻人的生活了吧！

韓諱是皇帝的心腹，當時是負責統領京師禁軍的領軍將軍。他的哥哥韓範是尚書令，兄弟倆人都是南燕的高官。雖然韓氏兄弟都沒有傳記，無法作出正確判斷，不過應該都是漢人無誤。慕容鎮對這位漢人官員，稱之為「中華之士」，同時將南方的東晉，貶為「紋身的野蠻人」。自古以來以淮南（淮河之南）為首，長江流域的吳、越、楚、蜀、閩等地都被視為「蠻荒之地」。慕容鎮所謂中華之士，指的是出身自中原的人士，因此這裡的中華，也就大致等於中原。

苻堅將自己的出身民族排除在五胡之外，提出「氐人非胡」的發想；不只如此，他更高舉漢朝時代誕生的華夷混一理想，提倡「夷狄應和」的理念。在這種思想下，他試著打破多民族之間的高牆。這種極為先進的做法，配上他連戰連勝的戰果取得的實績，為後續的塞外各民族留下了莫大的遺產。

苻堅朝向胡漢融合世界邁進的志向、以及將西域也納入版圖、統一中國全境的野心，就像是彩虹一般壯麗。這道彩虹在之後的歷史中，還會不斷出現。

彩虹的第二次出現，是在不到百年後的鮮卑族國度第六任皇帝——孝文帝的時候。又過了百年，在隋朝第二任皇帝煬帝的時候，這道彩虹第三度出現。然而，這兩人的志向都進行到一半，便受挫而告終。

彩虹，終究只是彩虹而已。

讓苻堅的構想得以化為現實的，是在他之後兩百餘年的唐太宗李世民。這時，草原的彩虹與苻堅的悲願，才終於以「中華」之名化為現實。

第三章

不為人知的大佛之路

——巨大佛像是怎麼誕生的？

破戒僧鳩摩羅什——佛教東傳的關鍵

西元三八五年，一代霸主苻堅遭到殺害。

同年，呂光在西域壓制了龜茲王國。在號稱九十萬的援軍都被呂光擊破的情況下，龜茲的帛純王（白純王、鳩摩羅什的外祖父）帶著珍寶逃走了：

光入其城，城如長安市邑，宮室甚盛。光撫寧西域，威恩甚著，遠方諸國，前世所不能服者，皆來歸附，上漢所賜節傳。光皆表而易之，立帛純弟震為龜茲王。（《通鑑》卷百五，太元九年）

呂光任命帛純王的弟弟震為龜茲王，派出援軍救援龜茲的三十餘國也一併請降。

胡人奢侈，厚於養生，家有蒲桃酒，或至千斛，經十年不敗，士卒淪沒酒藏者相繼矣。

（《晉書》載記第二十二，呂光）

龜茲的人民說起來也是胡人。在奢華至極的王族宅邸中，儲存了大量自家製造的葡萄酒。直到現在，所謂新疆紅酒或是樓蘭紅酒，仍是我很喜歡的酒類。這種號稱十年不會腐敗的美酒，讓身處異境的士兵全都沉醉其中。

呂光俘虜了鳩摩羅什；羅什這時年紀應該在四十歲左右。儘管有苻堅的命令，但呂光並不知道羅什的智慧與器度，於是惡作劇地要他娶龜茲的公主。呂光逼羅什喝下醇酒，把他和公主關在密室裡，結果——

遂虧其節……

羅什就這樣破戒了。

據橫超慧日（一九〇六—九五，大谷大學榮譽教授，專攻中國佛教史）、諏訪義純（前愛知學院大學教授，專攻中國佛教史）合著的《羅什》所言，破戒——也就是與女性交合，是姦、盜、殺、妄四項罪過，也就是所謂「波羅夷罪」中的首惡，是即使被教團放逐也不足為奇的重罪。橫超認為，這件事是羅什第一次遭遇挫折。對在王室家族中生養長大，從來不知挫折的羅什而言，這次破戒恐怕是他一生中最糟糕的事件。

不過，也有人認為這項記述並非歷史事實。據鎌田茂雄（一九二七－二〇〇一，東京大學榮譽教授，專攻中國佛教史）等佛教學者所言，羅什的破戒是「從年輕時起就經常為之，不管在龜茲或是涼州都是如此，甚至到了長安也一樣」（《中國佛教史》）；因此，被呂光強制破戒一事，乃是傳記作者的曲筆。他們的依據是以下的記錄：

（羅什）嘗講經於草堂寺，（姚）興及朝臣、大德沙門千有餘人肅容觀聽，羅什忽下高坐，謂興曰：「有二小兒登吾肩，慾鄣須婦人。」興乃召宮女進之，一交而生二子焉。（《晉書》藝術，鳩摩羅什）

鎌田依據這段文字，認定羅什自己也渴望女性，而且並不排斥生子。

鳩摩羅什就像前述，是和玄奘、不空金剛、真諦合稱四大譯經家的高僧，在中國佛教史上也是非常傑出的一位僧侶。據《出三藏記集》所述，羅什翻譯的經典橫跨集佛教教義大成的《三論》[3]、經（佛所說的經典）、律（佛所訂的律／規則）、論（檢討教義的論述）等，總數達三十五部兩百九十四卷。相對於玄奘的譯本（「新譯」），他的譯本則被稱為「舊譯」。橫超慧日就給予羅什很高的評價：

羅什翻譯的量，比起之前西晉竺法護（二三三？—三一〇？）的一五四部三〇九卷要少，和唐初玄奘的七十六部一三四七卷更是有一段距離。但是羅什翻譯的佛典，大多是和大乘佛教思想的根幹——龍樹中觀系佛教緊密相關的經論；不只如此，在羅什優秀的指導下，這些思想遂成為中國佛教思想的主流，甚或可說是根柢。我們可以說，他為後漢以來，雜然流入、分岔多歧的中國佛教思想界，立下了一定的方向與依據。（橫超慧日、諏訪義純，《羅什》）

雖然留下了如此宏大的業績，但不可思議的是，羅什並沒有建立任何寺院。相較於佛圖澄建造了史上最多的八百九十三座寺廟，羅什則是將自己的人生，全都投注在佛典翻譯上。

前秦太初元年（三八六）九月，呂光晚了一年接到苻堅的死訊。他本來打算留在龜茲，但在羅什的進言下，帶著裝滿珍寶的駱駝兩萬頭、駿馬萬餘匹朝涼州前進。到了涼州，他把阻止自己進城的涼州刺史梁熙的軍隊一口氣摧毀，自任涼州刺史，將河西一帶納入統治範圍。

跟苻堅不同，呂光完全不關心佛陀的教誨；他只關心羅什事先預知叛亂的神祕法力，能對他產生什麼輔助作用。

3 譯注：指《中論》、《十二門論》、《百論》。

（羅什）停涼積年，呂光父子既不弘道，故韞其經法，無所宣化。（《出三藏記集》第十四，鳩摩羅什）

羅什就這樣將佛陀的教誨隱藏在心中，過著既不宣化也不傳教的空虛歲月。

後秦的姚萇聽聞鳩摩羅什的大名，邀請他前往首都；但呂氏一族因為怕羅什的智謀與神祕能力被人利用，不允許他出國。羅什於是在涼州度過了十七年的歲月。不過，停留在涼州這段期間，羅什的漢語能力有了飛躍性的提升，這對他後來的譯經事業，不能不說是件幸運的事。

現在武威市內，還有一座八角十二層的羅什白塔；這座塔高三十二公尺，是唐代建造的羅什寺所在地，在塔中供奉有羅什的舍利。

呂光在前秦滅亡兩年後的東晉太元十一年（三九六）即天王之位、建立後涼，但三年後便以六十三歲之齡病逝。之後後涼陷入繼承者之爭，內亂頻仍，瀕臨亡國邊緣；在這混亂當中，涼州的各部族陸續脫離後涼自立。

三九七年，原任河西鮮卑大都統的鮮卑禿髮部禿髮烏孤，於青海省的黃河支流湟水流域，建立了南涼（三九七—四一四）。在張掖，遭到呂光軍對河南遠征大敗問責、親人被殺的張掖太守沮渠蒙遜（匈奴或月氏人）掀起叛旗，擁立建康（甘肅省高台縣，位於張掖和酒泉之間）太守段業（鮮卑）

建立北涼，兩年後又殺害段業，自立為王。在敦煌，漢人李暠建立了西涼（四〇〇—四二一）。在這當中，沮渠蒙遜的北涼作為佛教王國，對中原有著很大的影響。

河西走廊成為騎馬民族鬥爭之地，絲路的交易路線也四分五裂；失去財政基礎的後涼，於是更加衰退。

後秦弘始三年（四〇一），統一關中的後秦姚興（三九三—四一六在位）迫使後涼臣服，將涼州納入掌中。挾這股氣勢，後秦又讓河西走廊各國——北涼、南涼、西涼也全都臣服其下。

這一年，羅什在姚興招攬下，來到首都長安；這時，期盼與他見面的道安，已經與世長辭十六年之久。

當時長安佛教興盛的情況，從《晉書》中可見一斑：

> 興既託意於佛道，公卿已下莫不欽附，沙門自遠而至者五千餘人。起浮圖（佛塔）於永貴里，立波若臺于中宮，沙門坐禪者恒有千數。州郡化之，事佛者十室而九矣。（《晉書》載記第十七，姚興）

後秦十家中有九家，也就是上至貴族、下至平民，整個國家的人民幾乎都皈依了佛教，堪稱是一大佛教王國。

姚興的想法應該是想以佛教作為國民的精神羈絆，好取代儒教，作為國家的基礎吧！

姚興以國師之禮迎接年過五十的羅什，兩人相談不倦。譯經對姚興來說也是畢生的大事業，因此他也常親自造訪譯經所，跟羅什一同作業。

羅什通梵語、于闐語、龜茲語等語言（統稱為胡語），能夠直接默背各種言語寫成的佛典（即所謂胡本），然後直接用漢語翻譯給人聽。負責把過往翻譯的作品和胡語經典對照，進行改訂作業的，也是羅什和底下的僧侶，其中也有皇帝姚興的身影：

> 興如逍遙園（位於首都西北的庭園），引諸沙門於澄玄堂聽鳩摩羅什演說佛經。羅什通辯夏言（中國語），尋覽舊經，多有乖謬，不與胡本相應。興與羅什及沙門僧略、僧遷、道樹、僧睿、道坦、僧肇、曇順等八百餘人，更出大品，羅什持胡本，興執舊經，以相考校，其新文異舊者皆會於理義。續出諸經并諸論三百餘卷。今之新經皆羅什所譯。（《晉書》載記第十七，姚興）

直到六十歲逝世為止，羅什都不眠不休投入佛典漢譯的工作。有超過五百位僧侶，在羅什的指導下展開譯經工作。他所翻譯的經典，總數達三十五部兩百九十四卷；他不只自己翻譯經典，也將過去已翻成中文、錯誤甚多的經典，加以重新翻譯校正。另一方面，也有項不太可信的記載：

姚主常謂什曰：大師聰明超悟天下莫二，若一旦後世，何可使法種無嗣！遂以妓女十人逼令受之。（《高僧傳》卷二，譯經中，鳩摩羅什）

羅什接受姚興「不可讓高貴血統斷絕」的勸告，不住僧房，而是讓妓女十人陪伴，過著自由自在、生活充裕的日子。在高僧傳中，留有這樣一段羅什的話：

「譬喻如臭泥中生蓮花。但採蓮花勿取臭泥也。」

「漢境經律未備。新經及諸論等。多是什所傳出。三千徒眾皆從什受法。但什累業障深。故不受師教耳。」（《高僧傳》卷二，譯經中，鳩摩羅什）

羅什將自己比喻成腐臭的泥水，傳授的佛陀教誨則是蓮花；因此，就算他將法心傳達出去，但因為自身的行為引發重重業報，所以他並不以師尊之姿接納弟子。《羅什》的共同作者諏訪義純就這樣評論：「羅什雖然身為法師，卻無法成為律師，他自己應該對此有著痛切的體悟吧！」（橫超慧日、諏訪義純，《羅什》）

羅什的言行舉止就像這樣，冷冽地看透身為破戒僧的自己。

後秦姚興弘始十五年（四一三），鳩摩羅什忽得急病撒手人寰。他的遺體以當時相當罕見的形式，在逍遙園進行火葬；據說當所有一切都燃盡後，唯獨舌頭依然留下來。

陝西省岳鄠縣東南秦鎮草堂營裡的草堂寺，據說是逍遙園的舊址。在這裡有一座高二點五公尺、八面十二層的石塔，是羅什的舍利塔。

永和元年（四一六），姚興病逝。第二年，剛成功奪回洛陽、由東晉劉裕率領的北伐軍揮軍西進，攻陷長安；後秦僅僅立國三十四年就滅亡。

涼州諸國的生機，也因此再度復甦。

克孜爾石窟傳達的訊息

在佛教東漸的歷史中，現在仍有個尚未解明的謎題，那就是超過十公尺高的巨大佛像，究竟是何時、在何處產生、又是如何傳到中原的？

史有明載最古老的大佛，是五世紀初期，法顯在北天竺（巴基斯坦北部）達麗爾溪谷（Darel Valley）所見的木雕彌勒大佛。達麗爾位在自新疆喀什越帕米爾高原的巴基斯坦國境地帶、也是印度世界的入口，過去是塔里木盆地通往健馱羅的交通要衝。關於這段路程與大佛的最古老記錄，是《法顯傳》的記述：

> 度（蔥）嶺已到北天竺。始入其境，有一小國名陀歷亦有眾僧皆小乘學。其國昔有羅漢，以神足力將一巧匠，上兜率天（彌勒菩薩的居所）觀彌勒菩薩長短色貌，還下刻木作像；前後三上觀，然後乃成像。長八丈、足趺八尺，齋日常有光明，諸國王競興供養。（《法顯傳》）

前上智大學教授土谷遙子（專攻中亞美術史），自一九一三年斯坦因調查以來相隔一世紀，首次踏入位在這個地區、屬於吉爾吉特山系達麗爾溪谷的普格齊村（Pouguch Village）進行遺跡調查，並聽取村民的所見所聞。這是一九八六年，連結巴基斯坦與中國的喀喇崑崙公路開通，才初次得以踏足的險阻土地。據土谷所言，這裡的山地最高為海拔一四九〇公尺，並不適合開鑿摩崖大佛，但森林資源相當豐富，因此才會出現極為稀有的木造大佛：

> 高八丈的彌勒像雖然只有《觀佛三昧海經》所記載的十六丈的一半，但以技術來說，八丈已經是能夠製造的最高極限了。（土谷遙子，《法顯傳中所見的陀歷佛教寺院》）

據土谷所言，在達麗爾確認到了宏偉的寺院遺跡。雖然究竟是位在寺院內還是露天而坐並不確定，但大佛當時應該裝飾有金箔。「像立在佛泥洹（涅槃）後三百許年……大教宣流始自此像。」這尊法顯記錄的大佛，如今已然不存。

世上流傳的巨大佛像，多半是釋迦的涅槃像。在印度的拘尸那揭羅（Kushinagar）[4]與阿旃陀第二十六窟、斯里蘭卡的加爾維哈拉（Gal Vihara）、乃至於泰國、緬甸等地，都可以看到為數眾多的類似佛像。可是在此同時，這些區域卻不曾發現被稱為「大立佛」的佛像。在孟買近郊的坎赫里石窟（Kanheri Caves）第三窟中，有一座高浮雕、高約七公尺的立佛像，已經是這一帶現存最大的了。

宮治昭（名古屋大學榮譽教授，專攻佛教美術史）說：

巨大佛像出現在印度外圍區域與中亞地區，在中國也多所出現，而且所造的佛多半是彌勒佛。這些彌勒佛雖然位在邊境，卻也是位於印度與異世界的連接點上。邊境的佛教徒，或許是有意識地想對抗對佛教的中心——中印度，所以才樹立起新佛教世界的象徵——彌勒的巨像吧！這件事暗示了佛法是從這些大佛開始，向東方流傳的。

建造超越十公尺、二十公尺的巨大佛像，除了單純「要比普通佛像更大」的意識外，必定還有別的發想，那就是所謂的「大佛思想」。（宮治昭，《佛教美術的生態學～從印度到日本》）

現在提到大佛，首先想起的就是二〇〇二年遭塔利班炸毀的阿富汗巴米揚石窟東大佛（三十八公尺）與西大佛（五十五公尺）了吧！一般認為東大佛是釋迦佛，西大佛則是彌勒佛。巴米揚位在六世紀以降，玄奘等求法僧通行的要道上，往東行越過興都庫什山脈，可以抵達塔克拉瑪干沙漠與塔里木盆地。

4 譯注：位於北印度，為古代末羅國（西元前七至四世紀）之都城，相傳為釋迦涅槃地點。

關於巴米揚大佛建立的時期，至今仍沒有一個定論。樋口隆康（京都大學榮譽教授，專攻考古學）說，法國調查隊的首任隊長福舍（*Alfred A. Foucher*，一八六五—一九五二）主張，石窟的開鑿始自貴霜王朝的迦膩色伽王時代，但據他自己的考察，大佛建立的時間要比石窟開鑿更晚，大概從五世紀開始，中心時期是六到七世紀，一直延續到八世紀（樋口隆康《阿富汗》）。除此之外也有一種說法，認為東西兩大佛是在七世紀前半興建的。

中原最早出現大佛，是在鮮卑族國度北魏的首都——平城郊外的雲岡石窟，興築的時間大概是五世紀下半葉。

既然如此，那麼大佛最早出現在哪裡呢？

中國石窟研究的最高權威宿白（北京大學考古系教授）是這樣說的：

> 不管是（巴米揚的）兩大佛也好，還是近來發現、一尊屬於四世紀的佛像也好，巴米揚的大佛數量都遠遠不及龜茲。從這一點來看，我們可以推測，開鑿大佛像石窟、建造大型立佛的塑像與雕刻，很有可能都是龜茲佛教藝術的特徵之一。如果這個推測成立的話，那龜茲的佛教文化，除了各種形式的石窟與壁畫外，應該還可以看到以大型立佛為中心的大佛像石窟這樣的重要內容。而這種內容對蔥嶺以西、新疆以東的影響，遠比其他形式的石窟與壁畫還來得重要。（宿白，《克孜爾石窟》）

宿白用平穩的語氣，暗示說大型立佛／大佛石窟的建造，很可能始自三世紀下半葉龜茲王朝的克孜爾石窟。

但真是如此嗎？

克孜爾石窟位在龜茲王國的故都——庫車縣城東南六十七公里，拜城縣克孜爾鎮的郊外。在渭干河（木札爾特河）北岸、高四十公尺的明屋達格山崖壁上，綿延兩公里的石窟穿鑿其間。在崖壁正中央，有一處稱為「淚泉」的小泉水。穿鑿在以這處泉水為首，綠意盎然溪谷兩側的石窟，分別被命名為前方的「谷西區」、深處的「谷東區」、以及溪谷內的「谷內區」。現在擁有編號的石窟共有兩百三十六窟，但關於石窟的創建，卻沒有任何銘文或文獻記述。

在初期窟中，祀奉大型立佛的石窟（大像窟）有七窟；其他地方星散的石窟群中，也有大像窟的存在。現在庫車的近郊，森木塞姆石窟有兩窟、庫木吐喇石窟有四窟、克孜爾朵哈石窟則有四窟屬於大像窟。不論哪一個石窟，都是在開鑿初期出現大型立佛。就算光從石窟的數量來看，也是令人刮目相看的石窟群。

這裡先談談克孜爾大佛窟的第四十七窟。

它的建造年代按碳十四放射性元素檢定，結果是三五〇加減六十年，也就是說，最初的大佛是三世紀末到四世紀左右建立的。這項調查是一九七九年到一九八一年，由當時的新疆維吾爾自治區文化局進行，年代測定則是由北京大學歷史系考古研究實驗室負責。然而日本的研究者認為，應該用最新技術重新測定；他們之所以這樣主張，是因為中國提出的年代，往往有更加偏古的傾向。只是，在沒有可以替代的資料情況下，我也只能就宿白的說法進行討論。

據《克孜爾石窟內容總錄》所述，第四十七窟是早期的大像窟，天花板是穹頂型，主室寬七點二二公尺、深六點九公尺、高十七點六公尺，開鑿於四世紀。

在正壁的中央，據說過去有一座高及十公尺的泥塑大立佛。然而這尊佛像的姿態究竟為何，現在已經無從查考了。

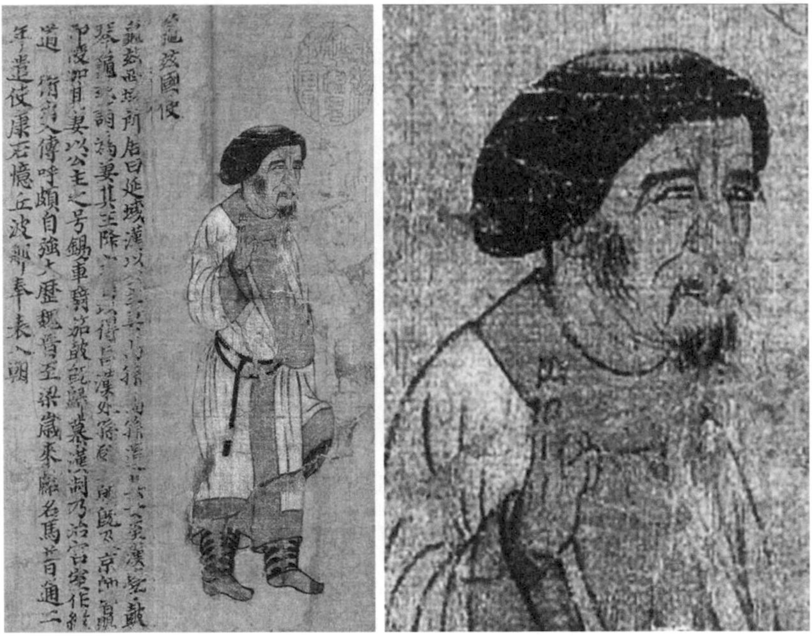

《職貢圖》（南朝梁）中之龜茲國使者形象

宿白在收錄於《龜茲佛教文化論集》的論稿〈克孜爾部分洞窟階段劃分與年代等問題的初步探索〉中，也說這尊佛像「其身高在十公尺以上」。在後面的迴廊深處，應該還有一尊涅槃的大佛像，只是這尊像如今也已不存。

一般的大像窟，都是以大立佛像為主尊，兩側配屬十方諸佛。從左右牆壁上殘存的鑿跡與泥塑、壁畫的殘痕，可以得知各牆壁上分別繪有五層的彩色佛像，包括立像和坐像都有。牆壁頂端繪有供養的天人，但現在只剩下兩尊彩色的飛天圖像。

另外，在南壁繪有捨身飼虎圖。宮治昭指出，捨身飼虎本生、尸毘王本生[5]等「有關釋迦前世、血淋淋的自我犧牲故事（本生故事），在中印度完全不為人知；所以說到底，應該是佛教以外——恐怕是遊牧民族的信仰混進來，成為這個地方（健馱邏）獨特的產物吧！」（《健馱羅～佛的不可思議》）

從克孜爾石窟沿著幾乎已經乾涸的渭干河床往下走，就會抵達庫木吐喇石窟。如前章所述，陳世良教授認為這個石窟就是都城近郊的王新寺伽藍。

在陡峭的河岸崖壁高處，隨處可以看見三世紀下半葉荒廢而遭放棄的石窟殘跡。關於這些石窟，二十世紀初期的德國探險隊曾留有以下見聞：

5 譯注：指佛陀割肉餵鷹的故事。

克孜爾第47窟外觀

克孜爾第47窟內之壁畫
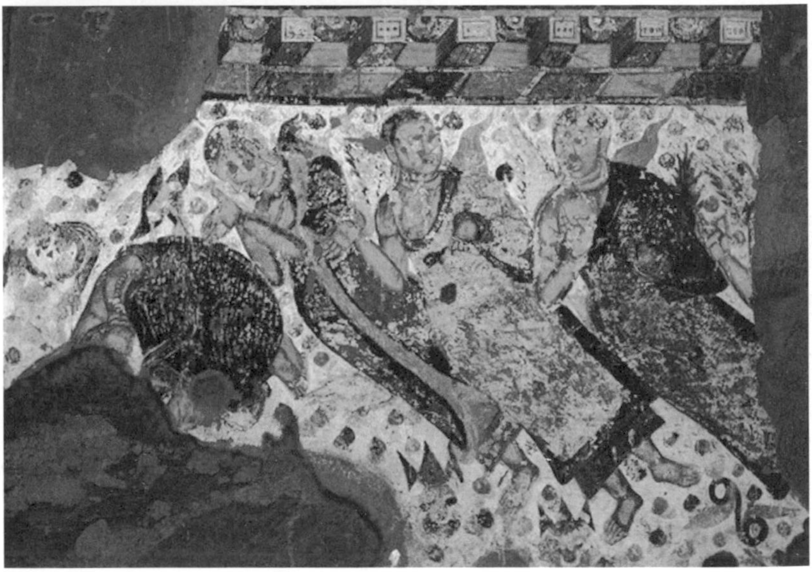

一九〇六年一月二十七日，德國的第三次調查隊，在格魯韋德爾（Albert Grünwedel）的率領下造訪了庫木吐喇。他們從夏哈吐爾（Xiahetuer）遺址開始挖掘起；在那裡，他們首先發掘出佛堂的基礎遺址，接著又在原本的位置上，發現了大立佛塑像的下肢與半圓形的仰蓮華座，還蒐集了兩尊天王像。這些都是屬於早期龜茲系的產物。（晁華山，〈庫木吐喇石窟概說〉，收錄於《庫木吐喇石窟》）

第二年，伯希和也前往這處寺院遺址進行調查；據他的報告指出，這所寺院的規模達到南北兩百四十公尺、東西一百四十公尺。雖然不清楚大佛的高度，不過這麼宏偉的寺廟，安置的佛像應該也是相當巨大才對。在伯希和的調查中，也有出土類似貴霜王朝國王像的早期形式大佛立像。雖然推測這尊大佛應該是彌勒菩薩，不過龜茲系的塑像在這麼早的時候出現，實在引人注目。宿白在前面的論述中，也認為這應該是尊高十五公尺左右的大佛。

這個國家在唐代，也有大佛存在：

大城西門外路左右各有立佛像，高九十餘尺。（玄奘，《大唐西域記》屈支國）

唐代的一尺是三十一點一公分，九十餘尺就是二十七點九公尺；玄奘在城門前，親眼目睹了聳立的巨大佛像。

大型立佛像的出現，以及林立的眾多洞窟，在在說明龜茲王國發生了什麼重大事件。

當時與鳩摩羅什從天竺返鄉的時期（三五九—三八五）正好重疊。在這個時期，出現了空前大規模的佛像塑造熱潮。故此，將「大佛思想」傳入龜茲、且在史上留名的人物，應該就是鳩摩羅什無誤。

羅什翻譯關於彌勒菩薩的經典，有《彌勒下生經》、《彌勒大成佛經》兩部。這兩部經的內容，都是敘述釋迦寂滅後，造訪未來的彌勒如何救濟世人的經過。簡單說，在未來轉輪聖王的時代會有彌勒降生，祂會稱頌過去世的釋尊之德，並且對釋迦度化所未及的有緣人說法，教化他們、將他們引入涅槃。

既然如此，那「彌勒必須要大才行」這種所謂的「大佛思想」，又是依據哪一本經典而來的呢？

宮治昭在《佛教美術的生態學》中具體指出，這部經典就是在西北印度到中亞地區成書的《觀佛三昧海經》。在這本由佛陀跋陀羅（三五九—四二九）譯出的經典中，明白寫下了每一位佛陀的身高。釋迦佛的身高為丈六（一丈六尺，約四點八五公尺），彌勒世尊的身高則為十六丈；若是如此，則彌勒高達三十二公尺，正是名符其實的巨大佛。

佛陀跋陀羅比鳩摩羅什小一輪；他是北印度人，曾在健馱邏學習。他受中國僧人的邀請，從海路抵達中國，不久後前往長安造訪羅什，和羅什進行了反覆的議論。在《高僧傳》中記載，羅什每當有疑問時，便常尋求佛陀跋陀羅的意見；看樣子，他是位比羅什對經典理解更深的僧侶。不管怎麼說，身為《彌勒經》與《雜譬喻經》譯者的羅什，理應不可能不知道「彌勒必須要大才行」這種誕生在健馱邏的最新思想。更何況，他也親眼目睹過達麗爾的彌勒大佛。

宮治昭說：

> 建造巨大的彌勒佛像，意味著要打造樂園與理想的佛教世界。故此，彌勒大佛是以烏托邦的象徵之姿而打造出來的。（宮治昭，《佛教美術的生態學～從印度到日本》）

古代要建造大佛，是庶民力所未逮之事，必須要有巨大的財富累積與強大的權力才行；而當時擁有這種權力的，就只有王權而已。

興建克孜爾石窟巨大佛像的，毫無疑問是龜茲國王。

那麼，大佛思想從龜茲往東，又是經由怎樣的路徑抵達中原的呢？答案就是位在西域與中原之間，異民族抗爭持續不斷的廣大河西走廊。

河西走廊——巨大佛像東漸之道

在平地稀少的西域綠洲國家，石窟都開鑿在遠離人煙的山間崖壁上；而在往東的河西走廊、甚至是靠近都城的渭水上游流域，也在險峻的山崖之間，陸陸續續建造起修行的場所。如果將目光放眼到地圖上，看看現在判明的石窟位置，一條石窟之路便鮮明地躍然眼前。在這裡，有為數眾多的大佛被興建起來。

在河西走廊有敦煌莫高窟、榆林窟、酒泉文殊山石窟、張掖金塔寺石窟、馬蹄寺石窟、武威天梯山石窟。還有更往東，在蘭州郊外渡黃河處的炳靈寺石窟，總計約有二十餘處。在陝西省渭水上游流域，也有水濂洞石窟、大像山石窟、木梯山石窟、麥積山石窟等超過十處以上的遺跡。

在大佛方面，敦煌莫高窟有東西大佛，麥積山石窟和炳靈寺石窟也建有大佛。不只如此，大像山石窟有高二十七點三公尺、天梯山石窟則有高二十三公尺的大佛，都是唐代開鑿的產物。

儘管如此，能清楚得知建造時期的石窟卻少之又少。敦煌莫高窟是在四世紀中葉，和敦煌、雲岡、龍門並列，號稱中國四大石窟的麥積山石窟，則被認為是從後秦姚興的時代（三九三—

四一六）開始開鑿。炳靈寺石窟第一六九窟壁上的墨筆銘文，寫著這座石窟是在西秦建弘元年（四二〇），由姑臧僧侶玄高的弟子所興建。但不管哪座石窟，在開鑿初期都沒有興建大佛。

另一方面，在位於西域與中原接點的河西走廊，關於當地的石窟與造像，迄今為止除了敦煌之外，幾乎找不到什麼可供彙整的資料。

河西走廊在前涼最盛期的張駿時代，就有西域僧人帶來諸多佛典並加以翻譯；石窟的建造，推斷應該也是在同一時期開始。初期建造的石窟，大概是供僧侶修行、坐禪，也就是禪窟。

涼州數一數二的修行道場——敦煌莫高窟，它的開鑿時期並沒有正式記錄。不過，根據現傳的碑文《大周李懷讓重修莫高窟佛龕碑》所記：

> 莫高窟者，厥初前秦建元三年，有沙門樂

河西走廊石窟分布圖

傳，戒行清虛、執心恬靜，當杖錫林野，行止此山，忽見金光，狀有千佛，遂架空鑿岠，造窟一龕。

按這篇北周時代的碑文，莫高窟的開鑿者是名為樂僔的沙門，時間是前秦建元二年（三六六）。當時敦煌正在前涼最後的統治者張天錫治下。

石窟的建造，應該是透過眾多無名僧侶傳播到涼州的吧！從這當中，不能不感到佛教東漸的強大能量。

之後，從北涼、北魏到隋唐，石窟跨越時代，不斷被建造出來。

其中，酒泉文殊山、張掖金塔寺、馬蹄寺，武威天梯山等石窟寺院，據信都是從北涼沮渠蒙遜時代開始建造的。

敦煌石窟第285窟壁畫「五百強盜成佛圖」（局部）中，描繪身披重甲的鮮卑騎士（圖中央騎馬者）作戰場景

北涼（三九七—四三九）是個怎樣的國家呢？佛教在北涼，又是怎樣的狀況呢？

北涼王沮渠蒙遜（三六八—四三三）是五世紀初期，抵抗後涼呂光政權暴政而自立的人物之一。他出身自「臨松盧水胡」，也就是現在的張掖附近。因為沮渠這個姓是匈奴的官名，所以有人認為他是匈奴，但也有人主張盧水（今甘肅省黑河）本是月氏的根據地，所以他有可能是月氏人；關於這點，目前仍然沒有定論。寧夏大學民族理論研究所王朝海《北魏政權正統之爭研究》認為，盧水胡是小月氏、匈奴、羌融合的民族。

北涼的周圍全是敵人。東邊姑臧（甘肅省武威）有一息尚存的後涼，南面青海有鮮卑族禿髮烏孤的南涼（三九七—四一四），敦煌則有漢人李暠的西涼（四〇〇—四二一）。

蒙遜是位極擅長謀略的武將，他先在四〇三年和南涼聯手，攻打因後秦姚興侵略而疲敝的後涼，結果後涼向後秦投降，姑臧則落入南涼的控制。接著他又驅逐了南涼勢力，遷都姑臧，在四一二年自稱河西王。四二一年他滅亡西涼，控制了河西走廊全境。和過去的前涼一樣，他把絲路的利益全部掌握在手中。

北涼也是個佛教王國：

> 沮渠蒙遜在涼州，亦好佛法。有罽賓沙門曇摩讖，習諸經論。於姑臧，與沙門智嵩等，譯《涅槃》諸經十餘部。又曉術數、禁咒，歷言他國安危，多所中驗。蒙遜每以國事諮之。（《魏

書》釋老志）

蒙遜奉為國師的曇摩讖（又名曇無讖，三八五—四三三）出身於中天竺，精通大乘，二十歲時便深諳大乘小乘經典兩百餘萬言。後來他走訪罽賓，但當地人多信小乘而不信涅槃，讓他深感失望，於是便經由龜茲來到西涼。不久後西涼滅亡，他被蒙遜迎到姑臧，這是鳩摩羅什離開涼州後大概二十年的事。曇摩讖在姑臧十三年，翻譯了十一部一百一十二卷佛典，把姑臧變成了重要的佛教據點。因為他也很擅長法術，所以又被稱為「大咒師」。有許多僧侶都慕名前來北涼造訪，其中包括了擔任北魏皇太子老師的玄高、統領北魏佛教教團的師賢、以及開拓雲岡石窟的曇曜。

沮渠蒙遜對營建石窟，也表現了極高的熱情：

> 涼州石崖塑瑞像者，昔沮渠蒙遜，以晉安帝隆安元年（三九七），據有涼土三十餘載，隴西五涼斯最久盛。專崇福業（佛教），以國城寺塔終非久固，古來帝宮終逢煨燼，若依立之效尤斯及，又用金寶終被毀盜，乃顧眄山宇可以終天。於州南百里連崖綿亘東西不測，就而斲窟安設尊儀；或石或塑千變萬化，有禮敬者驚眩心目。（《法苑珠林》卷十三）

城池、宮殿、寺廟就算再怎麼壯闊，還是會被一把火燒成灰燼，金銀財寶也會被盜而化為烏有；因此要在州南百里連綿的崖壁間穿鑿石窟，安置石雕與泥塑的佛像，希望對佛的祈願能永遠流傳——蒙遜抱持著這樣的想法，積極建造石窟寺院。另一方面，涼州的居民也是「自張軌後，世信佛教」（《魏書》釋老志）。

蘭州大學教授杜斗城認為，二、三世紀時盛行於西北印度的彌勒信仰，在中國最初風靡一時的地區，就是北涼。

從四世紀到五世紀，彌勒信仰的主要依據是彌勒三經（成佛經、下生經、上生經）。將這三經之一的《彌勒上生經（觀彌勒菩薩上生兜率天經）》翻譯成漢語的，是沮渠蒙遜的堂弟沮渠京聲；《彌勒大成佛經》、《彌勒下生經》則是由鳩摩羅什所翻譯。由此可見，彌勒經與北涼乃至姑臧之地的關係相當之深。

杜教授說，「上生經」為人們提示了天宮樂土，「下生經」則提示了地上樂土：

> 北涼石窟之所以盛行「彌勒」這個主題，和主張彌勒作為轉輪王降生的經典有著密不可分的關係。換句話說，對未來佛彌勒出現的期望，反映了當時「末世思想」的流行，而轉輪王重要的任務，就是在現世守護佛法，也就是「護法」。（杜斗城，《北涼佛教研究》）

杜教授的見解和前面宮治昭的論點頗為一致。據宮治先生所言，彌勒菩薩從誕生的時候開始，就和王者的印象彼此重疊。同時，彌勒出世的時候，也是以「轉輪聖王」這個理想的世俗統治者之姿，來實現地上的烏托邦：

> 立基於將佛陀超人化、神格化產生的佛像造型，一方面與佛教內在發展上，對於「堪與轉輪聖王比擬的聖者」這個印象日益膨脹有關，另一方面在外部要因上，則與貴霜王朝神格化帝王像的造型傳統相結合，從而獲得成立並發展起來。（宮治昭，《佛教美術的生態學～從印度到日本》）

不過，平時殺人和戰場殺敵，有著根本的差別。在大乘佛教中，戰場殺敵被加以正當化；這應該是一世紀左右，在騎馬遊牧國家貴霜王朝產生的思維吧！

拋棄世俗而出家的釋迦所闡述的出世佛教，與為保持權力、不厭其煩持續殺戮的現世王權，是如何結合起來的呢？

俄羅斯的佛教研究者A・N・澤林斯基曾經寫過一篇討論「健馱邏美術與大乘佛教同在貴霜時代，亦即前所未見、盛極一時的東西文化交流背景下誕生，絕非偶然」，令人深感興趣的論文。這篇論文的名字叫〈貴霜人與大乘佛教〉。

一九六八年，隸屬聯合國教科文組織下的「中亞文明研究會」在塔吉克首都杜尚別召開學術會議，這篇論文就是其中的報告之一。將它翻譯成日文並加以刊載的，是國立民族學博物館榮譽教授加藤九祚（一九二二—二〇一六）獨自編輯的雜誌《亞歷山卓（Ai-Khanoum）2003》。

這篇文章指出，西元初期，在位於貴霜帝國境內的印度西北部，誕生了讓佛教成為具備世界意義宗教的大乘佛教體系：

貴霜人開始實踐佛教的主要且決定性變化，在於佛教教團（僧伽）首次為了世俗之人，廣為開放門戶；結果是禁慾的出家僧集團，轉化成深入俗事且廣泛的寺院組織。根據初期佛教規範的觀念，能成為佛教徒的就只有僧侶而已。之所以如此，是因為捨棄俗世乃是「得救」的必要條件。但是根據新的教義，不管是什麼人，甚至是深染凡塵的人，也可以成為佛教徒。舉例來說，有名的《維摩經》就明快的指出了這點。《維摩經》描寫的是西元初期，佛教在家信徒的典型——維摩。也在貴霜時代，過去那種從事自身救贖的阿羅漢理想，被對世間眾生抱持慈憫（karuna）精神的菩薩理想所取而代之。（澤林斯基，〈貴霜人與大乘佛教〉）

在皈依佛陀的要件中，有一條最重要、必須嚴守的戒律，那就是「不殺生戒」。既然如此，那以殺戮為常的騎馬民族王朝，又為什麼會信仰大乘佛教呢？關於這點，澤林斯基也以西元初期，在貴霜帝國境內產生的阿彌陀信仰帶來的嶄新「救贖」教義為突破口，對這個困難的命題做出了明快的回答：

信仰慈悲教誨的人們獲得允許，對自己信仰的敵人拿起武器作戰；要理解這種新傳統的泉源，我們就必須回到與大乘勝利相結合的迦膩色伽時代。（中略）

迦膩色伽是從喀什米爾的導師善見神輪那裡獲得入教儀式，但他並沒有放下身為王、絕對君主、征服者的身分，只是以佛教徒的身分擁戴教誨而已。貴霜王所扮演的角色，與後來在大乘信仰中發展起來的護法（Dharmapala）有著密切關係。就像這樣，思辨的觀念在現實的力量面前後退，佛教在作為慈悲的教誨同時，也獲得了戰鬥集團的特徵。（澤林斯基，同論文）

澤林斯基更進一步說：

迦膩色伽王雖然支援佛教徒，但他同時也需要佛教徒的支持。佛教從僧院集團開始廣泛踏足社會活動，成為國家之中一股強力的文化和道德勢力。貴霜的統治者，無法忽視佛教的存在（就算他們想忽視也沒辦法）。另一方面，大乘向改信者廣泛開放門戶；作為跨越領土（國際性、超領土）的宗教，它對於統一占帝國境內多數人口的各種民族，是一種相當有用的信仰。還有，大乘不只在佛教內部擁有論敵，還必須與帝國內其他相異的宗教作戰，因此也需要強大的權力後盾。簡單說，透過這樣的聯合，大乘能夠穩固地獲得自立，而貴霜也能夠將政治、文化上的影響不只限於

國內，還廣傳到遙遠的外國。（澤林斯基，同論文）

澤林斯基明確指出，正是「國際性、超領土的宗教」這點，使得佛教能夠成為多民族國家的精神支柱。五胡對佛教的定位也是如此。

換言之，佛教能夠成功贏得騎馬民族王朝皇帝的信賴，正是透過所謂「祭壇與王座」結合延伸的關鍵概念：「護法」。若是按照澤林斯基的說法，則貴霜帝國攻擊他國的邏輯中，很容易推斷出有「以護法為名，從宗教方面加以正當化」的性質存在。道安的「不依國主則法事難立」，也是這種思維下的產物。

接下來，不只作為檀越（施主）的帝王拜見菩薩的圖像應運而生，就連降生現世的彌勒菩薩與帝王之姿重合的畫面，也自然而然地流傳開來。

「祭壇與王座」的結合，在貴霜王國也對佛像的造型產生影響。就像宮治昭所言：

立基於將佛陀超人化、神格化產生的佛像造型，一方面與佛教內在發展上，對於「堪與轉輪聖王比擬的聖者」這個印象日益膨脹有關，另一方面在外部要因上，則與貴霜王朝神格化帝王像的造型傳統相結合，從而獲得成立並發展起來。（中略）健馱羅佛的精神王者形象，並不是像羅馬皇帝像那樣現實的王者像，而是必須同時兼備開悟聖者的形象才行。（宮治昭，《佛教美術的生在沙漠的大畫廊——敦煌莫高窟中，有著明確建造於北涼時代的石窟和佛像。

這處位在敦煌郊外鳴沙山東麓崖壁上、一路開鑿到元代的石窟共有五層，總數高達六百窟；當中有四百九十二座石窟，還留有華麗的壁畫與塑像。壁畫的總面積是四萬五千平方公尺，塑像則有兩千座以上，堪稱是中國的頭號世界遺產。

在現存的石窟當中，最古老的洞窟是北涼時代興建的北涼三窟。其中一窟——第二七五窟，位在莫高窟中央區偏北、分為三層石窟的第二層。它的入口呈南北向，寬三點七五公尺，深六點八公尺，高三點六公尺，是個長方形縱深的小洞窟。正面牆壁的塑像，是尊高三點二五高尺的交腳彌勒菩薩像，也有人說是轉輪聖王像。

健馱羅佛（彌勒佛）盤腿坐像，現藏於日本平山郁夫絲路美術館

敦煌第257窟，彌勒菩薩盤腿坐像

這尊初期洞窟中最大的佛像，是一尊木骨泥塑的雕像；它睜著細長的眼睛，俯瞰前來洞窟的訪問者。它完全沒有那種佛陀冥想的氛圍，反而更流露出一副王者的面貌。它的右手本來應該是結施無畏印，不過現在已經不存，左手則是結「與願印」，也就是助人實踐願望的印。它的臉部表情和克孜爾石窟的佛像，也有很大的差異。克孜爾石窟的壁畫，大多呈現西域和吐火羅人的血統，或者和更遠的阿富汗雕像一樣，整體展現出高鼻碧眼人種的造像。但是這尊菩薩在人種方面，則讓人聯想到西藏血統；它的容貌輪廓更加平淺，給人一種親和的感覺。

這尊菩薩頭戴三面的寶冠，手臂上覆蓋著綠色薄紗，上半身幾近赤裸，下肢呈

X型交叉，坐在兩頭獅子蹲踞的方座上，腳部則用陰刻的方式，呈現出衣服的波紋。這個姿勢稱為「交腳倚坐」，也就是遊牧民族王侯貴族的坐姿——胡坐（盤腿而坐）。

這尊佛像的樣式屬於當地發展出來的傳統技法，也就是所謂的「涼州樣式」。

彌勒菩薩住在兜率天，於五十六億七千萬年後降生於世，在龍華樹下成佛，是拯救世間眾生的菩薩：

> 以彌勒菩薩為主題的塑像在健馱羅相當之多，可以窺見這種信仰的興盛程度；但更令人感興趣的是，在彌勒菩薩像的兩側，經常會有供養者隨侍。不只如此，這些供養者還多半穿著中亞遊牧民族的衣服；由此可以推測，在以貴霜人為首的中亞民族間，彌勒信仰應該相當盛行。（中略）
>
> 在貴霜王朝的宮殿遺跡——卡爾查揚（Khalchayan），出土了交腳倚坐的王侯像，因此交腳倚坐這種獨特的坐法，應該是從王侯像發想出來，將遊牧民的王者坐姿融入佛像當中的結果吧！特別是彌勒菩薩多半都以交腳像樣貌登場，由此可以得知，彌勒佛像乃是反映了王者的形象。（宮治昭，《健馱邏：佛的不可思議》）

彌勒菩薩從誕生之初起，就和王者的印象重疊；敦煌第二七五窟的彌勒像，或許正是反映了帝王沮渠蒙遜的形象吧！

在北側的牆壁上刻著好幾個小型的佛龕，裡面也多是交腳彌勒菩薩。這是一個會讓人想起當時皈依佛法的沮渠一族，乃至於五胡眾人對彌勒之世渴望的洞窟。

在北魏神䴥二年、北涼承玄二年（四二九），發生了一起事件；北涼的皇太子在和長期角力的對手——西秦乞伏氏的戰爭中，不幸遭到俘虜並被殺害：

遜大怒謂事佛無應，即遣斥沙門五十已下皆令罷道。蒙遜先為母造丈六石像。像遂泣涕流淚；（曇摩）讖又格言致諫，遜乃改心而悔焉。（《高僧傳》譯經中，曇摩讖）

對於沒能守護自己愛子的佛，蒙遜的怒氣徹底爆發出來；鎮住他的怒火的，據說是曇摩讖的剴切諫言，以及他為母親建造的佛像流下眼淚。

從這項紀錄可以得知，蒙遜在自己建造的石窟中，為母親打造了一座丈六石像。四世紀中葉，在道安居住的襄陽出現了丈六佛，當時是用涼州刺史捐贈的一萬斤銅造就而成，而在涼州這裡，丈六佛似乎很早就成為定制了。

然而唐代以降，這個石窟的存在便已被人遺忘，也沒有在任何文獻中登場了。

蒙遜所建造、於「州南百里之地」穿鑿而成的石窟，究竟相當於甘肅省現存的哪一座石窟，長時間以來一直是個謎。目前推定的候選地點有兩個：一個是位在武威縣城東南四十公里、張義堡地區的天梯山大佛寺石窟，另一個則是張掖地區肅南裕固自治縣馬蹄區的馬蹄寺石窟（包含金塔寺、觀音洞、馬蹄寺等七個石窟群），其中最有力的候選地點是天梯山石窟。

留有唐代建造大佛的天梯山石窟，其全貌開始大白於世，大約是距今十年前的事；關於它的狀況，可以參考敦煌研究院、甘肅省文物局編著的《武威天梯山石窟》一書。

學者們首次對這座面向發源自祁連山的黃羊河的石窟進行調查，是在一九五九年。當年由於建設水壩，石窟的下層即將被水淹沒，學者們認為當地屬於吸水性高的地質，恐怕會導致整片石窟瓦解，於是開始進行調查，看能不能剝除壁畫，並將佛像加以轉移。

武威天梯山石窟

可是之後在文化大革命的混亂中，出版計畫遭到中斷。經過半世紀後，散逸的資料才得以再次彙整並重見天日，而當時以敦煌研究院長常書鴻為首的眾多調查人員，也早已辭世多時。

調查隊的目標有兩個，一個是掌握石窟的全貌，另一個則是確認天梯山石窟乃沮渠蒙遜開鑿的證明，也就是那座丈六佛像。

這個地區自古以來就地震頻仍。十五世紀明代的記錄顯示，這裡一共有二十六座石窟，但一九二七年的大地震，造成了好幾座石窟崩毀。調查當時，還有些僧侶住在石窟當中；根據他們的證詞，研究人員在擁有大型中心柱的石窟上方崖壁，發現了設有六座石佛、被稱為「千佛洞」的大型石窟，以及設有三尊高兩丈（約六公尺）大立佛的洞窟（第十五窟）。

在獲得確認的十九座石窟中，有五座被判明是北涼時代所興建。這些石窟有著橫向長方形的前室，以及縱向長方形的後室，從壁面穿鑿的佛龕樣式中，可以看出受到克孜爾石窟的影響。不只如此，在新發現的石窟中確認到忍冬紋的圖樣，這是北涼時期的特徵，也是確認這些洞窟乃是沮渠蒙遜建造的重要物證。除了北涼洞窟以外，其他還有北魏四窟、唐代三窟，以及時代不明者七窟。在這當中，沒有完整留存、但多少留有一些塑像和壁畫的有十三窟，剩下的則是空無一物。

從這些新確認的洞窟中，陸續產生了一些頗富興味、值得討論的重點。

這些開鑿出來的石窟，共分成當作祈禱場所用的祠堂窟（又名支提窟，梵語catiya，塔廟、靈廟之意），以及供僧侶生活的僧院窟（梵語為vihara）；其中在祠堂中央設有柱子的中心柱窟，樣式乃是產生自印度。報告指出，天梯山石窟的中心柱窟，其建造可以回溯到比敦煌莫高窟更早的時代，甚至是河西走廊以東最早；而從佛像的樣式與壁畫的造型、色彩推測，很有可能直接輸入了北印度和中亞的技術。

備受矚目的是第十五窟，窟內的三尊佛為一佛二菩薩。它們是用石頭雕刻而成，從胸到腳下的蓮台，還有相當程度保存下來。它們的高度為三點四公尺，將失落的頭部也算進去的話，跟沮渠蒙遜為母親建造的丈六佛像高度幾乎一致。報告指出，因為壁面上的壁畫確定為北涼時代所繪，所以這座石窟和佛像，很有可能是沮渠蒙遜本人所建造。

天梯山石窟第4窟，北涼式菩薩

更令人感興趣的是第十七窟的報告。

十七窟是所有發現的石窟中最寬廣者，深十公尺、寬十八公尺，不過因為窟頂崩壞，所以不確定高度多少。對窟內殘留的壁畫進行調查後，發現在明代的壁畫下，有中唐甚至是北涼的壁畫，因此這原本應該是北涼時代興建的石窟。窟內的佛像已經全數遭到破壞，不過在後壁的正面，還可以確認到一座直徑三點四公尺，石雕的佛像台座。和左右牆壁與角落的石雕遺跡相比，這是一座較大的半圓形蓮台座，據推斷原本上面應該有一尊巨大的立佛。第十三窟，高二十三公尺的倚座大佛（唐代）台座寬約十公尺，如果從立佛的台座比較小來推斷，這尊失落的佛像毫無疑問也是座大佛。調查隊認為，這尊巨大佛像也是參照了沮渠蒙遜的丈六佛而雕鑿出來的。

這份報告意義重大的地方在於，五世紀上半葉在河西走廊，就已經有巨大佛的存在。如果這是事實，那麼天梯山石窟就是連結四世紀的西域克孜爾石窟與五世紀下半葉的雲岡石窟，位在「大佛之道」上的中繼點。

宿白在大作《中國石窟寺研究》中，將河西地區早期的造像命名為「涼州樣式」，並指出它有以下五個特徵：

一、設有大像的佛殿窟。
二、主要佛像為釋迦或是交腳的彌勒菩薩像。
三、窟壁主要描繪的圖像為千佛。
四、連結壁畫間的邊飾，使用的是雙方連續式的忍冬圖案。
五、佛與菩薩的面相雄渾，眼睛細長，深目高鼻，身軀健壯。

第三項說的「千佛」，其造型和彌勒也有密切關聯：

據說轉輪聖王共有千子，《賢愚經》中說，轉輪聖王化為佛陀，而千子則化為賢劫千佛。就像我在前面曾經指出的，彌勒自己也有「曾為轉輪聖王」的軼聞，因此彌勒和千佛是透過轉輪聖王，彼此連繫在一起。（宮治昭，《遙遠的巴米揚～失落的佛教美術世界》）

關於這五項特徵與首度出現在中原的雲岡石窟大佛之間的關聯性，我在後面會加以檢證。

宋元嘉十年（四三三），位在北方的新興遊牧帝國霸主——北魏太武帝，命令蒙遜將曇摩讖送往平城。蒙遜沒有服膺這項命令，但又畏懼北魏，於是殺害了曇摩讖。曇摩讖享年四十九歲。之後蒙遜便為惡靈所苦，在那年稍晚也離開人世。蒙遜在位三十三年，享年六十六。

六年後，北涼被北魏所滅。就這樣，戰亂的五胡十六國時代迎來了終點：

太延中，涼州平，徙其國人於京邑，沙門佛事皆俱東。（《魏書》釋老志）

第四章

草原的青春之風、拓跋一代記

——從「皇帝即如來」到「中華」

遲來的北方胡族——鮮卑拓跋部

席捲中原的騎馬遊牧民，是從哪裡開始、又是透過怎樣的遷徙歷程，在歷史舞台上登場的呢？

關於這點雖然有形形色色的各種推測，但始終沒有一個正確的答案。被認為是東胡族一員的鮮卑拓跋部也是如此；雖然他們的原鄉據判定是位在大興安嶺山麓（從黑龍江省到內蒙古自治區），但無法得知確切的地點。

建立北魏、控制中原長達一百五十年的鮮卑拓跋部，他們的歷史彙整在《魏書》當中。《魏書》的作者魏收（五〇六－五七二）是鉅鹿（河北省晉縣）人；他在北魏末年以二十六歲之齡，被節閔帝拔擢為「典起居注、並修國史、兼中書侍郎」（《北齊書》列傳第四十九）。之後他歷仕東魏、北齊，在北齊天保二年（五五一），奉令編纂《魏書》。他以北魏鄧彥海撰寫的《代記》十餘卷、崔浩撰寫的《典史》，以及北魏皇帝的起居注（每日的政務記錄）為素材，對《魏書》（十二紀、九十二列傳、十志）進行編纂，並在三年後的天保五年（五五四）大功告成。

確定拓跋氏原鄉的重要提示，就在《魏書》當中：

世祖真君四年（烏洛侯國）來朝，稱其國西北有國家先帝舊墟，石室南北九十步，東西四十步，高七十尺，室有神靈，民多祈請。世祖遣中書侍郎李敞告祭焉，刊祝文於室之壁而還。

（《魏書》列傳第八十八，烏洛侯國傳）

烏洛侯國是位於內蒙古自治區呼倫貝爾市附近的狩獵遊牧民國度。在北魏第三任皇帝——世祖太武帝太平真君四年（四四三），該國使節首度入朝北魏，並告知太武帝，在大興安嶺西北處有鮮卑拓跋族的古老石室。太武帝於是派遣高官確認石室，在當地祭祀先祖，並在洞窟的牆壁上刻下祝禱之詞。

長年以來，在大興安嶺山麓，都有人不斷在找尋這座石室與禱文。

一九八〇年，在呼倫貝爾盟鄂倫春族自治區的一處洞窟中，發現了石刻的碑文。這處名為「嘎仙洞」的洞窟，位在北緯五十度三十八分、東經一百二十三度三十八分的大興安嶺北部，距離狩獵民族鄂倫春族被迫定居、從而出現的寂寥小鎮——阿里河鎮西北十公里。它靠近嫩江（黑龍江水系之一——松花江最長的支流）支流甘河的源頭，處於花崗岩崖壁的山腹當中，寬約二十公尺、深約九十公尺，高約二十公尺，是處巨大的天然洞窟；在從入口往內走十五公尺處的西面岩壁上，刻著太武帝的禱詞：

維太平真君四年癸未歲七月廿五日
天子臣燾使謁者僕射庫六官
中書侍郎李敞傅𥄿用俊足一元大武
柔毛之牲敢昭告于
皇天之神啟辟之初佑我皇祖于彼土田
歷載億年聿來南遷應受多福
光宅中原惟祖惟父拓定四邊慶流（下略）

禱詞以此為首，共十九行兩百零一個字。從「南遷應受多福」、「光宅中原」等文字看來，應該是在感謝先祖下定決心，南遷到平城（山西省大同市）吧！這篇禱詞和《魏書》卷一〇八，〈禮志〉所載的內容大致相同。

在石壁前方、地下四十公分處，發現了切削石壁時剝落的花崗岩碎片。進行調查的呼倫貝爾盟文物管理所認為，當地在嚴冬期雖然會處於零下四十度的嚴酷環境，但石室內頂多降到零下十七度，因此很可能有原始人類居住在這裡。

在草原較少的大興安嶺山麓，人們主要的謀生方式是狩獵採集，而非正式的遊牧；既然如此，那拓跋族是怎麼轉換成遊牧生活的呢？據《北魏史》（杜士鐸主編）推斷，拓跋族的遷徙可分為四個階段：第一階段是嘎仙洞附近的時代，第二階段是呼倫湖畔的時代、第三階段是內蒙草原陰山時代，最後是中原時代。

在第一階段中，他們從舊石器時代演變到新石器時代，在大興安嶺山麓過著狩獵採集的生活。

第二階段也就是後漢時代初期，他們離開大興安嶺山麓，移居到呼倫湖畔的草原，並從其他民族那裡獲得青銅器與鐵器，轉換成遊牧生活；這段時間為期約百年。

第三階段是後漢末年。當北匈奴被逐往西方後，他們補上其間的空隙，移居到蒙古高原的陰山一帶。這是一次橫貫高原東西的大遷徙；這段時間，他們被稱為「東部鮮卑」。

他們在當地的首領之一，是後來被公認為拓跋部始祖的神元皇帝力微。三世紀中葉，力微在長川（內蒙古自治區察哈爾右翼前旗興和縣）蓄積力量，並在神元三十九年（二五八），遷都到盛樂（內蒙古和林格爾），這就是現在僅存土壘的盛樂故城。這座城在古代，原本是漢王朝興建起來、作為和北方騎馬遊牧民族戰鬥最前線的堡壘。

力微在這裡聚集各部族、召開集會，舉行祭祀上天的儀式（祭天）。這時，拓跋部確立了自己作為部族聯合大酋長的世襲權力，並定國名為代。和匈奴與鮮卑慕容部等相比，這個部族的崛起時期堪稱相當之晚。

不難想像當時的代國，與中原文化幾乎沒有什麼接觸。三年後，也就是曹魏末代皇帝元帝的時候，力微將兒子沙漠汗送往魏國的首都洛陽；沙漠汗在洛陽度過了七年歲月，親眼目睹了魏的滅亡與晉的建國。

從力微的時代過了大概八十年，在東晉咸興四年（三三八年），代王什翼犍置百官、整飭政治機構，鞏固了國家基礎。什翼犍曾在後趙石虎的首都鄴城待過，當時就已傾慕漢文化，並學到了中原的統治機制。那時，代國和周邊的鐵弗匈奴族（父系匈奴、母系鮮卑混血的部族）、高車族（突厥系民族）不斷進行戰爭；前秦苻堅支持鐵弗，雙方在和龍（遼寧省朝陽）、上郡（陝西省榆林縣東南）交戰，結果代軍大敗，什翼犍在部族內亂中被太子寔所殺害。代國就這樣，在東晉太元元年（三七六）、建國三十九年後一度滅亡。

最後的第四階段，是從十年後國家復興開始。就在苻堅壯烈身死的第二年、也就是東晉太元十一年（三八六）一月，在牛川（內蒙古烏蘭察布盟境內塔布河）召開的部族大會中，年僅十四歲的拓跋珪（太祖道武帝，在位二十四年）被推舉為代王。

四月，他將國名改為「魏」，定年號為登國，七月將首都從盛樂遷往平城。為了和曹操的魏有所區別，一般都稱之為北魏。

在這之後經過五十年左右的四三九年，北魏統一了華北。

順道一提，北魏的皇帝除了第六任孝文帝是在五歲即位外，幾乎都是在十來歲左右即位；換句話說，他們是中國史上極其罕見，由年輕皇帝主導的王朝。這些年輕皇帝為了朝中原的彩虹——也就是「中華帝國」邁進，不斷地艱辛奮鬥。

太祖道武帝拓跋珪，是太子寔之子、什翼犍之孫。在代國滅亡之戰中，拓跋王族的男系子孫幾乎被鐵弗部殺盡，只有年幼的珪被藏匿在母方的賀蘭部中，倖存下來。

直到遷都平城為止，道武帝主要歷經的大事有：

登國元年（三八六）帝十四歲。

正月，帝即代王位，大會於牛川。

四月，改稱魏王。

皇始元年（三九六）九月，初建臺省，置百官，封拜公侯。

天興元年（三九八）七月，遷都平城，始營宮室，建宗廟，立社稷。

十一月，詔尚書吏部郎中鄧淵典官制，立爵品，定律呂，協音樂；儀曹郎中董謐撰郊廟、社稷、朝覲、饗宴之儀。（《魏書》帝紀第二，太祖紀）

道武帝在平城「建宗廟，立社稷」；宗廟是祭祀祖先的地方，社稷則是土地之神與五穀之神。天子和諸侯會在宮殿的右邊祭祀社稷、左邊則奉祀宗廟。

他之所以在建國這年將國號由代改為魏，在《魏書》中可以看到來龍去脈。當時道武帝詢問眾臣應該立什麼國號，黃門侍郎（皇帝的侍從）崔玄伯從三皇五帝談起、舉《詩經》為例，勸道武帝說：「夫『魏』者大名，神州之上國，斯乃革命之徵驗，利見之玄符也。臣愚以為宜號為魏。」崔玄伯的意思是，魏這個國名是周初的諸侯國之一，是個歷史悠久的國號；換言之，他心中建國的理想，是古代的周朝。順道一提，歷代王朝按照慣例，都是以前王朝冊封（賜予治下國家首長王位）的地名為國名，北魏是史上第一個例外，完全是任意選出這樣一個國名。之後自蒙古族的元帝國以降，也都採取這種任意選名的方式。

這是拓跋氏貫注全力整飭民族正統性以及國家形制的時代；至於堪稱民族興起原點的大興安嶺洞窟時代，則早已從記憶當中消失。

北魏的宮廷儀禮音樂也有其獨特之處。據渡邊信一郎（京都府立大學校長，專攻中國古代史）在《中國古代的樂制與國家～日本雅樂的源流》中所述：

《魏書》卷一〇九〈樂志〉指出，道武帝時，尚書吏部侍郎鄧淵定音律、演奏道武帝作曲的《皇始舞》，用以歌頌祖先的功業，同時也訂定宗廟、郊祀、元會等場合使用的音樂。這些音樂使用的是宮懸、八佾舞，也就是所謂的雅樂。可是，當時宮懸的器具並不完備、樂章也多有殘缺，於是又加入了用大角（大型號角）演奏的北族音樂「簸邏迴歌」。

據渡邊所言，「宮懸」是以編鐘等金石樂器為主編成的管弦樂，八佾舞則是由八人八列六十四名舞者起舞、屬於古代周天子的舞樂；在山東省濟寧市、也就是周代的魯國故地，孔子誕生地曲阜的孔廟，現在還有流傳這種舞蹈。另一方面，簸邏迴歌則是讚頌鮮卑可汗的大角歌，也就是用大型號角為伴奏的合唱。從這裡我們可以看出，北魏雅樂的主流，其實是用鮮卑語來歌唱的簸邏迴歌。

擁立十來歲的皇帝、充滿騎馬民族的氣息；就在這種狂野的氛圍中，北魏開始建立國家。支撐北魏初期少年皇帝的是漢人知識分子。當中負責制定朝議和律令、參與國事相關詔書擬定的，是曾在前秦擁有立法經驗的崔玄伯。

崔玄伯出身冀州清河東武城的名門崔氏家族，幼年便被稱為「冀州神童」，長大則被稱譽為「王佐之才」。冀州是現在河北、山西與河南省的一部分地區。崔玄伯的父親很早就侍奉鮮卑慕容部，他自己也侍奉氐族國家前秦的苻融，但當苻融的兄長苻堅有意招攬他時，他卻以母親生病為由拒絕了。之後，崔玄伯轉而侍奉後燕的慕容垂；他不隨波逐流，在兵連禍結之時仍然致力學問，也不積蓄私財，導致妻兒經常苦於飢寒。因為這些行為，他在《魏書》列傳中被褒揚為高潔。當北魏太祖道武帝攻打慕容垂的長子慕容寶時，他覺得後燕的命運恐怕到此為止，所以捨棄首都逃往東海；太祖聽聞他的大名，派出騎兵追尋他的足跡，將他逮捕送往自己的陣營中，任命他為黃門侍郎（侍從官）。這時是慕容垂在與太祖作戰中病故十年後的北魏皇始元年（三九六），因此崔玄伯捨棄後燕的時間，可說相當之早。

北魏建國當時，高高興興加入他們陣營的漢人可說完全沒有；畢竟侍奉騎馬民族，對漢人世家而言只是一種屈辱。但是，當得知北魏以厚禮迎接他們、任命他們為高官，還讓他們按照自己的理想建立國家體系時，這些世家的態度也為之一變。他們一方面享受在迄今為止王朝中所不曾擁有過的地位與權力，同時也貫注所有精力，致力於引進中原王朝傳統，來整飭「國家應有的型態」。結果隨著時間流逝，積極參與北魏國家經營的漢人也日益增多。

在改元為天興的三九八年，二十六歲的太祖決定將王朝的運次與德行定為土德。漢代以降，每個王朝都會在金木水火土當中，選擇其一作為代表自己的德行；這就是所謂五德運次。依據將世間萬物用五種要素說明的「五行說」，稱霸中原的帝王，必定都具備有金、木、水、火、土五種要素（五德）之一，並且按照五德的順序相互輪替。

唐玄宗時代的封演，撰寫了一本名為《封氏聞見記》的書；他將西晉時代以降關於各類事件的資料加以整理，其中的第四卷，有一條項目名為「運次」。根據這本書，五行順序有兩種說法，一種是戰國時代末期鄒衍提倡的「五行相勝」說，也就是火水土木金，按照後者勝過前者的方式展開循環；另一種則是前漢學者劉向提倡的「五行相生」說。「五行相生」說認為，火生土、土生金、金生水、水生木、木生火；自漢魏以降，都採用這種木火土金水的「相生」說。既然漢是承繼理想之國——周朝，那就應該是火德，而《魏書》開端的「帝紀」，則主張鮮卑族是黃帝的末裔，因此北魏乃是正統王朝：

昔黃帝有子二十五人，或內列諸華，或外分荒服。昌意少子，受封北土，國有大鮮卑山，因以為號。……黃帝以土德王，北俗謂土為托，謂後為跋，故以為氏。（《魏書》帝紀第一，序紀）

也因為這樣，以崔玄伯為首的漢人官僚，才會勸道武帝按照德行配置，繼承黃帝的土德。同時，土德也是按照魏（土）、晉（金）、趙（水）、燕（木）、秦（火），對入主中原五胡王朝走向的承繼。

皇帝是現世的如來——佛教成為國教的開始

依循周朝的傳統，太祖道武帝展開了他的統治。道武帝的統治有三個重要特徵：

一、作為遊牧系的王朝，他首次建設了正式的都城；這是為了讓民眾經常知曉權力存在，而設置的政治設施。

二、制定土地制度與律令（法律規範），亦即具體統治民眾的機制。

三、將佛教置於國家的庇護下。他的目標是，為由形形色色的異民族構成的國家建立起精神的紐帶，並將民心統整為一。

首先是都城的建設。

早在建國初期的登國元年，太祖就已經「撰郊廟（祭祀宗廟）、社稷、朝覲（諸侯謁見）、饗宴之儀」。五胡十六國時代王朝的特徵，是在信仰佛教的同時，在政治上也重視儒教；比方說漢趙劉淵、後趙石勒、前秦苻堅等自稱皇帝的異民族，在建立新國家的時候，都以春秋時代為範本，可以說是一種通例。但他們的王朝都是短命王朝，所以朝著這個方向走的時間並沒有太長。

相較之下，作為首度保有一百五十年命脈的胡族王朝，北魏則是為此後胡漢的架構，在組織和意識上，實現了重大且具決定性的改革。

北魏的新都城，建立在過去匈奴和鮮卑曾經遊牧的草原上；這座新都就是平城（山西省大同市）。

平城最初建立的是儒教所重視的祭祀場所——宗廟和社稷。這兩者在古代中國，乃是國家的中心。宗廟是國家血緣團體的象徵，社稷則是包含身為掌權者的血緣團體、以及除了他們以外構成國家的各部族在內，地區集團的象徵。

平城位於現今的大同火車站附近。現在那附近因為有煤礦之故，整體給人一種黝黑的印象，是個平凡無奇的地方都市。

這座都城的建造是從太祖天興元年（三九八）開始，到第三任皇帝太武帝延和三年（四三四）告一段落，是歷經首任皇帝道武帝拓跋珪、次任皇帝明元帝拓跋嗣、第三任皇帝太武帝拓跋燾，為期三十六年的大工程。結果是建造了包含宮殿、宮室、宗廟、社稷等建築物，並出現了擁有十二座門的宮殿。

透過近年的發掘，這座都城的規模逐漸明朗。在二〇一〇年出版、由河南師範大學教授李憑所撰的《拓跋春秋》中，刊載了上述的示意圖。從這裡我們可以窺見，這座遊牧民族首次建立正式都城的宏偉規模。

這座都城擁有東西四公里、南北四點五公里的長方型外城，其中則建有宮城。宮城共分為天文、天華、中天、天安、紫極等八座宮殿，皇帝在天文殿接受百官的朝賀。宮室由東西兩宮構成，皇帝和嬪妃、太子住在其中，也設有武器庫和收藏紡織品等物資的倉庫；北魏另外還命令郡縣搜索書籍，將之收藏在都城的圖書用殿閣中。在外城南方有著白色的鼓樓，用來通知城門和住坊早晚開關門。

將這座都城的構想當成漢人智慧的累積，是再自然不過了。就這樣，在草原上突然出現了一座建有王城和各種行政機構，作為政治經濟中心的都城。

自古以來，遊牧民族都避諱建築都城、定居下來；畢竟有利則進、不利則退卻以待時機，是騎馬民族的慣用戰法，而都城則會成為不動的攻擊目標。從這點來看，對鮮卑族而言，都城建設是從遊牧王朝更進一步、有意識的革新作法。

道武帝的第二項重要政策是制定土地制度，以及官僚機構與法制的創設整飭。

一直以來，遊牧部族的民眾與土地，就是受到各部族的君長（大人）所全權支配；因此瓦解舊有的鮮卑部族聯合型態，乃是不可或缺的必要之事。更具體來說，就是非把部族本身解體不可。這種將全權掌握手中、並把國民與土地置於國家管理下的方式，堪稱是極戲劇化的改革。至於部族的君長，則被授予爵位：

皇始元年（三九六），初建臺省，置百官，封拜公侯。（《魏書》帝紀第二，太祖紀）

北魏一方面使用這種政治手段，另一方面也採用「以食為本」（《魏書》志第十五，食貨）、重視農耕的中原王朝手法。

北魏實施部族解體的時期被認為是「登國初期」，但並沒有正確的年代記錄。具體的例子記載在《魏書》當中：

訥從太祖平中原，拜安遠將軍。其後離散諸部，分土定居，不聽遷徙，其君長大人皆同編戶。訥以元舅，甚見尊重，然無統領。以壽終於家。（《魏書》列傳外戚第七十一上，賀訥）

即使是道武帝母親的出身部族——賀蘭部的族長，也是皇帝恩人兼重要外戚的賀訥，也沒有獲得特別待遇，擁有土地和領民的控制權。各部族的人民被安置在一定地區定居，不被允許移居，讓民眾直接受國家的統治，並剝奪了一直以來族長對部落的統率權，結果是：

凡此四方諸部，歲時朝貢，登國初，太祖散諸部落，始同為編民。（《魏書》志第十九，官氏）

超越部族框架，在皇帝的權威下集結民眾，新的國家就這樣正式建立起來。

接下來是土地改革：

天興元年（三九八）二月，詔給內徙新民耕牛，計口受田。（《魏書》帝紀第二，太祖紀）

天興初，制定京邑……其外四方四維置八部帥以監之，勸課農耕，量校收入，以為殿最（成績優劣）。又躬耕籍田，率先百姓。（《魏書》志第十五，食貨）

清查每戶的人數，分別給予田地和耕牛，再按收穫的多寡進行賞罰，以督促農業。這項改革被稱為「計口授田制度」。

根據宮崎市定的說法，在這種制度下，出現了稱為「天子莊園」的土地，從而使得天子終於能夠確保財政安定，並立於豪族之上。（《世界史序說》）

這項改革的評價非常之高：

事實上拓跋魏因能直接徵稅於農戶，才逐漸將其統治權推及於一個廣大的地區。最初其朝廷派遣軍官登記歸附的人口，暫時收取布匹以代替正規之賦稅；至公元四二六年才通令所有賦稅全由州縣官經手，其他的經理人眾一律撤回。若不是那些可能從中作梗的人物，例如漢人之家族縉紳的勢力及少數民族間之王公大臣，均已被解除威權，此項直接徵稅辦法不可能付之實施。（黃仁宇，《中國大歷史》）

《魏書》記載了之後的演變。在天興二年（三九九）二月的條目中如此記述：

諸軍同會，破高車雜種三十餘部，獲七萬餘口，馬三十餘萬匹，牛羊百四十餘萬。驃騎大將軍、衛王儀督三萬騎別從西北絕漠千餘里，破其遺迸（殘存勢力）七部，獲二萬餘口，馬五萬餘匹，牛羊二十餘萬頭，高車二十餘萬乘，並服玩諸物……以所獲高車眾起鹿苑。（《魏書》太祖紀）

高車族是被稱為敕勒或丁零的突厥系民族。

北魏獲得的戰利品包括人、家畜和財物，但並沒有提及土地；從這種記錄中，也能夠感受到騎馬民族的傳統。

漢人無補於國，可悉空其人以為牧地。（《元史》列傳第三十三，耶律楚材）

十三世紀初，元太祖成吉思汗攻陷金國首都燕京（現在的北京）時，蒙古將軍做出了這樣的進言。將都城破壞、趕走居民，把它變成一片牧地；這種頗為粗暴的思考方式，是騎馬民族共通的態度。

與以農耕王朝採取結陣方式作戰、並將獲得的領土當成戰果的思維相比，騎馬民族集團征戰的目的是攫取作為戰利品的人、家畜與財寶，在凱旋歸國後便告一段落。征戰是他們主要的維生方式，土地說到底，只是家畜獲得飼料的場所罷了。因此，將土地國有化並獎勵農耕，就意味著改變自己的民族型態，走向王朝的意思。

在上面引用《魏書》的末尾，出現了「以所獲高車眾起鹿苑」這句話。

鹿苑是什麼呢？

一九八〇年七月，在大同市西北、小石寺附近的谷間崖壁上，發現了一座石窟寺院。調查的結果，確認這是五世紀中葉北魏第五任皇帝——顯祖獻文帝建造的鹿野苑石窟。

那麼在更早之前的時代，太祖建造的「鹿苑」又是什麼呢？

據《魏書》高車列傳所述，太祖在戰鬥之後，建起大大的木柵，用高車圍起鳥獸，騎馬將周圍七百餘里的野獸趕往平城，然後命令高車眾人建起鹿苑。換言之，鹿苑就是大規模的狩獵場；之後則加上池子和園林，變成風光明媚的遊興場所。

有一幅名為《世祖出獵圖》（台北故宮博物院藏）的繪畫，是描述元世祖忽必烈汗狩獵的情境；在畫中有乘馬的忽必烈，也有帶著豹和鷹的黑人隨從。

對騎馬民族而言，狩獵是平時的戰鬥訓練；這種傳統在北魏時期，也是同樣行之有年。事實上，在公認好不容易終於出現平穩時代的第二任皇帝——太宗泰常年間（四一六—四二三），也有皇帝狩獵虎、鹿的記錄：

北獵野馬於辱孤山（四年）。

西巡，獵於柞山，親射虎，獲之（六年）。（《魏書》太宗紀）

這應該是動員大量軍隊，盛大舉行的活動吧！

將這座狩獵場「鹿苑」，轉換成紀念釋迦首次說法（初轉法輪）的石窟寺院「鹿野苑」的，是第六任皇帝——高祖孝文帝的父親獻文帝。

對於佛教，北魏是以怎樣的態度來應對呢？首先的疑問是，發源於大興安嶺中的狩獵遊牧之民，究竟是怎樣與佛教相遇的？

《魏書》如是說：

魏先建國於玄朔，風俗淳一，無為以自守，與西域殊絕，莫能往來。故浮圖之教，未之得

聞，或聞而未信也。及神元與魏、晉通聘，文帝又在洛陽，昭成又至襄國，乃備究南夏佛法之事。（《魏書》釋老志）

「神元」是北魏王朝的始祖力微，文帝是他的兒子沙漠汗，昭成則是什翼犍。三世紀中葉，沙漠汗從旅居的洛陽返國之際，因為使用當時最新的武器彈弓射落飛鳥，導致眾人害怕他使用魔術而遭到殺害。因此實際上最可能傳入佛教的，只有曾在後趙襄國待過的太祖祖父什翼犍。

太祖道武帝即位十年後，北魏的勢力日益強大。皇始二年（三九七），道武帝壓制了擁有號稱當時最強軍團的後燕首都中山（河北省定州市）。後燕在這之後，僅僅在龍城（遼寧省朝陽市）一隅之地保住命脈，但到了天賜四年（四〇七）皇帝被殺，便從歷史舞台上消失了。在這之後，後燕皇帝的養子——高句麗人高氏（慕容雲）借助漢人馮跋的力量建立了北燕，但兩年後又被馮跋所簒奪。

太祖平中山，經略燕趙，所逕郡國佛寺，見諸沙門、道士，皆致精敬，禁軍旅無有所犯。帝好黃老，頗覽佛經。但天下初定，戎車屢動，庶事草創，未建圖宇，招延僧眾也。然時時旁求。（《魏書．釋老志》）

從什翼犍時代經過約六十年，孫子太祖突然給人一種皈依佛教的感覺；對於這位二十多歲年輕人的想法，我們實際上了解得並不多。不過中山在鮮卑慕容氏以前，就是屬於篤信佛道的氐族前秦勢力下，高僧道安也曾居住此地，簡單說就是一座佛教之都。

平城的北魏國將歷經佛圖澄、道安，佛經廣為流傳的地區納入領土，其成立帶來了讓樸素的拓跋部族佛教化、積極展開活動的時代。

這是公認執中國佛教研究牛耳的塚本善隆先生（一八九八－一九八〇，前京都大學教授，專攻中國佛教史）為《魏書．釋老志》做的譯注，從中可以窺出佛教界積極進取的態度。

不依國主，則法事難立。（《高僧傳》義解二，釋道安）

為了廣傳佛法而積極利用權力者的道安思想，應當也表現在這時佛教的行動當中。太祖與佛教的關聯相當之深：

初，皇始（三九六－三九八）中，趙郡（河北省趙縣）有沙門法果，誡行精至，開演法籍。太祖

聞其名，詔以禮徵赴京師。後以為道人統，綰攝（統轄）僧徒。每與帝言，多所愜允（滿足），供施甚厚。（《魏書》釋老志）

道人統是北魏朝廷設置，負責有關佛教政務的官署長官；通常這個職位都是任命僧侶擔任。法果這位僧侶據說是娶妻生子、年過四十之後才踏入佛門，但詳細的經歷並不清楚。他深受太祖的信賴，當他以八十餘歲高齡壽終之時，還以僧侶之姿，被追贈老壽將軍、越胡靈公的頭銜。

法果的論述，是決定北魏方向的重大關鍵：

初，法果每言，太祖明叡好（佛）道，即是當今如來，沙門宜應盡禮，遂常致拜。謂人曰：「能鴻道者人主也，我非拜天子，乃是禮佛耳。」（《魏書》釋老志）

——太祖明叡好道，即是當今如來。

如來雖然相當於佛陀的同義語，不過造像的時候則有釋迦、藥師、阿彌陀、大日、彌勒等區別。法果所說的「如來」，指的是彌勒。在這裡，我們也可以辨認出席捲西域到北涼的彌勒信仰影子。

法果是佛教史上第一位將皇帝和如來一體化、禮拜身為如來皇帝的人。過去在貴霜王朝迦膩色伽王的時代，大乘佛教認為王者是佛法的保護者——護法的主體，並加以尊重之。說得更大膽一點，二世紀中葉誕生在貴霜王朝的這種彌勒佛、大乘佛教與王權的聯繫，正是這種「皇帝即現世如來」思想孕育的根源。

就這樣，出現了史上第一個以佛教為國教、樹立國家佛教的國度。

隨著皇帝和如來一體化，皈依佛教的形形色色民族，自然也必須遵從唯一的皇帝。

漢武帝以儒教為國教，作為國家統合的精神支柱；但長期身為不羈之民的騎馬民族，和這種儒教倫理則是全然無緣：

> 父兄死，子弟妻其群母及嫂……大抵與匈奴同俗。（《隋書》列傳第四十九，北狄突厥）

將亡父或亡兄弟的妻妾納為己有，這種遊牧民的習俗——收繼婚，是儒教最忌諱的東西。不只如此，儒教的有效性，只有在國家能夠確保安定的時候才有意義。「忠君」在君主宛若走馬燈般，變換速度令人眼花撩亂的五胡戰亂時代，完全不具備功效，這是洞若觀火的事實。這個時代該採用的不是舊時代的秩序邏輯，而是以信仰為核心的國家精神支柱；這點在北魏獨特的革新性中，表現得堪稱淋漓盡致。

言歸正傳，讓我們談談之後的太祖吧。太祖攻陷後燕首都中山之後，和佛教的關係產生了劇烈變化。在從皇始改元為天興這年（三九八），太祖發布了一篇詔令：

「夫佛法之興，其來遠矣。濟益（救濟與利益）之功，冥及存沒（生者與死者），神蹤遺軌（佛的奇蹟與遺法），信可依憑。其敕有司（官員），於京城建飾容範（佛像），修整宮舍，令信向之徒，有所居止。」是歲，始作五級佛圖（五重塔）、耆闍崛山（靈鷲山，佛陀的王舍城所在之山）及須彌山殿，加以繢飾（布飾）。別構講堂、禪堂及沙門座，莫不嚴具焉。（《魏書》釋老志）

太祖在首都建立起擁有五重塔和講堂的佛教寺院，讓僧侶和信徒一下子繁榮興旺起來；在騎馬民族的首都，於是出現了佛教的堂塔和伽藍。

在太祖發表這篇將佛教置於國家根幹的詔令之後數年，西元四〇四年，他改元為天賜，結束了對外征伐；剩下北涼等國的壓制工作，則是第二任皇帝——太宗拓跋嗣以降的事業。

太祖將滅亡的鮮卑貴族女子娶為皇后或貴人；在北魏，產下男嬰的皇后和貴人，一旦自己的兒子獲選為皇太子，就必須被賜死。太宗明元帝拓跋嗣的母親劉貴人（鮮卑族），就在太祖末年「以舊法薨」，被勒令自殺。據傳，太祖曾經對年幼的太子說過這樣一段話：

「昔漢武帝將立其子而殺其母，不令婦人後與國政，使外家為亂。汝當繼統，故吾遠同漢武，為長久之計。」魏故事，後宮產子將為儲貳（繼承人），其母皆賜死。（《魏書》帝紀第三，太宗紀）

雖然太祖說，這是按照漢武帝將皇太子（後來的昭帝）生母賜死的先例，但另一方面也有人認為這其實是依循魏的舊例，也就是鮮卑拓跋族自古以來的慣習。究竟何者為真尚無定論，但這種防止外戚專橫與非法聚斂的策略，對母子而言確是相當殘酷的慣習。

年幼的太子一直向父親陳訴自己的哀思，但知道父親不只充耳不聞、還感到相當不悅，於是就哭得更厲害了；最後，他終於因為害怕父親的責罰，逃出了首都。

晚年的太祖，在精神狀況上相當不穩；之所以如此，理由或許是藥物中毒之故。《北魏史》中記載、能夠長生強精的仙藥「服餌仙經」，是用鐘乳石和烏喙（又稱附子，一種毒草）等配置而成，服用之後往往會陷入狂躁不安。

《魏書》裡也有記載，太祖出現了不眠、自言自語、妄想等症狀。他常常為了些許小事勃然大怒，不斷殺戮皇族與家臣，為數甚至達到數百之多。太子拓跋嗣逃出首都，大概也是在這個時期吧！

在太祖的後宮中，有一位叫做賀夫人的美女。她是太祖的母親，獻明（賀）皇后的妹妹；太祖初次造訪賀蘭部，便對她一見傾心。賀皇后對此大表反對：「不可。此過美、不善，且已有夫。」但太祖還是暗殺了她的丈夫，將她納為己有。

這位賀夫人產下的庶子清河王紹，到了十六歲還是成天過著遊興無賴的日子。太祖於是斥責賀夫人，將她幽禁在宮中，打算殺她；賀夫人於是秘密向紹求援，紹便帶著手下兵卒與宦官湧進宮內，殺害了太祖。

天賜六年（四〇九）冬十月，清河王紹作逆，太祖崩。（《魏書》帝紀第三，太宗紀）

太祖十四歲即位、統治國家二十四年，在三十九歲這年橫死。第二天早上，紹召集百官，宣告父親的死訊，並表示自己將即帝位。在座群臣大半猶疑不定，不過最後還是回答「願意遵從」，但以賀蘭部為首的其他部族在城外集結，局面變得相當不穩。

這起事變最後以出乎意料簡單的方式收場：

帝（拓跋嗣）入誅紹。壬申，即皇帝位……改年為永興元年。（《魏書》太宗紀）

太祖的長子拓跋嗣聽聞異變，從流亡的地點秘密返國，聚集家臣逮捕了拓跋紹母子與內應者，將他們處以極刑，即位為第二任皇帝——太宗明元帝（在位十五年）。就這樣誕生了一位和父親一樣，年僅十七歲的年輕皇帝。

太宗在佛教政策方面，大致維持太祖的政策，並沒有更進一步擴展與推廣：

太宗踐位，遵太祖之業，亦好黃老，又崇佛法，京邑四方，建立圖像，仍令沙門敷導民俗。（《魏書》釋老志）

東晉義熙十三年、北魏泰常二年（四一七），東晉將領劉裕率領北伐軍攻陷後秦首都長安，後秦滅亡。

這年，太宗拓跋嗣打算進攻劉裕，崔浩對此加以力諫；崔浩，是道武帝時期重臣崔玄伯的長子。這段話收錄在《通鑑》當中：

裕克秦而歸，必篡其主。關中華、戎雜錯，風俗勁悍……願陛下按兵息民以觀其變。（《通鑑》卷百十八，義熙十三年）

崔浩看穿了劉裕早晚要篡奪王朝，因此勸太宗觀望時機再出兵，這不能不說是真知灼見。崔浩在這裡所說的「中華」指的是東晉。換言之，這時候對胡族而言，中華即使是指涉南方的流亡政權，仍然是意味著傳統王朝。

第二年，夏的赫連勃勃（匈奴）趕走南朝軍，占據了長安。赫連氏是建立第一個騎馬民族王朝——漢趙的劉淵族人，父親劉衛辰是前秦的西單于。赫連勃勃在後秦姚興時期，以漠北統萬城為據點自立，建國號大夏，自稱天王大單于。

兩年後，正如崔浩所預言，劉裕滅亡東晉、建立宋國（四二〇—四七九，通稱為劉宋），也就是宋武帝。兩年後的泰常七年（四二二）五月，劉裕逝世，其子劉義符即位。秋九月，太宗派遣大軍南伐劉宋，十月率領五萬軍隊親征，攻下滑台（河南省滑縣）。這時，過去身為晉朝皇室的司馬氏一族，陸陸續續逃亡北魏。

泰常八年（四二三）二月，在太宗的指示下，北魏開始建設守護國境最北邊的長城。這道從鮮卑拓跋氏最初的都城——盛樂古城北端，往黃河延伸的長城，是用來防備北方蒙古系的蠕蠕（柔然）與突厥系的高車等騎馬民族入侵之用。

就這樣，原本作為騎馬民族國家、虎視中原的塞外之民鮮卑，逐漸蛻變成和北方其他騎馬民族對峙的國家。

十月，太宗患病，在將後事託付給皇太子燾之後便猝然離世，享年三十一歲。

北魏的事業，交到了被太宗稱讚為「成吾業者，必此子也」，寄予厚望的第三任皇帝——

世祖太武帝拓跋燾（四二三—四五二在位）手中。北魏接連三任皇帝都是十來歲出頭，太武帝也是十五歲即位；他在位三十年，是北魏在位最久的皇帝。

北魏剩下的宿敵，是夏的赫連勃勃（四二五逝世）、赫連昌父子，北涼的沮渠蒙遜（四三三逝世）、牧犍父子，北燕的馮跋（四三〇逝世）、馮弘兄弟這三個勢力，以及南朝劉義符的宋王朝。

太武帝在即位後十六年間，陸續消滅了南朝以外的三個國家。赫連勃勃逝世的第二年，也就是始光三年（四二六），太武帝攻陷夏第二任國王赫連昌占據的長安，接著又攻破夏的首都、鄂爾多斯地區的要衝統萬城（陝西省靖邊縣），活捉了赫連昌。兩年之後，北魏又攻破赫連昌的弟弟赫連定據守的都城平涼（甘肅省華庭縣）。太延二年（四三六），北魏平定以北燕都城龍城為首的十餘郡，昭成帝馮弘逃往高句麗。

太炎年間（四三五—四三九），北涼受到新崛起的騎馬民族蠕蠕所侵蝕。到了蒙遜之子牧犍的時代，蠕蠕的勢力沿絲路往西展開，成為令西域恐懼的存在。

據《魏書》西域傳所述，蠕蠕王告訴牧犍說，他大破了北魏軍隊，俘虜了太武帝的弟弟樂平王丕，還說北魏已經衰弱，現在天下最強的，就只有我們蠕蠕。牧犍相信了這番話，對北魏的使者應對頗有怠慢，結果惹火了太武帝，最終導致國家被滅亡。據《魏書》明元六王列傳，樂平王丕以車騎將軍身分進軍河西地區，擊破北涼後便留在涼州，因此他被俘虜一事並非事實，純屬蠕蠕王的虛言。

太延五年（四三九），北涼滅亡。北魏壓制了絲路的要衝——姑臧（武威）。建國四十年後，北魏統一了從華北到西域的廣大領土，成為一個和過去的西晉、以及苻堅的前秦，規模足以相匹敵的國家。

動亂的五胡十六國時代，也自此畫下句點。

騎馬民族與「中華」的首次連結

太延中，涼州平，徙其國人於京邑，沙門佛事皆俱東。（《魏書》釋老志）

魏主東還，留樂平王丕及征西將軍賀多羅鎮涼州，徙沮渠牧犍宗族及吏民三萬戶於平城。（《通鑑》卷一二三，元嘉十六年）

太武帝將新控制地區的僧侶與居民，遷徙到首都平城。太延元年將長安與平涼的百姓、太延五年（四三九）將涼州百姓三萬多戶遷往平城，到了太平真君七年（四四六），又把長安的「工巧兩千家」遷往首都。十四歲即位的太武帝，此時已是將近四十的壯年。

從長安被遷移到平城的僧侶中，有一位是鳩摩羅什的弟子惠始。他深受太武帝的信賴，透過他的引介，彌勒信仰和羅什佛教的精髓，首度在北魏的首都紮根下來。都城裡充滿了沙門，甚至弄到五十歲以下的僧侶必須勒令還俗的地步。

消滅北涼這件事，在這方面具有特別重大的意義。

從舊都姑臧移往平城的沙門當中，有一位僧侶玄高，俗姓魏，是馮翊（陝西省臨潼）出身的漢人。他生於後秦弘始四年（四〇二），十二歲時出家，在關中（黃河支流渭水流域）石羊寺拜印度僧浮馱跋陀羅為師。浮馱跋陀羅曾與鳩摩羅什結交，是位在禪與戒律方面相當優秀的僧侶。

之後，玄高在西秦的名勝麥積山（甘肅省天水市）修行。不久後，鮮卑族的一員——乞伏熾盤在接壤北涼的隴西地方建立西秦，奉玄高為國師。雖然來龍去脈不明，不過玄高也曾在北涼與高僧曇無讖為伴，因此他是同時受到長安與北涼佛教洗禮，罕見的絕世高僧。之後，他在太武帝的舅舅陽平公杜超的請求下來到北魏，擔任景穆太子晃（高宗文成帝之父）的老師。

這時候，西域的龜茲、疏勒、烏孫、鄯善、焉耆、車師、粟特、罽賓等國，每年都會派遣朝貢使節造訪平城；這些都是聞名的佛教王國。

關於太武帝的佛教政策，鎌田茂雄先生（前東京大學東洋文化研究所，專攻中國佛教史）有過這樣的評價：

> （北魏第三任皇帝世祖）太武帝（四二四—四五二在位）即位後，承繼太祖、太宗的佛教政策，招攬德行高超的沙門進行談論，也在四月八日的佛誕節，舉行尊崇佛像的儀式。（中略）
>
> 北魏占領長安，意味著羅什佛教被納入北魏佛教之中；這時羅什的弟子白足和尚曇始從長安遷往平城，受到太祖敬重。（《魏書》釋老志）

四三九年北涼滅亡，占領涼州的北魏，因此得以將曇無讖活躍的涼州佛教納入北魏勢力範圍內。至此，北魏獲得了長安、涼州兩大佛教圈，為北魏佛教全盛時代的出現，做好了萬全的準備。（鎌田茂雄，《中國佛教史》，括號為作者所加）

鎌田教授在最後用了「為全盛時代的出現做好了萬全準備」這種有點語帶玄機的表現方式，是可以理解的。畢竟，原本獲得長安、涼州兩大佛教圈的佛教，照理說應該會一口氣迎向全盛時代，但接下來的狀況卻頗為詭異——太武帝改弦易轍，轉變成以道教為宗旨，同時更展開了史上第一次的廢佛運動。

西元四四〇年，太武帝將年號改為「太平真君」；這是一個可以嗅得出和道教最高神祇太上老君之間關係的年號。

「道教」這個名詞最初登場，是在《魏書》釋老志中；一般認為他們為了對抗佛教，開始編纂經典的時間，正是從這北魏開始。

皇帝之所以傾心道教，甚至一路朝著否定佛教、殘殺僧侶、破壞佛像（廢佛）的方向狂奔，其背景在於後面有位重要推手，那就是漢人官員崔浩。崔浩精通易經與天文，擅長占卜天變地異象徵的吉凶；從太祖到太宗、世祖，三任皇帝都相當信任他。

更早之前的神瑞二年（四一五），崇山山頂的道士寇謙之，宣稱自己獲得了太上老君的神諭；神諭的內容是，要他繼承並改革讓前代王朝頗感頭痛的五斗米道。崔浩深受寇謙之的教義所吸引，認為佛教虛妄荒誕，禍害世費（國家財政），對之頗為敵視。「帝以清淨無為，有仙化之證，遂信行其術」；在崔浩的花言巧語之下，太武帝信奉了道教。太平真君三年，太武帝初次造訪道教寺院，領受符籙（道教的預言書）。四年，他在大興安嶺山麓的洞窟嘎仙洞，舉行了祭祀先祖的儀式；從先前摘錄的大興安嶺山中禱文裡，也可以清楚感受到道教的氛圍。

此後，新即位的皇帝在正月走訪道觀，變成了持續好幾代的常例。直到第六任皇帝孝文帝時，才廢除了道觀，改成佛教寺院。

對折服了皇帝、大有奪取半個天下之勢的崔浩而言，眼前的障礙是不關心道教的太子晃，以及太子的老師、平城佛教界的重鎮——沙門玄高。

當議論討伐北涼的時候，反對派軍深入不毛之地的太子與主張推進的崔浩產生了爭論；結果皇帝採納了崔浩的見解，決定進軍。

在這起事件之後，崔浩便開始推動讓太子失勢的謀略。崔浩進讒言，說太子與玄高有謀反的嫌疑；太平真君五年（四四〇），玄高遭到逮捕。就像他的預言：「佛法應衰，吾與崇公首當其禍乎！」他和同樣從北涼移居的沙門慧崇（崇公）一起遭到殺害，享年四十三歲。

第二年，爆發了一起決定性的事件。有一名叫做蓋吳、身為沮渠蒙遜同族的盧水胡人，在杏城（陝西省安定）掀起叛旗。太武帝立刻從長安派出軍隊前去鎮壓；剛好他的軍隊在長安的寺院內，要借用僧人的麥田餵養馬匹，僧人於是招待前來的軍官進入私室，設酒款待軍官；結果那位軍官在私室內發現了弓矢等武器，於是鄭重其事地向太武帝報告。太武帝大怒說：「此非沙門所用，當與蓋吳通謀，規害人耳！」下令重新搜索寺廟，這次發現了信徒捐贈的財寶與釀酒器具，甚至還發現了僧人和貴族女子私通的秘密房間——

> 又詔曰：「彼沙門者，假西戎虛誕，妄生妖孽，非所以一齊政化，布淳德於天下也。自王公已下，有私養沙門者，皆送官曹，不得隱匿。限今年二月十五日，過期不出，沙門身死，容止者誅一門。」（《魏書》釋老志）
>
> 太平真君七年三月，詔諸州坑沙門，毀諸佛像；四月，鄴城毀五層佛圖（五重塔）。（《魏書》帝紀第四，世宗紀）

佛教教團的驕縱確實存在；他們不只積蓄財寶、和貴族婦女宣淫，甚至還私藏武器。但崔浩主導的鎮壓與破壞，其程度到了連道教領袖寇謙之都不表贊同，極其徹底的程度。

以太武帝的廢佛為先聲，在中國歷史上一共有四次廢佛行動；接下來在北周武帝（五七四）、唐武宗（八四五），以及五代後周世宗（九五五）時，都曾採取廢佛之舉。這四次廢佛，總稱為「三武一宗法難」。

在這史上頭一遭的廢佛浪潮中，絞盡腦汁想辦法減少傷害的，是當時擔任監國（代理皇帝的最高負責人）的太子晃。他為了守護佛法提出諫言卻遭斥退，只好採用推遲詔書宣布等方法，盡力將犧牲減少到最小限度。結果，雖然寺廟和佛塔陸陸續續遭到破壞，但許多相關人士已經重新擬定好方策，將金銀寶像與各種經典隱藏起來，沙門也紛紛逃往中山等地避難。

太武帝為了排斥佛教、振興道教，又下了一道詔令：

> 朕承天緒，屬當窮運之弊，欲除偽（佛教）定真（道教），復羲農之治。其一切蕩除胡神，滅其蹤跡，庶無謝於風氏（伏羲的姓）矣。自今以後，敢有事胡神及造形像泥人、銅人者，門誅。
>
> （《魏書》釋老志）

太武帝放話說「信仰佛教者誅滿門」，但值得注意的是，發布這道詔令的皇帝，自己所站定的立場。他斷定佛陀是胡神，要「滅其蹤跡」；這段話與把佛教定位為多民族國家精神融合紐帶的太祖方針，完全不相容。不只如此，這道詔令還充滿了自詡為中原王朝皇帝的心態。五胡的皇帝，曾經為「戎人不能作天子」這樣的思維所苦惱；但這種苦惱的心情，到了這時候已經消失無蹤。詔令中說「胡神」，這個胡顯然不包含鮮卑拓跋族。

仔細深讀，可以發現太武帝是透過信奉誕生於黃土台地的道教、否定佛教這種異國宗教，來試圖讓內外認可「鮮卑拓跋非胡」。這和前秦苻堅的「氐人非胡」，在本質上其實是相通的。

太平真君十一年（四五〇），以崔浩為中心編纂的《國記》被評為「備而不典」，引發了太武帝的怒火。有人進讒言說，崔浩在《國記》中，直白描述出鮮卑族作為蠻族的樣貌，還將之刻在巨石上，意圖讓自己留名萬世；結果，崔浩一族全遭誅殺。

此事塵埃落定後，太武帝對廢佛感到相當後悔，但直到他逝世為止，禁令雖然有緩和，卻沒有廢止。

九月，（太武帝）輿駕南伐，皇太子（景穆太子晃）北伐，屯於漠南。（《魏書》帝紀第四，世宗紀）

太武帝率四十餘萬軍隊南下，攻打彭城（江蘇省徐州市）。敵方南朝的記錄是這樣的：

元嘉二十七年（四五〇），索虜拓跋燾南侵……（《宋書》列傳第十九，張暢）

當時南朝正值劉宋第三任皇帝——文帝劉義隆（四二三—四五三在位）統治末期。「索虜」是南朝對辮髮的鮮卑族的蔑稱；相對地，北魏則蔑稱南朝為「島夷」。

在張暢傳中，也有「中華」兩字登場：

君之此稱，尚不可聞於中華，況在諸王之貴，而猶曰鄰國之君邪？（《宋書》列傳第十九，張暢）

這段話是劉宋將領張暢對北魏使者說的。張暢位敘安北長史，是守衛彭城的負責人，北魏使者則是尚書建威將軍李孝伯。太武帝命令孝伯，向守衛城壘的敵將安北將軍劉駿（宋文帝之子）傳達慰勞之意；孝伯說，這是太武帝的詔令，張暢則反問，在「中華」，沒有對鄰國「下詔」這樣的說法，身為鄰國君主，這樣的行為未免太不正確、也太不合禮儀了。到這裡為止，按照《宋書》所記，這段對話似乎是張暢獲勝，但回頭看《魏書》，李孝伯做了這樣的回答：

我朝廷奄有萬國，率土之濱，莫敢不臣。（《魏書》列傳第四十一，李孝伯）

北魏皇帝身為萬國的支配者，所有人民都是他的臣下，因此稱「詔」，自是理所當然——孝伯也銳利地加以反擊。島夷與索虜，兩邊的使者賭上王朝的威信，拚命展開言語上的激烈交鋒。張暢對此啞口無言；得知來龍去脈的太武帝大喜，為李孝伯加官晉爵。

李孝伯是這樣的一個人：

> 孝伯少傳父業，博綜群言。美風儀，動有法度。（《魏書》列傳第四十一，李孝伯）

簡單說，李家在北魏屬於社會頂層的漢人菁英家族。李氏家族出身趙郡（河北省趙縣），堂兄弟有安平公李順。李順在世祖太武帝的時代，與寵臣崔浩有姻親關係。孝伯的父親李曾既是教授《左傳》等典籍的學者，也是擔任趙郡太守、治績優秀的官員。李順曾經參與統萬城與平涼的攻防戰，歷任征虜將軍與四部尚書，之後屢屢被派遣到北涼與沮渠蒙遜交涉，但因為無視太武帝的意向，默認蒙遜暗殺曇摩讖，事情暴露之後遭到處死。

《魏書》傳下的記錄，讓人覺得比較有真實感。分成敵我兩方的漢人出於面子展開論戰；面對眼高於頂的張暢，以及宋的王侯，李孝伯做出了漂亮的應對。

張暢所說的「中華」，與迄今為止用來表示領域的「中華」不同，是「野蠻的鮮卑與我國的傳統」，亦即文化上的區別。在他的話裡，隱含著「你們五胡說到底，不過就是這種程度」的弦外之音，從中可以窺出這個時代對五胡的歧視意識。

「中華」這個詞從北魏泰常二年（四二七）崔浩的話中可以得知，它在太宗拓跋嗣的時代已經傳到北魏。可是從和張暢的問答來看，對鮮卑族而言，「中華」等於直接宣告自己是「非我族類」，因此這個「第一次接觸」，可以算是一種屈辱的相遇。

第二年（正平元年，四五一）五月，北魏爆發了最初且最大的政治危機，此即「正平事變」。南朝方面的資料記述讓人聯想到皇太子的政變，但實際情況並不清楚。總而言之，隨著這起事變，太子晃僅僅二十四歲就猝死。史書記載，太子「忙於軍事國事」，總之是個強健的青年男兒；但這位年輕的皇太子卻異常地去世了：

太子以憂卒。

這是《通鑑》元嘉二十八年（四五一）的記錄。所謂「憂卒」，大概是憂憤而死吧！之後，太子被追謚（給予逝者的榮譽頭銜）為恭宗。

當時在宮廷中，權力分布呈現微妙的狀況；受皇帝寵愛的宦官宗愛一派，與皇太子相互對立。太炎五年（四三九）年僅十二歲就擔任監國的皇太子，在太武帝南征的時候，卻為了北伐離開都城，而把留守的任務交給他人，這種現象顯然很異常，而兩人在對佛教的想法上，也明顯地南轅北轍。因此我認為，事變的真相應該是太武帝不信任自己的兒子、而信任宦官的誣告，於是賜死了二十四歲的年輕皇太子。

帝徐知太子無罪，甚悔之。（《通鑑》卷百二十六，元嘉二十八年）

正平二年（四五二），太武帝以四十五歲之齡逝世，死因也是謀殺；宗愛因為自己誣告之事暴露，害怕遭到處刑，於是搶先一步暗殺了皇帝。接著他擁立自己中意的南安王為皇帝，但是宮中的混亂與繼承人的流血之爭依然不斷。當無法控制局面的南安王為宗愛殺害後，長孫氏等支撐拓跋王朝的有力部族族長起兵，徹底誅殺了宗愛一派，將他們一掃而空。

執王朝牛耳的官員與宦官的對立，這跟導致漢朝滅亡的混亂幾乎如出一轍。不過，幸虧有力部族尚未喪失對北魏的忠誠心，使得北魏得以迴避危機，不至於陷入王朝瓦解的地步。

事變第二年（正平二年，四五二）十月，太子晃的兒子濬即位，是為第四任皇帝文成帝（四五二—四六五在位）。文成帝即位時，只有十三歲。文成帝改年號為興安；兩個月後的十二月，他「初復佛法」，發表了復佛的詔令，展開狂熱的興佛運動：

朕承洪緒（祖先的優秀功績），君臨萬邦，思述先志，以隆斯道。今制諸州郡縣，於眾居之所，各聽建佛圖一區，任其財用，不制會限。其好樂道法，欲為沙門，不問長幼，出於良家，性行素篤，無諸嫌穢，鄉里所明者，聽其出家。（《魏書》釋老志）

文成帝親自為還俗的五名沙門舉行剃髮儀式、恢復僧籍——皇帝為僧人剃髮，這正是宣告「皇帝即現世如來」思想的復活。

與同輩一起恢復僧籍的師賢成為佛教界的領袖，擔任道人統一職。師賢原本是罽賓國（喀什米爾）的王族，自幼便進入佛門。之後他來到北涼，成為玄高的弟子，當太武帝討伐北涼之後，便遷居平城。廢佛期間，他還俗成為一名醫師，逃往佛圖澄、道安曾經活躍的中山（河北省定州市）。

是年，詔有司為石像，令如帝身。既成，顏上足下，各有黑石，冥同（偶然一致）帝體上下黑子。論者以為純誠所感。（《魏書》釋老志）

太武帝的廢佛已然遠去，佛法復興之勢日趨隆盛。新的造像開始進行，以取代遭破壞的佛像，教團也重新復甦。十來歲的少年皇帝文成帝發願建造的石佛，連痣的位置都「如帝身」，完全按照文成帝的形象來雕刻。這尊佛像應該也是丈六佛像。這裡也反映了「皇帝即如來」的思想。這尊石像有兩處出現了和皇帝相同位置的痣，讓人大吃一驚。

所作供養皆作生身法身，生身供養者即是塔像，法身供養者書寫讀誦十二部經。（《大方等大集經》曇無讖譯）

這是北涼佛教最高導師曇無讖的教誨。席捲中亞的大乘佛教主要有兩項活動：「書寫誦讀」，亦即「佛典結集」；「塔像」，亦即「立塔造寺」。也就是如杜斗城在《北涼佛教研究》中所說，大乘佛教在從西域進入中國以後，「一邊翻譯佛經，一邊造寺鑿窟」。

雲岡石窟——巨大佛像的出現

和平初（四六〇年左右），（道人統）師賢卒。曇曜代之，更名沙門統。（《魏書》釋老志）

繼承師賢職務的曇曜，是和師賢一起逃往中山的涼州派僧侶：

初曇曜以復佛法之明年，自中山被命赴京，值帝出，見於路，御馬前銜曜衣，時以為馬識善人。帝後奉以師禮。（《魏書》釋老志）

吸引青年皇帝目光的曇曜，這時年齡大約五十。在《高僧傳》玄高傳記的末尾，有一行關於他的記述：

時河西國沮渠茂虔（牧犍）時有沙門曇曜，亦以禪業見稱，偽太傅張潭伏膺師禮。

承繼曇無讖和玄高教誨的曇曜，也是位深得北涼佛教傳統精髓的優秀僧侶。

曇曜白帝，於京城西武州塞，鑿山石壁，開窟五所，鐫建佛像各一。高者七十尺，次六十尺，雕飾奇偉，冠於一世。（《魏書》釋老志）

佛法復甦後大約八年，曇曜提議建造中原首度出現的巨大石窟與巨大佛像。為什麼要建大佛呢？曇曜腦海裡浮現的，毫無疑問是北涼沮渠蒙遜在武威近郊天梯山石窟所建、作為王者象徵的巨大佛像形影吧！

石窟的開鑿始自和平初年，但文成帝未能親眼目睹它的完成，便在和平六年（四六五）四月，以二十六歲之齡辭世。十二歲的太子弘即位，成為第五任皇帝——顯祖獻文帝（四六五—四七一在位），又是一位少年皇帝誕生。

皇興元年（四六七），開始有「幸武州山石窟寺」的記錄登場。由此觀之，這五尊大佛在這時候，應該已經完成到某種程度。從建造開始，大約經過了七年歲月。

武州山石窟寺，就是現在的大同雲岡石窟。建造第一期只開鑿了五窟；這五個洞窟以開鑿者之名，稱為「曇曜五窟」。

石窟的開鑿到太和十八年（四九四）第六任皇帝孝文帝遷都洛陽為止，一共持續了四十餘年，共建造了七尊大佛。不過，之後仍然持續有民間捐造石窟，直到北魏滅亡前後為止。

從大同市區往桑乾河的支流武州川右岸上溯二十公里後，刻在右手邊、東西一公里崖壁上的巨大露天佛像便會出現在眼前。這是最初期的石窟之一、位在最西邊的第二石窟。再往東北走，可以到達北魏的舊都盛樂故城；在盛樂的北邊，則是過去的六鎮之一——武川鎮。

在第二任皇帝太宗到第三任皇帝世祖太武帝的時代，為了守禦北方設置了六鎮；這六鎮從西邊數來，分別是沃野（內蒙古自治區臨河縣西南）、懷朔（同自治區固陽縣城西南）、武川（同自治區武川縣城西）、撫冥（同自治區四王子旗東南）、柔玄（同自治區興和縣西）、懷荒（河北省張北縣）。

每個鎮之間的距離從六十到一百五十公里不等，平均為一百公里左右。這六鎮全都位在現今內蒙古察哈爾到綏遠一帶沿陰山山脈的要衝，是拓跋族自古以來的根據地。

長城與六鎮，都是北魏為了減輕北方憂患而興築的產物。六鎮在駐屯初期，配置的是優秀的鮮卑貴族，但後來則變成徒刑犯、歸順北魏的騎馬民族高車族，甚至是漢人。在臣服於高車的族裔中，有著之後令隋唐頭大不已的突厥族；因此，所謂六鎮，其實是一個多民族混合軍團。

在六鎮中最重要的地點，是盛樂古城西邊的懷朔鎮，以及其北的武川鎮。

> 周隋唐皆出武川。（趙翼《二十二史箚記》卷十五）

北魏滅亡後，建立北周的宇文家族、建立隋朝的楊氏家族，以及建立唐朝的李氏家族，皆是從武川鎮的駐軍中嶄露頭角。

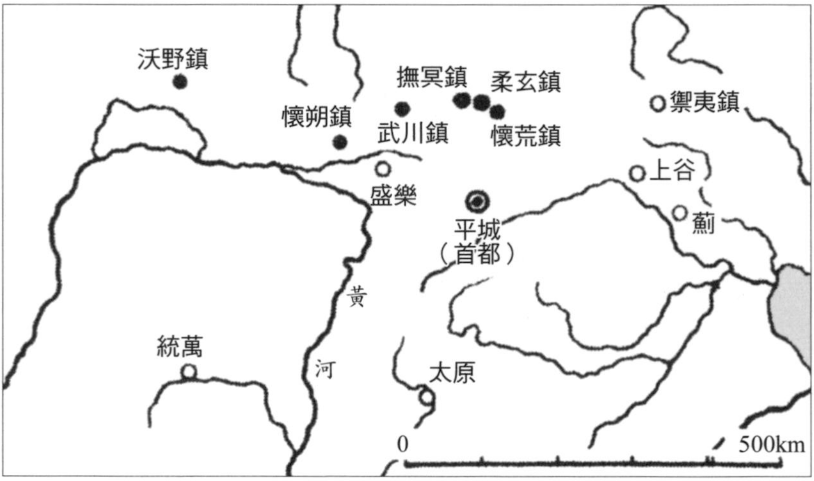

北魏六鎮位置圖

雲岡石窟就建造在為了防備北方騎馬民族入侵，在軍事上相當重要的通道——武州川沿岸，通往都城的入口處。

靠近道路的露天大佛，被稱為第二十窟大佛；這尊大佛高約十四公尺，直接刻在懸崖北壁上。

大佛身穿偏袒右肩的大衣，內著「僧祇支」[6]，是尊氣勢磅礴、體態雄渾的造像。臉部輪廓充滿朝氣、剛強有力，和敦煌第二七五窟的主尊交腳彌勒菩薩一樣，兩眼圓睜凝視前方，亦即首都平城的方向。這尊脖子粗短、肩胸寬厚的佛像，其表情與其說是冥想的佛，不如說是死後仍守護著國都的僧形皇帝還比較適當。這種堂皇的造型，確實給人一種「皇帝即如來」思想具現化的感覺。看樣子，它的建造應該有很大成分，是取自建立摹寫文成帝的丈六佛像時的經驗。

在第二十窟大佛東邊，是編號十六的洞窟。第十九窟的本尊，是坐鎮在擁有穹廬形天花板的石窟中，高十三點七公尺的佛倚坐像。剩下的大佛也都是類似的規格。

所有的大佛都是本尊位在中央、兩側配置佛像的三尊形式。這種三尊形式，也是在印度的健馱邏和馬圖拉發展起來的。

6 譯注：指穿著於比丘尼三衣之下，覆蓋兩腋、胸部及左肩，長至腰下之長方形內衣。

釋迦前有六佛，釋迦繼六佛而成道，處今賢劫（現世佛）。文言將來有彌勒佛，方繼釋迦而降世。（《魏書》釋老志）

在曇曜心中，三尊佛就是過去、現在、未來三世佛的具體化；此後的北魏，也都是以三世佛為主流。

中央的佛像，應該是以北魏建國以降五位皇帝的容姿與風貌描摹而成。據吉村怜（早稻田榮譽教授，專攻佛教美術史）在論文〈曇曜五窟建造順序〉中所述，這每一尊像的名稱與對應的皇帝分別如下：

第十六窟大佛，釋迦立像（高

雲岡石窟，第20窟大佛像

十三點五公尺），四任高宗文成帝。

第十七窟大佛，彌勒菩薩像（高十五點五公尺），恭宗景穆太子。

第十八窟大佛，盧舍那佛立像（高十五點五公尺），三任世祖太武帝。

第十九窟大佛，彌勒佛坐像（高十六點八公尺），首任太祖道武帝。

第二十窟大佛，無量壽佛坐像（高十三點七公尺），二任太宗明元帝。

不過宿白認為，只有第十七窟的本尊是彌勒佛像，其他四尊都是釋迦像。

據《魏書》釋老志所述，最初建造的兩尊大佛，高度為七十尺與六十尺。北魏的一尺，約相當於零點二七九公尺，因此它們的高度分別為十九點五三公尺和十六點七四公尺，與現今的高度有相當差異。因此也有人說，這個「七十尺」和「六十尺」，指的是洞窟的高度。

這兩尊佛像應該是太祖道武帝與太宗明元帝。不過如後述，道武帝被尊稱為太祖，是在第六任皇帝孝文帝太和十五年；因此在這之前建造的佛像，應該只是選擇遷都平城以降的祖先來設計開鑿吧！

宿白將雲岡石窟的各尊與裝飾稱為「雲岡樣式」，並將其建造時期分為三階段。他將被認定為第一期的初期石窟，與所謂的甘肅「涼州樣式」進行比較；首先，在一、設置有大像的佛殿窟；二、本尊的佛像為釋迦或交腳彌勒菩薩；五、佛、菩薩的面相雄渾、身軀健壯、形體龐大這三項上，涼州和雲岡是相同的。由此可見，雲岡基本上繼承了涼州的精神。

但另一方面也有相異之處。首先，在第三項的「窟壁主要描繪千佛」這點上，雲岡只有第十九窟有描繪千佛；另外在第四項的「裝飾圖案」上，雲岡不是使用忍冬化生紋，而是使用蓮瓣紋、蓮珠紋、棕葉唐草紋。這種裝飾究竟是從印度和健馱邏新引進、還是佛圖澄和道安以降，在中原確立的形式呢？目前仍未有定論。

雲岡石窟的石佛造型，在絲路佛教史中，應該怎麼定位呢？擔任《中國石窟——雲岡石窟》解說的丁明夷，認為它是受到新疆克孜爾石窟的影響。至於執中國石窟研究牛耳的宿白，他的見解則是這樣：

> 石窟的開鑿與巨大造像的雕刻，在帕米爾高原東西，是以新疆拜城、庫車的克孜爾石窟為時最早。可是克孜爾的大像窟，和雲岡模仿草廬的形式完全相異。再者，雲岡的造像構成主流是三佛，或者以未來佛（彌勒菩薩）為窟室內的主要造像進行安置，這在雲岡以前各地的石窟寺極為罕見。從佛像形式、特別是服裝層面上來看，就像眾多研究者所指出的，雲岡第一期的大像，其衣飾主要是中亞健馱羅後期流行的穿法；例如第二十窟佛像刻出的重厚衣紋，採取的是通肩或偏袒右肩的穿法，這種穿法不只在這裡可以看見，在印度笈多王朝的馬圖拉地區，也是相當流行的穿法。（中略）就造型方面簡單來說，雲岡第一期大像的寬下巴、短頸、寬肩、厚胸這些特徵，和帕米爾東西或甘肅以東的早期佛像，有相當多的類似之處。（宿白《平城的國力集中與「雲岡樣

式」的形成及發展》）

宿白的論述在最後部分，強烈暗示雲岡石窟受到甘肅以東的早期佛像，也就是涼州、敦煌造像的影響。

最後，他下了這樣的結論：「擁有嶄新創造且不斷發展的雲岡樣式，形成了北魏開鑿石窟的典型。」

雲岡是越過絲路到來的佛教與大佛思想，在塔克拉瑪干沙漠以東和涼州紮下根基後，初次移植到中原的土地，而其造型也是北魏初期佛教文化的集大成。在這當中，凝聚了自貴霜王朝誕生的彌勒思想、根植於龜茲與涼州的巨大佛像建造，以及誕生於北魏的「皇帝即如來」思想。

話又說回來，建造這些大佛的工人，是怎樣的一群人呢？

杜斗城在《北涼佛教研究》中說：

> 像河西走廊這般具備大像的佛殿窟、方形或長方形的塔廟窟、釋迦與交腳菩薩之姿的彌勒造像、以及臉部表情大眼圓睜、眼睛大而細長、深目高鼻、體軀雄健等佛菩薩造像特徵，也都出現在雲岡第一、二期石窟當中。

杜教授認為，曇曜五窟的造像是「河西北涼風格」的延續；從當時中國的佛像多半收納在木造寺院中來看，作為石窟寺院的雲岡第一期、也就是曇曜五窟的佛像，很有可能是經由從涼州移居的工人之手建造而成。

只是，「曇曜從一開始的意圖，就是建造乍看之下彷彿年少的貴公子、亦即青年皇帝形貌的佛像。」（吉村前引論文）從這種造像的特徵來看，我們並不能輕易斷定，它只是單純繼承了印度與中亞影響下成立的涼州佛教要素。在先前的丈六石佛營建中，北魏雕出了和皇帝樣貌相近的石佛，這是史上頭一遭採取這種手段。巨大石佛的營造，並不只是涼州僧侶與工人的成就，對於佛圖澄、鳩摩羅什、道安在長安與中山孕育的中原佛教，我們也不能不納入考量；總而言之，這是一項國家級的巨大事業。

第五章

手握彩虹的男兒、孝文帝

——「中華」帝國誕生

孝文帝——罕見不殺生的胡人皇帝

讓我們把時代稍微回溯到雲岡石窟開鑿之前。

北魏第四任皇帝高宗文成帝即位四年後，太安二年（四五六）正月，他指定年僅三歲的皇子拓跋弘（後來的第五任皇帝顯祖獻文帝）為皇太子。同時他也立了皇后，是十五歲的文明皇后馮氏。馮氏是個性格強勢的女性，她敦促皇帝按照前例，賜死皇太子弘的母親（漢人李氏），結果李氏被迫留下幼兒自殺，這實在是個令人聞之斷腸的故事。之後負責養育皇太子的，就是年輕的馮皇后。

和平六年（四六五）五月，文成帝還來不及親眼目睹大佛完成，就以二十六歲之齡猝逝。當舉行葬禮、火化皇帝愛用的衣服器物之時，有一名年輕女性悲痛大喊，飛身投入熊熊燃燒的火中；那位女性就是馮皇后。雖然在周遭眾臣的救助下，馮皇后總算平安無事，但從她後來的種種行為看來，不能不讓人懷疑，這是這位未誕育皇子的皇后，為了掌握權力所展現出來的一齣絕妙大戲。

獻文帝於十二歲時即位，二十四歲的馮皇后也成為皇太后。

馮氏是長樂信都（河北省冀縣）出身的漢人，祖父馮弘是被北魏所滅的北燕末代皇帝昭成帝，也就是篡奪了北燕的馮跋之弟。戰敗的馮弘逃往高句麗，在那裡認識了樂浪的名門王氏，也就是馮太后的母族。之後，馮氏家族侍奉北魏，馮太后的父親馮朗歷任秦、雍二州刺史，位敘西城郡公。她在太平真君三年（四四二），生於父親的任職地長安。之後，她的父親因為事件遭連累而失勢。按照當時的制度，罪人家族的子女要被「籍沒入宮」，在宮裡擔任婢女或作坊作工（勞動工人）；但馮氏的姑姑是太武帝的左昭儀（最高位的宮女，地位和丞相足以匹敵），所以在興安元年（四五二）文成帝即位後，便被選為貴人（后妃位階之一，次於皇后），並在五年後成為皇后。生於榮華之家，年紀輕輕就親身體會到世事無常的文明皇太后馮氏，毫無疑問是位相當長於世故的女性。

在獻文帝的宮廷裡有個名叫乙渾的男人，是個出身地和來歷都不明的官員。獻文帝十二歲即位時，乙渾擔任車騎大將軍的高位；他蔑視幼帝，矯詔殺害朝廷重臣，天安元年（四六六），他以丞相太原王的身分專攬朝政，甚至逼迫朝廷封自己的妻子為公主。這時馮太后展開了行動；她秘密殺死了乙渾，然後「臨朝聽政」，將政治實權掌握在手中。

皇興元年（四六七），皇子拓跋宏（後來的第六任皇帝孝文帝）誕生。這年，皇太后捐贈給首都的天宮寺銅十萬斤、金六百斤，建立起一座高四十三尺（十公尺）的大佛。

拓跋宏的生母李夫人是中山安喜人、南郡王李惠的女兒。她在十八歲時進入後宮，生下了孝文帝。她在立太子這年（皇興三年，四六九）死去，死因也是由於身為皇太子之母，所以遭到賜死，下指示的應該是馮太后。《魏書》皇后列傳記載，對於李夫人之死，「上下莫不悼惜」。在這之後，不知為何馮太后放棄了政治，重新專注於養育幼子上。當時，皇太后年僅二十六歲，是位相當年輕的名義祖母。對於她拋棄政治，專心養育幼子（獻文與孝文帝）這件事，究竟該怎麼解釋好呢？究竟是沒有孩子的馮氏展露出無法滿足的母性本能呢，還是為了任意操縱皇帝而展現的深謀遠慮呢，至今也沒有個定論。

馮太后出身名門，在養育兩位皇太子上，也是以漢人官員和儒教為中心，徹底實施帝王教育。

這時候，獻文帝不只起用馮太后罷免的官員，甚至還誅殺了太后的寵臣李弈，兩人的反目已經到了推車撞壁的地步。

對獻文帝而言，左右寵臣陪侍、過著放縱生活的馮太后是個相當讓人不快的存在。就算到了孝文帝時代初期，馮太后的生活還是常傳出不名譽的醜聞；當時她中意的對象之一，是個叫王叡的男人：

王叡出入臥內，數年便為宰輔，賞賚財帛以千萬億計。（《魏書》列傳第一，皇后列傳）

年輕的皇太后在性方面，似乎相當奔放。不只如此，幼年認為是母親的女性，其實下指示殺了自己的生母，這樣的事情不知何時，也傳進了獻文帝的耳中。養育自己的親人，卻是殺死生身之親的掌權者，這樣的矛盾難題，毫無疑問在獻文帝的心中造成了深刻的傷害。

六年後的皇興五年（四七一），獻文帝突然表示要讓位給叔父；雖然當時在群臣的勸諫下，他打消了主意，但在同年稍後，還是讓位給年僅五歲的皇太子宏。拓跋宏就是僅次於道武帝的三十年統治，在長達二十九年間君臨北魏的高祖孝文帝（四七一－四九九年在位），他在登基後改年號為延興。

在這個情感、瘋狂與殺戮恣意流淌的時代中，這位皇帝平時完全不殺人；一位虔敬佛教，罕見的皇帝就此誕生。

有一種說法認為顯祖獻文帝的讓位是被馮太后強逼所致，但我則認為這是獻文帝的反擊，企圖藉著離開帝位，以上皇之姿自由活動。可以想像得到，退位後的獻文帝以上皇之姿隱身聽政，動作頻頻。雖說他是上皇，但仍然是二十歲不到、血氣方剛的年輕人。延興二年，蠕蠕侵犯北邊要塞時，上皇率軍遠征，延興三年也為了攻打南朝，發出派遣南伐軍的詔令，四年還視察南方，經常活躍在政治的舞台上。結果，宮廷遂分裂成皇太后派與上皇派：

魏馮太后內行不正，以李弈之死怨顯祖，密行鴆毒（將毒鳥羽毛泡在酒裡形成的毒），夏，六月，辛未，顯祖殂。（《通鑑》卷百三十四，元徽四年）

承明元年（四七六）六月，顯祖暴崩，時言太后為之也。（《魏書》列傳第一，皇后列傳）

馮太皇太后毒殺了上皇獻文帝；她擁立年幼的孝文帝，清除了上皇的心腹，「復臨朝聽政」，重執國家牛耳。這年太皇太后三十四歲，追謚孝文帝的生母李氏為思皇后。指示親生母親自殺的皇太后，與受她培養長大的幼帝，這幅構圖當然也被孝文帝給繼承下來。

從史書來看，到馮氏以四十九歲之齡辭世的太和十四年（四九〇）為止，十四年間，她與皇帝一直維持著緊密的合作關係；說得更精確一點，孝文帝對馮氏，看起來一直保持著相當順服的態度。甚至還有傳言說，皇帝一直相信馮氏是自己的親生母親。皇帝在馮太皇太后死後，不顧家臣的反對，堅持服三年之喪；就儒教所訂下、為雙親服喪的期間而言，這是最長的期間（不過實際的服喪，只持續一年就結束了）。

另一方面，在《魏書》中卻也散見著孝文帝懷疑馮氏是否敵視皇帝、暗潮洶湧的記述：

文明太后以帝聰聖，後或不利於馮氏，將謀廢帝。乃於寒月，單衣閉室，絕食三朝。召咸陽

王禧，將立之。元丕、穆泰、李沖固諫，乃止。（《魏書》高祖紀下）

宦者先有譖帝於太后，太后大怒，杖帝數十。帝默然而受，不自申明。（《魏書》高祖紀下）

擔心聰明的幼帝可能成為家族榮華的障礙，馮太后意圖更替皇帝，之後更聽信宦官的讒言，對皇帝施以杖擊；不論何者，都是相當激烈的行為。

《魏書》接著又寫道，皇帝在侍者端羹上來、不小心燙傷他的時候，還有食物裡跑進蟲的時候，都笑著加以原諒；特別強調皇帝從小時候開始，就是一位溫柔且性格沉穩的人。

自太后臨朝專政，高祖雅性孝謹，不欲參決，事無巨細，一稟於太后。太后多智略，猜忍（疑心病重、不講人情），能行大事，生殺賞罰，決之俄頃，多有不關高祖者。（《魏書》皇后列傳）

高祖孝文帝將政治委任給馮太皇太后，避免讓自己站上檯面。

時人皆以為帝待馮氏太厚，待顧氏太薄；太常高閭嘗以為言，帝不聽。（《通鑑》卷百三十七，永明九年）

皇帝對生母的家人相當冷淡，卻對太后馮氏的家族相當重用。太后的哥哥馮熙，在孝文帝即位後便被拔擢為太師（三公之一）、車騎大將軍、洛州刺史。不只如此，馮熙的三個女兒通通被選入後宮，其中一位成為皇后，另一位則被選為左昭儀。馮熙的兒子馮誕和皇帝同年，娶了皇帝的妹妹樂安長公主為妻，被封為駙馬都尉（公主丈夫的稱號）、征西大將軍、南平王。

經常被評為「聽覽政事，莫不從善如流」的孝文帝，唯獨在有關生母家族的處置上，頑固地不聽家臣的忠告。

孝文帝到底在防備些什麼呢？

從孝文帝後來遷都洛陽的作為來看，他是位相當擅長操縱輿論的皇帝。再者，當時權力掌握在太后手中，一旦太后的心情有所轉變，自己很有可能就會遭到陷害。因此，孝文帝毫無疑問是為了自我防衛，才對太后擺出一副順從的姿態。在太后逝世的第二年，他在都城東方的方山山頂，建造了跟太后的永固陵並排的壽陵（生前建築的陵墓），我想這也是他為了向世間展示他的「孝」與信奉儒家的姿態，而擺出的一場吸睛大秀吧！

孝文帝（四六七年生）即位之後的主要行動如下：

太和三年（四七九）七月，幸方山，起思遠佛寺。
太和四年（四八〇）春，罷畜鷹鷂之所，以其地為報德佛寺。

太和六年（四八二）三月，幸武州山石窟寺，賜貧老者衣服。

（《魏書》帝紀第七，高祖紀上）

孝文帝即位後的十年間，政情頗為不穩；塞外的騎馬民族時而侵略、時而朝貢，反覆不定，國內則是土豪叛亂此起彼落。儘管如此，皇帝卻不曾奔赴戰場，只是一味專注在佛寺建造上，特別是經常參拜武州石窟寺，也就是現在的雲岡石窟。

接著，太和六年，十六歲的皇帝參拜雲岡並賜給貧老者衣物；對於這項事蹟，常盤大定（前東京大學教授）是這樣說的：

孝文帝之精神，明顯乃追善供養；故此，其必是為乃父獻文帝造像、並祈求福報也。（常盤大定、關野貞，《支那佛教史跡詳解》第二卷）

簡單說，常盤教授認為雲岡第五窟是孝文帝所建造的石窟。確實，雲岡的七座大佛中，被比擬為皇帝的是曇曜五窟的五座，也就是到第四任為止的皇帝；剩下的第五、第十三窟大佛，也可以明確判斷出不屬於中國風格。常盤比擬為第五任獻文帝的第五窟主尊，是尊高十七公尺的坐佛，為雲岡石窟中最大的石雕佛像：

雲岡石窟，第5窟大佛像

此為雲岡石佛中最大者，亦為現存支那石佛中，無與為之比肩者。此石窟如前論所言，恐為孝文帝為其父獻文帝開鑿者也。觀其宏偉壯麗，可知乃北魏藝術最高潮時所成也。（常盤大定、關野貞，《支那佛教史跡詳解》第二卷）

身為虔誠佛教徒的孝文帝，為了父親發願建造超越過往規模的大佛，這樣的推測可說相當合理。

常盤也認為最後的第十三窟中，高約五十尺（約十二公尺）的交腳彌勒大佛，是獻文帝為父親文成帝建造的佛像；這尊佛像在雲岡，是樣式最古老的塑像。

（帝）雅好讀書，手不釋卷。《五經》之義，覽之便講，學不師受，探其精奧。史傳百家，無不該涉。善談《莊》、《老》，尤精釋義。才藻富贍，好為文章，詩賦銘頌，任興而作。（《魏書》高祖紀下）

孝文帝雖然喜歡讀書、對儒教的經典《五經》也有很深的了解，但絕非一位弱不禁風的皇帝。他在狩獵的技巧方面也十分優秀，不過據《魏書》所述，在他十五歲以後為了避免殺生，就停止了狩獵。

那麼，年輕的孝文帝是從何時開始掌握了政治實權呢？從以下的記錄中，可以推測其時期：

有大文筆，馬上口授，及其成也，不改一字。自太和十年已（以）後詔冊，皆帝之文也。（《魏書》高祖紀下）

根據這段記錄，皇帝是在太和十年（四八六），也就是二十歲前開始親政。而他的施政，又是怎麼一回事呢？

在孝文帝年幼、馮太皇太后執政期間，陸續實施了許多大膽的改革。據《通鑑》泰始六年條目所述，在孝文帝即位前一年，也就是皇興四年（四七〇）時，「是時，魏百官不給祿」；官員完全是不支薪的，更不要說有系統的薪俸制度了。

太和元年（四七七）九月，北魏「詔群臣定律令於太華殿」，命令群臣制定律令，到了八年（四八四）發布的詔令說，「俸制已立，宜時班行，其以十月為首，每季一請」（高祖紀上），也就是中央和地方的官僚，都已經採行俸祿制。

光是薪俸制度，就已經是王朝創始者太祖「計口授田」制度以來的重大革新了；不只如此，在太和九年（四八五），更頒布了均田制：

下詔均給天下民田，諸男夫十五以上，受露田四十畝……（《魏書》志第十五，食貨）

在第二年（太和十年，四八六），又頒布了三長制：

初立黨、里、鄰三長，定民戶籍。（《魏書》高祖紀下）

據《魏書》食貨志所述，「三長制」是五家設一鄰長、五鄰設一里長、五里設一黨長，以此方式管理人民，是一種化解過去賦役不公，減少貧富差距的制度。遊牧民族一直以來都是採取十進位法，但這裡卻是採取五進位法，因此有人認為從這種民生制度的中原化中，可以看出破壞舊有部族制度的意圖。

岡崎文夫（一八八八—一九五〇，前東北大學教授，專攻東洋史）指出，均田制是傳統王朝流傳下來的土地公有思想，其概要內容為：作為人頭稅課徵對象的十五歲以上人丁，男丁每人給予露田（公田）四十畝，女子給予二十畝，這些土地當人丁過世時，必須歸還朝廷。與此相異，每個男丁還可以獲得二十畝土地，作為種植桑、榆、棗樹之用；這些土地屬於家戶所有，也就是私有地，就算人丁過世，也不需要歸還。擁有奴隸和耕牛的家庭，也會按照其數量給予相應的田地。

這些新制度是朝向以農耕為中心的中原傳統王朝轉換，堪稱決定性的改革。岡崎文夫對此做出明確的評價：

隨著三長機制的新設，可以同時弄清楚地方的戶籍，縣官也可以透過這些機構，直接徵收到賦役；而當戶籍弄清楚後，地方豪強之輩就再也無法侵犯國家的戶籍了。（岡崎文夫，《魏晉南北朝通史》）

提出這個構想的，是太皇太后中意的官員、同時也是當太皇太后意圖廢除孝文帝時，勸她打消念頭的男人——李沖。

李沖是隴西（陝西省臨洮）出身的漢人；他是敦煌公李寶的兒子，也是西涼建國者李暠的曾孫。李暠是前漢武帝時代轉戰西域的將軍李廣第十六世子孫，屬於名門貴族。

這個時代在涼州留名的五胡霸主事蹟，都被彙整在前一個朝代的史書《晉書》的「載記」當中。然而，李暠和建立前涼的漢人張軌並沒有被放在載記，而是以「張軌」（列傳五十六）、「涼武昭王」（列傳五十七）的身分，被納入「列傳」的範疇當中。

自建國者涼武昭王李暠以降，西涼的血脈只傳了三代就滅亡；雖然有受東晉冊封，但和中央政界全無關聯。正史對這樣一個僅維持二十幾年就滅亡的家族如此處理，堪稱異例。

西涼為什麼會有這種待遇呢？

據《舊唐書》所言，李暠乃是唐的先祖。李暠的兒子——第二任國王李歆，以及他的弟弟——西涼最後的國王李恂，這對兄弟的後裔就是建立唐朝的李氏。

《晉書》是唐太宗下令編纂的史書，實際的編者是太宗的股肱之臣房玄齡。我們可以看得出，房玄齡對李暠有特別待遇；作為在太宗時代編纂的正史，這似乎是一種刻意的資料操作。關於李暠與李唐一族的關係，後面我們會再做驗證。

據《晉書》所記，李寶是李暠庶子李翻的兒子：

蒙遜徙翻子寶等于姑臧。（《晉書》列傳第五十七，涼武昭王）

李寶在太武帝的時代從敦煌來到平城，在文成帝的時代擔任鎮北將軍。年幼喪父的李沖，由兄長滎陽太守李承拉拔長大；之後他靠著學識嶄露頭角，成為皇太后的心腹。孝文帝時代初期，他從秘書中散（管理宮中圖書的官員）升任秘書令，之後更升為中書令（掌管詔書的中書省長官）。他深受孝文帝的信賴，孝文帝總是不直呼他的姓名，而是稱他「中書」，並將他置於身旁，也常把重要的案件委任給他。

年輕孝文帝的改革，是從朝漢化邁進的馮太后晚年、也就是親政初期開始的。他所推動的主要改革，可以從高祖紀和《通鑑》中一窺：

十年春正月，帝始服袞冕（天子的禮服與禮冠），朝饗萬國。（《魏書》高祖紀下）

夏四月，始制五等公服。（《魏書》高祖紀下）

九月，魏作明堂、辟雍。（《通鑑》永明四年）

太和十三年七月，立孔子廟於京師。（《魏書》高祖紀下）

孝文帝在撰寫詔書的時候，並不假手漢人官僚。《通鑑》建武二年（四九五）條目中這樣寫道：「（孝文帝）在輿、據鞍，不忘講道。善屬文，多於馬上口占，既成，不更一字。」孝文帝「學不師受」，沒有跟隨名聲響亮的老師學習，卻能夠在馬上進行口述——也就是用漢語直接成文，堪稱是才能卓越。

司馬光評論孝文帝和他的幕僚，說他們展露的氛圍「有太平之風」，可以看出他對孝文帝的好感。這個時代有兩位皇帝並立，司馬光為了明確各自記述的主體，稱南朝為「帝」，北朝為「魏主」；但這只是開頭部分，在接下來的內容中，他就對兩者都稱呼「帝」了。簡單說，司馬光雖然視南朝為正統，卻不認為北朝是偽朝，也就是默認了兩帝並存的狀態。

被岡崎文夫評為「歷代帝王中最優秀統治者之一」的年輕皇帝孝文帝，終於掌握了全權。不久之後，北魏這個騎馬遊牧民王朝，迎來了它的黃金時代。

夷狄應和——從平城到洛陽

太祖時代將遊牧民傳統的辮髮髮型改為束髮加帽，積極採納中原傳統的風俗；從那以後直到孝文帝時代，歷經了將近百年的歲月。這段期間中，拓跋的名門陸續迎娶漢人世家的女兒，而漢人官員也會娶鮮卑族的女兒為妻；就這樣，漢與鮮卑拓跋的混血戲劇化地進行。

《魏書》皇后列傳所記、歷代皇后的出身，如下一覽：

昭成（什翼犍）皇后慕容氏（生獻明帝，鮮卑）
獻明（太子寔）皇后賀氏（生太祖道武帝，鮮卑）
道武皇后劉氏（生太宗明元帝，鮮卑）
明元皇后杜氏（生世祖太武帝，漢）
太武敬哀皇后賀氏（生恭宗景穆太子，鮮卑）
景穆恭皇后郁久閭氏（生高宗文成帝，蠕蠕）
文成元皇后李氏（生顯祖獻文帝，漢）

獻文思皇后李氏（生高祖孝文帝，漢）
孝文文昭皇后高氏（生世宗宣武帝，漢）
宣武帝靈皇后胡氏（生肅宗孝明帝，漢）

因此，北魏皇帝身上流的鮮卑之血，也隨著時代演變益發稀薄，其比例遞減如下：

●北魏王朝之鮮卑血統表

1. 太祖道武帝珪（十四歲）‖劉皇后（鮮卑）
↓
2. 太宗明元帝嗣（十七歲）‖杜皇后（漢）
（二分之一）↓
3. 世祖太武帝燾（十五歲）‖賀皇后（鮮卑）
（四分之三）↓
景穆太子晃‖郁氏（蠕蠕）
（八分之三）↓
4. 高宗文成帝濬（十三歲）‖李皇后（漢）
（十六分之三）↓

5. 顯祖獻文帝弘（十二歲）‖李皇后（漢）

（三十二分之三）←

6. 高祖孝文帝宏（五歲）‖高皇后（漢）

（六十四分之三）←

7. 世宗宣武帝恪（十七歲）

在血脈方面，我們可以注意到直到孝文帝為止的六代傳承，有半數都擁有漢人母親。另外，高宗文成帝的母親（孝文帝的曾祖母）則是投降北魏的騎馬民族蠕蠕之女。單純計算的話，孝文帝承繼的鮮卑拓跋之血只有三十二分之三，也就是百分之九而已，蠕蠕血統有三十二分之四，其他百分之八十，則都是漢人血脈。

> 北魏王朝從血統來看，幾乎可以稱得上是完全中國化了。（宮崎市定，《大唐帝國》）

孝文帝從馮太后那裡接受了佛教以及漢式的教育與教養。在養育幼帝的後宮中，對話全都使用漢語，也就是說，他是被當成純粹的漢人在培養的。不管從血脈、或是人格形成期的狀況來看，孝文帝身為遊牧民族國家皇帝的同時，在看事物的觀點與思考方式上，與中原傳統王朝的皇帝可說是並無二致。這樣的情況，成了左右這個國家之後命運的重大要素。

在孝文帝的時代，有位名叫高閭的漢人官員。高閭生於西晉的名門世家，幼年便成為孤兒。崔浩賞識他的學問，提拔為中書博士（顧問）。文成帝逝世後，皇太后誅殺了執宮廷牛耳的乙渾；高閭依附在皇太后之下，執掌政令，舉凡皇太后發布的詔令文章，全都要經過高閭之手。

高閭向孝文帝上表，提議在北方要衝六鎮以北興建長城。之所以如此，大概是因為太宗時代建設的長城，已經腐朽老化的緣故。關於建長城的理由，高閭是這樣說的：

> 北狄悍愚，同於禽獸，所長者野戰，所短者攻城。若以狄之所短，奪其所長，則雖眾不能成患，雖來不能內逼。又狄散居野澤，隨逐水草，戰則與家產並至，奔則與畜牧俱逃。（中略）今宜依（秦、漢）故於六鎮之北築長城，以禦北虜。（《魏書》列傳第四十二，高閭）

高閭相當具體地說，「如果驅使十萬勞動力的話，一個月就可以建好長城」，但不知為何，孝文帝並沒有採納他的建言。

可是，在這裡值得注目的並不是這點，而是在關於「狄」這個字的認知上。「同於禽獸」、「散居野澤，隨逐水草」，這些話，完全是過去鮮卑族的日常。過去有位漢人官員崔逞，曾經因為將鮮卑和淮夷（淮水流域的野蠻人）視為同類，而遭到道武帝（太祖）的論罪；若是孝文帝也有和道武帝一樣的認知，那高閭恐怕會被處以極刑吧！可是在這個時候，高閭進言要防備「北狄」，而皇帝也不當一回事地，聽取了他的進言。

另一方面，孝文帝也常意識到自己的出身是胡族／鮮卑（索虜）。他有一次問漢人官員薛聰：「你的祖先南遷之後，算是漢人還是蜀人？」當時，蜀被認為是非漢人居住的蠻族地區。對於孝文帝的詢問，薛聰銳利地回答道：

「臣遠祖廣德，世仕漢朝，時人呼為漢。臣九世祖永，隨劉備入蜀，時人呼為蜀。臣今事陛下，是虜非蜀也。」帝撫掌笑曰：「卿幸可自明非蜀，何乃遂復苦朕。」（《北史》卷三十六，列傳第二十四，薛聰）

他說，「過去我的祖先曾經是漢人，但現在我侍奉索虜（鮮卑族的蔑稱），所以我就變成虜了。」孝文帝聽了他的話，先說「你可以明白表示自己不是蜀人，但何苦為難我呢」，接著又說「薛先生醉了呢」，結果這番對話以相當尷尬的方式收場；從這裡也可以窺見，他對於自己只被看成「索虜頭目」這件事，有著微妙的感情。

長大之後的孝文帝，性格仍舊溫柔善良。他在出兵敵地淮南的時候，命令士兵不許踐踏田地，若是採伐民間樹木，則必須用絲綢作為補償。他也會告訴官員說，「補修橋梁只要修理到車馬能夠通行就好，不用刻意除草整平」，隨處可見他細心的關懷（《通鑑》卷百四十二）。

在北魏朝廷，每年都會出現前來朝貢的異民族使節。高句麗、百濟、吐谷渾、契丹、蠕蠕（柔然）、乃至於龜茲等西域國家……北魏為這些歸順的異民族，在首都建設了館舍：

伊洛之間，夾御道東有四夷館，一曰金陵，二曰燕然，三曰扶桑，四曰崦嵫。道西有四夷里：一曰歸正，二曰歸德，三曰慕化，四曰慕義。吳人投國者，處金陵館。三年已後，賜宅歸正里。（《洛陽伽藍記》卷三，城南，龍華寺）

四夷館之首的金陵閣，是為了吳（南方）歸順者而設置的館舍。從這裡可以感覺出，北魏已經把自己看成是中國正統王朝了。

北魏王朝的皇帝，就這樣在身為胡人的同時，確立了打造華夷混一中原王朝的意識。

太和十四年九月，太皇太后馮氏崩（享年四十九）。（《魏書》高祖紀下）

馮氏的重壓消失之後，在二十四歲的青年皇帝統率下，北魏的制度與意識改革日益深化。這不只是針對鮮卑族、也是以漢人為對象的意識改革，同時還包含更進一步的實體化。

太和十五年（四九一）四月，孝文帝發布了一道詔令：

詔曰：「……宜制祖宗之號，定將來之法。烈祖（道武帝）有創基之功，世祖有開拓之德，宜為祖宗，百世不遷。而遠祖平文（郁律）功未多於昭成，然廟號為太祖；道武建業之勛，高於平文，廟號為烈祖。比功校德，以為未允。朕今奉尊道武為太祖，與顯祖為二祧，餘者以次而遷。」（《魏書》志十，禮一）

接著在第二年（太和十六年，四九二）正月，他又發布了一道隱含更深弦外之音的詔令：

詔定行次，以水承金。（《魏書》高祖紀下）

第一份詔令是針對先祖的尊號，進行大幅改變。過去道武帝（烈祖）是以力微之子沙漠汗為始祖，從力微數來的第四世代，同時尊第八代皇帝平文帝郁律為太祖、自己的祖父什翼犍為高祖。但孝文帝認為平文帝比昭成帝的功績要少，尊稱他為太祖不合道理，所以決定加以改動。

北魏的新舊王統系譜如下表所示：

●北魏拓跋氏王朝系譜表

舊王統（游牧時代）	新王統（平城時代以降）
神元帝力微	太祖道武帝珪（原烈祖）
沙漠汗（始祖）	太宗明元帝嗣
思帝弗	世祖太武帝燾
平文帝郁律（太祖）	景穆帝晃（未即位）
昭成帝什翼犍（高祖）	高宗文成帝濬
獻明帝寔	顯祖獻文帝弘
	高祖孝文帝宏
	世宗宣武帝恪
	（下略）

＊關於此系譜，《魏書》在遊牧時代一共記載了十二位皇帝的姓名，但因為兄弟、叔伯世代之間的繼承甚多，相當繁雜，所以這裡只寫下道武帝視為始祖的沙漠汗血統部分。沙漠汗與獻明帝並非皇帝。

這份詔令鎖定的目標只有一點，那就是尊奉建都平城的道武帝拓跋珪為太祖。從建立都城時開始計算王統，意味著將迄今為止「隨逐水草」的遊牧時代歷史加以略過不提，並主張鮮卑族王朝乃是和中原正統王朝同質的國度。

第二份宛若謎語般的詔令，隱含著更深的意義。這份詔令認為，北魏是受金德，以水為德的王朝。如前所述，道武帝的時代因為自視為黃帝子孫，所以將德行定為土德。

在發布這份變更詔令以前，孝文帝和漢人官員針對鮮卑族王朝在歷史上的定位，進行了反覆的議論；他們議論的主題是，太祖時代決定拓跋氏為五行的土德，這樣的做法是否正確？

首先，中書監高閭主張，應該依循既往，繼續以土為德：

> 晉承魏為金，趙承晉為水，燕承趙為木，秦承燕為火。秦之既亡，魏乃稱制玄朔；且魏之得姓，出於軒轅；臣愚以為宜為土德。（《通鑑》卷百三十七，永明十年）

這種見解是從北魏承繼五胡十六國時代異民族王朝的認知出發。但秘書丞（管轄典籍、文書起草的官員）李彪、著作郎（中書省的國史編纂負責人）崔光提出了異議：

> 神元（力微）與晉武往來通好，至於桓、穆，志輔晉室，是則司馬祚終於郟鄏（古代周成王之都，位於河南省洛陽縣西部），而拓跋受命於雲代。昔秦並天下，漢猶比之共工，卒繼周為火德；況劉、石、苻氏，地褊世促，魏承其弊，豈可捨晉而為土邪？（《通鑑》卷百三十七，永明十年）

李彪等人的提案，是承繼司馬氏之晉的水德說。它的主旨是承繼曹氏的魏（土德）、司馬氏的晉（金德）之後，必然會由金生水。

在有關運次變更的討論中，「中華」初次在北魏宮廷登場：

> 下迄魏、晉，趙、秦、二燕，雖地據中華，德祚微淺，並獲推敘，於理未愜……今欲從彪等所議，宜承晉為水德。（《魏書》志十，禮一）

這是《禮志》有關太和十六年正月詔令的記錄中，群臣對孝文帝的上表。在這份上表中，也可以看到「晉既滅亡，天命在我」的發言。他們不只否定了南朝東晉的正統性，就連趙、秦、二燕等胡族王朝，雖然位居「中華」（中原），但因為「德祚微淺」，也遭到斷然捨棄。漢也是這樣的；他們把自己的王朝定為火德，將秦朝的存在當成是被遺忘的神話世界一樣加以忽視，直接繼承了周朝的木德。

孝文帝決定承繼西晉王朝的金德，將北魏的德行改為水德。比起和黃帝之間的聯繫，他更想向內外昭示，北魏繼承了正統漢王朝—魏晉的譜系。北魏繼承的是西晉；至於南遷的流亡王朝東晉，對孝文帝而言，不過是個應該滅亡的對手罷了。

這件事的交流主要在漢人官員之間進行，其意義也很重大。過去太武帝在廢佛詔令中，傳達出「鮮卑非胡」的訊息時，漢人官員並沒有展現出明確的反應。大概孝文帝也察覺出，在漢人官員之間，分成主張南方為正統王朝的穩健派，與熱心賦予自己侍奉的胡族王朝正統歷史地位的積極派吧！於是在這場議論中，與皇帝意圖一致的積極論，遂以漢人官員提案的形式獲得了採納。

川本芳昭（九州大學教授，專攻東洋史）在其著作《魏晉南北朝的民族問題》中，將孝文帝的改革如此定位：「北魏王朝和五胡諸國分道揚鑣的決定，是太武帝重新統一華北浪潮的延伸。」

不管怎麼說，孝文帝的詔令都是向南朝宣示，五胡之一鮮卑族的國家——北魏，現在已經在皇帝的德行下將國家統合為一，並成為君臨中華的正統王朝。

只要願意親近禮的所有民族，全都可以涵蓋在內；這為邁向華夷混一的世界——也就是「中華」概念的成立，建起了一座橋頭堡。

孝文帝的想法，主要關注兩個方向：為了意識改革，需要確立具體的新制度，為了恢復漢帝國的領域、實現統一王朝，則必須攻克南朝，也就是南伐。從太宗（明元帝）時代以來，為了全國統一進行南伐，一直是北魏王朝最大的懸念。這是過去壓制涼州，把「東南一隅」當成最終目標的前秦苻堅構想的重現。就這層意義上來說，孝文帝與苻堅看到了同樣的夢想。

孝文帝認為，為了「胡漢統一」理想的實現，遷都洛陽是不可或缺之事。平城土地貧瘠，到了六月還會降雪，每當風起就一片黃塵飛舞；因為環境如此惡劣，所以每年都要面臨飢荒。即使到了太和年間，飢荒依然持續不斷。「民飢，開倉賑恤」；打開穀倉賑濟飢民，這樣的敘述在

《魏書》當中幾乎年年可見。相較之下，近眺黃河與支流伊水、洛水的中原，對北方民族而言，則是一片豐饒的大地。

川勝義雄如此評論：

孝文帝對改造國家的熱誠，並非只是單憑個人的喜好恣意為之。（遷都洛陽）毫無疑問，是他深感以平城為中心的畿內鮮卑貴族腐敗，以及必須從如此邊鄙地區，以少數鮮卑族統治華北的困難，從而孤注一擲推出的打破難局策略。（川勝義雄，《魏晉南北朝》）

孝文帝為達成鮮卑族的悲願，展開了行動：

高祖外示南討，意在謀遷。（《魏書》列傳第七中，景穆十二王・任城王）

太和十七年（四九三）八月，孝文帝率領百萬大軍，親自南伐：

己丑，車駕發京師，南伐，步騎百餘萬。幸洛陽，周巡故宮基址。戎服執鞭，御馬而出。群臣稽顙（額頭叩地）於馬前，請停南伐。帝乃止。仍定遷都之計。（《魏書》高祖紀下）

孝文帝進入洛陽、巡幸漢魏宮殿故跡，太學（漢、魏、晉代的官學機構）後，下令全軍出發。當他身穿軍裝、騎馬而出的時候，群臣雲集在馬前，請他打消南伐的念頭。

據李沖傳所述，皇帝要求群臣立刻表態，贊成遷都者往左邊、反對者往右邊。由此可知，他在發動大軍的同時，其實老早做好了中止的決定。

帝乃止，仍定遷都之計。（《魏書》高祖紀下）

作為交換條件的，就是遷都之計。如果從前年冬天，他在首都平城建立太極殿，以取代太祖以來的宮殿太華殿，還舉行落成慶典來考量，那這次的舉動還是相當唐突；但二十七歲的青年皇帝，用魄力排除了萬難。

建都秦漢以來歷史悠久的古都洛陽，對孝文帝而言，也有奪取文化正統性的意義在。

在這之前，皇帝曾將自己隱藏的想法，向堂叔任城王澄（四六七年生）表明。和皇帝同年生的任城王，是皇帝稱為「吾之子房（漢高祖劉邦的軍師張良）」，深感信賴的親族。皇帝這樣問：

國家興自北土，徙居平城，雖富有四海，文軌未一，此間用武之地，非可文治，移風易俗，

信為甚難。崤函帝宅，河洛王里，因茲大舉，光宅中原，任城意以為何如？（《魏書》景穆十二王・任城王）

任城王答道：

伊洛中區，均天下所據。陛下制御華夏，輯平九服，蒼生聞此，應當大慶。（同前）

但孝文帝又說：

北人戀本，忽聞將移，不能不驚擾也。（同前）

面對掛念北方六鎮動向的皇帝，任城王進言道，「此乃非常之事，不能洩漏給任何人，唯憑皇帝聖懷裁決」；而在馬前哭泣勸諫、希望皇帝打消南伐念頭的，也是任城王。

由此可知，皇帝當場決斷、要求抵抗的群臣認可遷都，其實是和任城王合演，用來欺人耳目的一場大戲。從任城王的話中，也可以看出北魏已經有「制御華夏」，身為中原霸主的意識。被委以重任，負責遷都—建造新首都的，還是李沖。

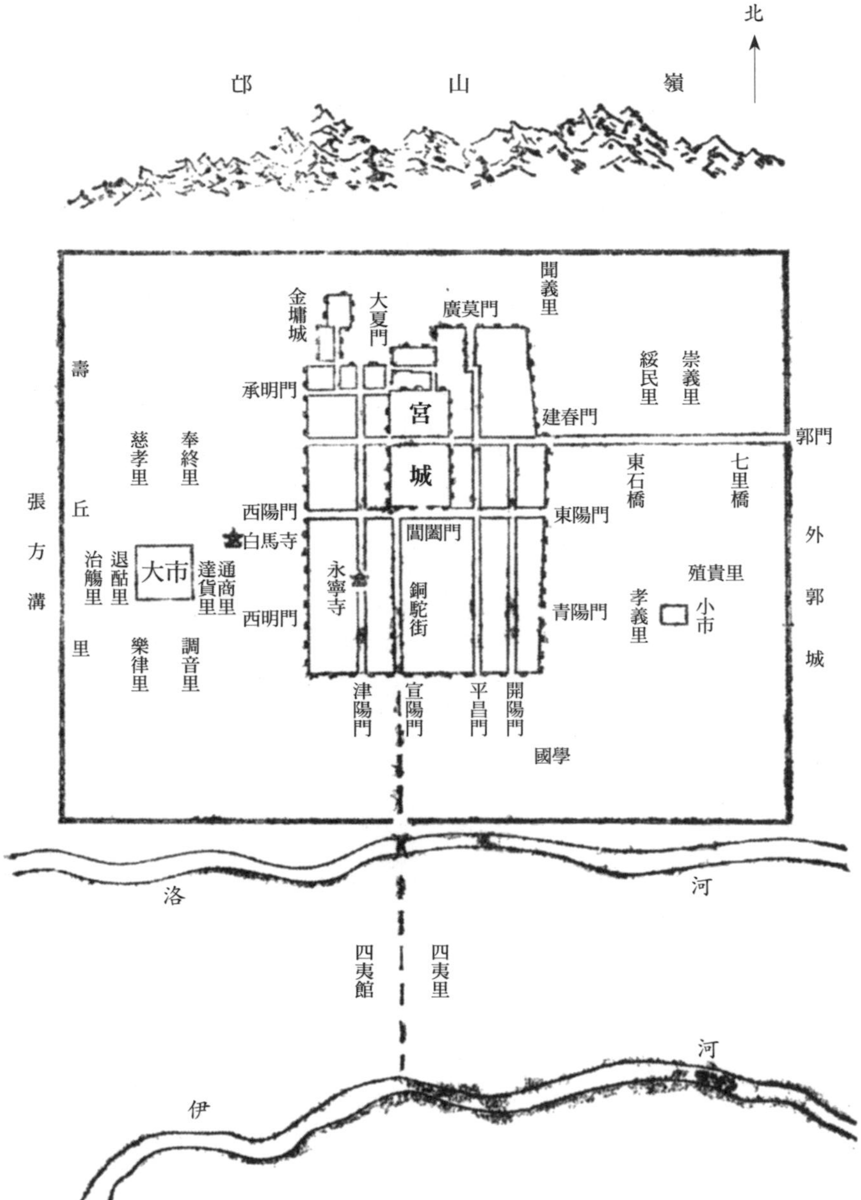
北
邙
山
嶺
金墉城
大夏門
廣莫門
聞義里
承明門
宮
城
建春門
綏民里
崇義里
郭門
壽
丘
里
慈孝里
奉終里
張方溝
西陽門
白馬寺
東陽門
東石橋
七里橋
外郭城
大市
治觴里
退酤里
達貨里
通商里
閶闔門
永寧寺
銅駝街
殖貨里
西明門
青陽門
孝義里
小市
樂律里
調音里
津陽門
宣陽門
平昌門
開陽門
國學
洛
河
四夷館
四夷里
伊
河

北魏洛陽城復原圖

太和十七年（四九三）十月，北魏在北依黃河與邙山、南通黃河支流伊、洛的洛陽地區，開始建造首都。

近年展開了對北魏洛陽城的發掘調查。據劉精誠《魏孝文帝傳》所述，洛陽城有內城和外郭兩重城池；內城是在後漢與魏晉時代的基礎上建造，外郭城則是新建。外郭城的範圍為「東西二十里、南北十五里」（《洛陽伽藍記》）。這個時代的一里為三百六十步、約五百零二點二公尺，因此大致算起來約為周長三十五公里。

發掘的結果，內城的周長約為十四公里，以寬四十公尺的東西大街分為南北，北部是做為都城中心的宮城（南北約一千三百九十八公尺，東西約六百六十公尺）；宮城呈南北長矩形，其中確認了大小約二三十棟的建築物。宮城南部隔著大路，是中央政府機構與貴族的住宅。在外郭城中，建有里坊、寺、市等建築物；西邊是從平城移居的皇室貴族、鮮卑高官與官員的居住區，還有中央市場及豪奢的寺院，東邊則是漢人官員、身分較低的官吏，以及庶民的居住區。除此之外，南朝、蠕蠕以及東北、西北各民族投降而來的人，以及西域商人，也都居住在東邊地區。

北魏洛陽城的規模比過去的任何都城、甚至是隋唐的長安城都大。劉精誠認為，隋唐的長安城從長方形的形制，乃至於設計和宮殿配置，都沿襲了北魏洛陽城。

鮮卑非胡——民族改造計畫

孝文帝一有機會，就屢屢造訪古代中原先賢的遺跡。

首先是孔子。遷都之前的太和十三年，他在首都平城建立孔子廟，祭祀孔子與北魏的先祖。太和十六年，他在分別被認為是堯、舜、禹、周文王首都的地方進行祭祀，並修復廟宇。太和十九年，他在南巡拜訪魯城時，主持了孔子廟的祭祀，並整飭孔廟的庭園。他對堯舜等傳說的古代國王，也都給予相當豐厚的祭祀。這種重視儒教的姿態，也是承繼中原王朝的帝王證明。

可是，現實的鮮卑人民知識水準，完全不在同一個維度上：

又云魏氏遷洛，未達華語，孝文帝命侯伏侯可悉陵，以夷言譯《孝經》之旨，教于國人，謂之《國語孝經》。（《隋書》志第二十七，經籍志一，經．國語）

為了進行儒教教育，首先必須將原典翻譯為鮮卑語。只理解鮮卑語的家臣團，配上精通漢文化的皇帝；年近三十歲的孝文帝，在心中燃起了在一代之間，達成胡漢融合的使命感。
不久後，孝文帝為了化解民族矛盾，推出了大膽的策略：

十八年十二月，革衣服之制。（《魏書》高祖紀下）

十九年六月，詔不得以北俗之語言於朝廷，若有違者，免所居官。詔遷洛之民，死葬河南，不得還北。於是代人南遷者，悉為河南洛陽人。（《魏書》高祖紀下）

太和十八年（四九四），孝文帝改變服裝制度，禁止穿著胡服——筒袖的遊牧民族衣裝，改採漢人的服制。接著他又禁止在宮廷中，使用「北俗之語言」，也就是作為民俗話語的鮮卑語；然後更將族人的本籍移往河南，禁止將死者埋葬在故地。

八月，魏金墉宮成，立國子、太學、四門小學於洛陽。（《通鑑》卷百四十，建武二年）

九月，六宮及文武盡遷洛陽。（《魏書》高祖紀下）

孝文帝發布建造新都詔令兩年後的太和十九年九月，洛陽的中心宮殿金墉城落成，於是文武百官遂從平城移轉到新都。但是，洛陽三百三十坊（一坊為方三百步）的完成，要等到孝文帝逝世三年後，第七任皇帝世宗宣武帝時代才大功告成，因此孝文帝並無法目睹豪壯的新都全貌。

太和二十年，他捨棄了「拓跋」這個民族固有的姓：

二十年正月，詔改姓為元氏。（《魏書》高祖紀下）

春，正月，魏主下詔，以為：「北人謂土為拓，後為跋。魏之先出於黃帝，以土德王，故為拓跋氏。夫土者，黃中之色，萬物之元也；宜改姓元氏。諸功臣舊族自代來者，姓或重複，皆改之。」（《通鑑》卷百四十，建武三年）

「土」是萬物的根本，因此鮮卑語用來表示土的「拓跋」這個姓，應置換為漢語的「元」字。同時構成部族聯盟的八個部族：紇奚、丘穆陵、步六孤、賀賴、獨孤、賀樓、勿忸于、尉遲，也分別改為嵇、穆、陸、賀、劉、樓、于、尉，是為鮮卑的第一級貴族。另外，自鮮卑族移居陰山近郊以來，參加部族聯盟的七十五個部族，以及道武帝建立北魏時納入旗下的主要部族，也都一併改姓，基本上都是改成漢人風格的一字姓。

在皇帝三十歲這年，他「分定姓族」，定下漢人的門第等級：

魏主雅重門族，以范陽盧敏、清河崔宗伯、滎陽鄭羲、太原王瓊四姓，衣冠所推，咸納其女以

充後宮。隴西李沖以才識見任，當朝貴重，所結姻婭，莫非清望。（《通鑑》卷百四十，建武三年）

高祖初依《周禮》，置夫、嬪之列，以（李）沖女為夫人。（《魏書》列傳第四十一，李沖）

孝文帝從漢人世家中，選出范陽盧氏、清河崔氏、滎陽鄭氏、太原王氏四姓為頭號名門，接著又選出第五個高門——隴西李氏，也就是寵臣李沖的血脈。能進入後宮的只有這五姓，以此明定尊卑。至於皇帝自己迎娶的，則是李沖的女兒。

簡單說，皇帝下達的指示就是排除鮮卑族同族結婚，改為迎娶漢人名門貴族的女兒為后妃。詔令下達後立刻實行，皇帝的六位弟弟分別迎娶了漢人官員的女兒做為正室；至於原本已經迎娶的同族女性，則被強制降級為妾媵。

然則婚者，合二姓之好，結他族之親，上以事宗廟，下以繼後世，必敬慎重正而後親之。夫婦既親，然後父子君臣、禮義忠孝，於斯備矣。（《魏書》列傳第九上，獻文六王・咸陽王）

下達這種帶有強烈儒教風格詔令的孝文帝，他的意圖是將鮮卑與漢兩個民族的名門大族置於平等地位，然後透過兩民族的結合，形成一個既非漢也非鮮卑的新統治階級，從而透過門閥，維持王朝的安寧秩序。這種異民族間通婚的思考方式，在後來的唐朝也可以看得到；孝文帝的詔令，和唐太宗面對新興勢力吐蕃王要求降嫁皇女時，所下達的詔令頗為類似。

然而這樣的改革正如孝文帝所擔心的，在鮮卑族之間產生了巨大的裂痕。改革遭到北方六鎮的鮮卑族所無視，於是鮮卑遂分裂為南方的上流貴族，也就是改革派，與拘泥遊牧傳統的北方士庶階層，也就是守舊派兩股勢力；不久後，遭到歧視的六鎮，便大大動搖了王朝的根本。

話又說回來，孝文帝是用怎樣的態度，來看待作為北魏國之根本的佛教呢？在平城時代，曾經留下這樣一段關於年輕孝文帝的行跡：

> 承明元年八月，高祖於永寧寺，設太法供，度良家男女為僧尼者百有餘人，帝為剃髮，施以僧服，令修道戒，資福於顯祖。（《魏書》釋老志）

這次法會，是孝文帝為了弔唁被文明皇太后馮氏毒殺的父皇而舉辦的。高達三百餘尺（約兩百公尺）、建有七重佛塔的永寧寺，是在孝文帝誕生時建立，號稱「天下第一」的寺廟。即位五年、年齡不過十歲的年幼孝文帝，就是在這間寺廟裡，親自為渴望得度的眾生舉行剃髮儀式。這雖然反映了「皇帝即如來」的思想，但在孝文帝邁入青年時代以後，完全看不出被這種思想所拘束的痕跡，也沒有記錄顯示他曾再替眾生剃髮。不只如此，孝文帝還放棄了太祖以來的「皇帝即如來」思想，這或許是因為他不想仰賴佛教來賦予帝位權威的緣故。後面我會再加以詳述，不過具體事例就留在和皇帝有因緣的石窟寺院裡。

儘管如此，孝文帝仍是一位熱心的佛教徒：

時沙門道登，雅有義業，為高祖眷賞，恆侍講論。曾於禁內與帝夜談。（《魏書》釋老志）

道登講述的是鳩摩羅什翻譯的成實論（論述佛教教理的作品，主張一切皆空）太和二十年道登逝世時，皇帝甚為悼惜。道登在白塔寺，受教於僧侶僧淵：

曇度、慧記、道登並從淵受業；慧記兼通數論、道登善涅槃法華，並為魏主元宏所重，馳名魏國。（《高僧傳》卷八，義解五）

太和十九年，孝文帝南伐徐州壽春時，曾在道登的引領下參詣白塔寺：

此寺近有名僧嵩法師，受《成實論》於羅什，在此流通。後授淵法師，淵法師授登、紀二法師。朕每玩《成實論》，可以釋人深情，故至此寺焉。（（《魏書》釋老志）

唐朝釋道世撰寫的《法苑珠林》，是一本彙集佛教相關資訊的書籍。在這本書中，簡單彙整了從北魏到西魏這一百七十年間的佛教狀況。書中這樣說：

國家大寺四十七所……王公等寺八百三十九所。百姓所造寺者三萬餘所。總度僧尼二百餘萬。譯經四十九部。佛教東流此焉為盛。（《法苑珠林》傳記篇，興福部）

不用說國家所屬的大寺，百姓和百官建造的寺廟，為數竟達三萬餘所，這個數字不禁令人大吃一驚。自佛教渡過黃沙、抵達中原以來，能夠深深浸透，並達到史上空前盛況的，就是北魏時代。

太和二十年（四九六）九月，孝文帝在小平津檢閱部隊，並在第二年四月造訪龍門。這兩個地方自古以來就是洛陽防衛的重要據點；洛陽周圍有「八關」，小平津、函谷關、伊闕（龍門）都屬其中。小平津和伊闕是黃河與伊水的渡口，也就是洛陽的咽喉。

這兩個地方都有和孝文帝因緣深厚的石窟，那就是鞏縣石窟與龍門石窟。

在洛陽以南十四公里處、伊水西岸的岩壁上，有著橫跨將近一公里、大大小小的石龕。這片石窟的密集程度宛若蜂巢一般，呈現出一派威嚴的樣貌。佛龕穿鑿在由南向北流的伊水兩岸，這就是和敦煌、雲岡並列的中國三大石窟之一——龍門石窟。現存的石窟共有一千三百五十二座、佛龕有七百八十五座，總計達到兩千一百三十七座。

龍門從北魏遷都洛陽的四九四年起一直開鑿到唐代，為時將近四百年；所有石窟的三分之一是北魏時代，剩下的三分之二則是唐代所開鑿。

龍門石窟的建造，是北魏第七代皇帝——世宗宣武帝（五〇〇－五一五在位）發願，為供養高祖孝文帝與皇后而設，也是北魏石窟中，唯一由皇帝發願設立的敕願窟。

> 景明初，世宗詔大長秋卿（負責宮中事務的官員）白整準代京靈巖寺（雲岡）石窟，於洛南伊闕山，為高祖、文昭皇太后營石窟二所。初建之始，窟頂去地三百一十尺。至正始二年（五〇五）中，始出斬山二十三丈（八十六點八公尺）……永平中（五〇八－五一二），中尹劉騰奏為世宗復造石窟一，凡為三所。從景明元年至正光四年六月已前，用功八十萬二千三百六十六（人）。（《魏書》釋老志）

這是一項相當艱難的工程。到正光三年（五二三），耗費了二十年以上的歲月與巨資，完成的不過是三洞當中的中洞一窟。至於南北兩洞則被中途放棄，直到唐朝才加以完成。這三座石窟，現在被稱為賓陽三洞（南、北、中三洞）。

賓陽三洞是位在將山南北切開、面向東邊的崖壁上；入口處以磚頭進行拱形加固，這部分近年補修過。往內走十公尺處，有一個寬十一公尺的馬蹄形石窟，在將近十公尺高的天花板中央，

龍門石窟全景

賓陽中洞本尊

有著蓮華的浮雕，還有留下奏樂的飛天殘跡。洞窟中央是座高八點四公尺的釋迦牟尼坐像，採左右配置兩弟子、兩菩薩的五尊形式；南北兩壁上各有一佛二菩薩，共計十一尊巨像，觀者無不深感氣勢非凡。全體展現的是三世佛，中央的本尊是現在的釋迦佛，左側是過去佛（阿彌陀佛），右側則是未來的彌勒佛。上衣垂到台座上，也就是在所謂裳掛座上結跏趺坐（指兩腳交疊盤坐的姿勢）的釋迦像，臉龐細長，有著不相稱的長耳、弧度甚大的眉毛，眼角微微下垂的細眼、薄唇微啟，帶著一抹微笑；特別值得注意的是，祂的鼻翼相當寬廣。

在「皇帝即如來」的思想下，北魏的傳統是照著皇帝的容貌來雕刻佛像；若是如此，那麼為孝文帝開鑿的賓陽中洞本尊，很有可能是照著皇帝在世之日的容貌來描繪的。

孝文帝對佛教的想法相當旗幟鮮明。他對支撐王朝的「皇帝即如來」思想抱持否定態度的證明，是皇帝敕願建造賓陽洞中銘刻的「帝后禮佛圖」。這是一幅描繪孝文帝與皇后，帶著君臣與貴嬪一起優雅禮佛風姿的大型浮雕。原圖在二十世紀初被剝除，現收藏在美國的紐約市立美術館以及堪薩斯州的納爾遜美術館中。

雖然龍門的石雕已然喪失，但同樣的圖像還殘留在開鑿於小平津的鞏縣石窟中。

小平津距洛陽大約六十公里，近在鞏縣咫尺之處。兩者都是扼制黃河舟運的軍事據點。

鞏縣石窟位在縣城東北九公里，靠近黃河匯流點，南望伊洛水的地方。石窟穿鑿的大力山，是座由黃土高原形成、有稜有角的山；在它的岩石層上，有著將近五公尺的黃土堆積。石窟是在其下部二十公尺處露出的岩石肌理上，朝著南向並排林立。洞窟數共有五座，屬於小而整潔的石窟。石窟和三尊摩崖大像是北魏時期的產物，後代則開鑿了人稱「千佛龕」，共計三百八十二處的小佛龕，全體共有一千七百餘座佛像。

自後魏宣武帝景明之間，鑿石為窟，刻佛千萬像……（《重修石窟寺碑記》）

從石窟中殘存的銘文可以得知，這座石窟的營建是始於宣武帝時代；也就是說，龍門和鞏縣的石窟幾乎是同時興建。但是在當地出土的碑文中，有記載「孝文帝建造希玄寺」一事，所以當地人認為，鞏縣石窟從孝文帝時代便已開始建造。

在第一窟的入口，刻有摩崖的三尊與力士的佛龕。三尊的本尊是高五公尺左右的立像，和龍門賓陽中洞的本尊一樣頭上有肉髻，服裝也是所謂的褒衣博帶。

「帝后禮佛圖」的浮雕位在入口牆壁兩側，以三段方式雕刻。左側（東側）是皇帝率領的供養者群像，右側（西側）則是皇后率領的女性供養者群像。在隊伍前頭，刻得最大最明顯的當然是皇帝。皇帝在站立樹下的僧侶和女性引導下悠然前進；他的頭上戴著通天冠，後面則有從者拿著羽葆（鳥羽編織成的扇子）為他遮擋。就像是「儀態雍容」這四個常被用來形容鮮卑貴族的字般，皇帝給人一種從容不迫、氣勢悠揚的王者風範。另一方面，皇后也在僧侶的引導下，在撐傘的六名侍女跟隨中緩步行走。

在鞏縣石窟中，除了未完成的第二窟外，在每一座石窟中都刻著「帝后禮佛圖」。不只如此，這洞窟的規模相當小。從這點來看，這應該是極少數人使用的洞窟；更具體來說，很有可能是北魏王室專用的寺廟。

「帝后禮佛圖」的造型誕生於北魏，也只有北魏如此製作。

孝文帝否定「皇帝即如來」思想與國家佛教，認為佛教應當回歸本來的姿態；而繼承父親思想的宣武帝，也把和眾生一樣皈依於佛的皇帝姿態，刻在石壁之上。

這幅禮佛圖的世界，和「皇帝即如來」的思想堪稱無緣。在孝文帝的想法中，佛教已經不是為了統合多民族而設的征服者宗教了。

總而言之，孝文帝確信，經過儒教思想與儀禮統合、由鮮卑人與漢人合組的貴族集團，必定能夠提供一個安定的統治體系。

鞏縣石窟的帝后禮佛圖

孝文帝的「中華」帝國——胡漢的大逆轉

在孝文帝的宮廷中，也使用「中華」這個詞；《魏書》中有五個相關用例。《魏書》比起南朝的《宋書》、《南齊書》時代稍遲，約成書於五六〇年左右。以下就讓我們再看看這五個用例。還是如前面的表示法，◎為「詔或上表」、▼為「對話」，▽則是「解說文」。

一、◎（韓顯宗又上書）曰，「自南偽相承，竊有淮北，欲擅中華之稱……」（列傳第四十八，韓麒麟）

二、◎（彪表）「唯我皇魏之奄有中華也，歲越百齡，年幾十紀。太祖以弗違開基，武皇以奉時拓業……」（列傳第五十，李彪）

三、◎嘗賦五言詩曰：「嶧山萬丈樹，雕鏤作琵琶。由此材高遠，弦響藹中華。」（列傳第六十七，鹿念）

四、▽宕昌羌者，其先蓋三苗之胤，周時與庸、蜀、微、盧等八國從武王滅商，漢有先零、燒當等，世為邊患。其地東接中華，西通西域。（列傳第八十九，宕昌）

五、◎臣等謹共參論，伏惟皇魏世王玄朔，下迄魏、晉，趙、秦、二燕雖地據中華，德祚微淺，並獲推敘，於理未愜。（志第十，禮四之一）

一、韓麒麟傳的這段文章，意思是孝文帝時代（太和初年），南朝因為奪回淮河以北之地，所以得主張自己是「中華」；這裡的中華，是繼承了一直以來的概念。

但，從這裡開始產生了激烈的轉換。

二是孝文帝逝世後，李彪針對國家基本的考量，向世宗宣武帝提出的上表。這裡值得注意的是「唯我皇魏之奄有（將一切全都納入掌中）中華也，歲越百齡，年幾十紀」這句話。從「占有中華已歷百年」這樣的話語來看，他們已經有「我們北魏就是中華，中華是我們所有之物」的意思。

第四例的中華，明顯也是意味著「北魏的領土」。

第五例的「禮志」這條，是有關太和十六年（四九二）的運次變更之詔，這段發言是在前一年的議論中登場。因此我們可以清楚理解到，「中華」是孝文帝宮廷的用語。

從這兩份上表（向天子、皇帝提出的文件），可以看出中華的概念在孝文帝的宮廷中，已從

「中華＝漢」，大逆轉變成「中華＝鮮卑拓跋族」。

雖然和主題沒關係，不過例三是宣武帝時代的詩。「嶧山」是有五嶽之稱的聖地之首、坐鎮中原的嵩山（中嶽）。這段詩意是：用嵩山的萬丈巨木雕成琵琶的話，因為材質高遠之故，弦音可以響徹整個中華。

值得注目的是，「中華」這個用例，集中出現在孝文帝和他的兒子宣武帝的時代。孝文帝應該也明白，在他自己的時代，「北魏＝中華」的主張已經水到渠成；因此「中華」的大轉換，毫無疑問是反映了他自己的意向，而相應地，他對中華這個詞彙，也是有意識地在使用。

第三任皇帝世祖太武帝太平真君十一年（四五〇），侵略南朝的北魏被輕視為辮髮的異民族──「索虜拓跋」，甚至還被劉宋使者揶揄說「尚不可聞於中華」。之後，拓跋的歷代皇帝，都有意識地把「中華」當成漢文化的象徵。故此，孝文帝把中華納入自己支配的文脈當中，或許可說是拓跋族王朝積年的悲願吧！

從四五二年逝世的太武帝時代，僅僅過了二十多年就產生了大逆轉。這個時代，東晉已經不在，和北魏對峙的是劉裕的宋（四二〇—四七九），以及蕭道成的齊（四七九—五〇二）。

孝文帝視為己物的中華，其意乃是指「新支配者北魏／鮮卑拓跋族的領域」。不管是「唯我皇魏之奄有中華」，還是「東接中華」，這裡的中華指的都是現實的北魏、或是北魏的領土，其領域從中原往西，直抵涼州河西走廊，包含了廣大的土地。

這個時期中華的本家，已經移轉到北魏和孝文帝這邊。

讓我們試著和「中華」出現之初進行比較。中華最初在《晉書》中登場，是在西晉時代的末期，這時它的意味，確實是指「位在中原的西晉這個帝國」；至於以鮮卑為首的五胡，則是戎夷之輩。之後，南朝則是以中華指稱「失落的中原」，也就是已經失去的西晉及其領土，或者是當作一種精神文化的表徵。相對於此，孝文帝的中華，則是指現實的北魏領土。「華夷」對立的「華」，已經轉移到鮮卑這邊；同時，「中華」也在史上頭一次被定位，成為表示「國家領土」的概念。

就這樣，「擴大的中華」進入了第二階段，開始遠離中原這個框架，邁向新的展開。《魏書》是這樣寫的：

> 晉室喪亂，中原蕩然。魏氏承百王之末，屬崩散之後，典刑泯棄，禮俗澆薄。自太祖撥亂，蕩滌華夏，至於太和，然後吏清政平，斷獄省簡，所謂百年而後勝殘去殺。（《魏書》志十六，刑罰）

收拾魏晉王朝的混亂、滌清華夏的北魏，在孝文帝太和年間，確切地建築起「中華王朝」；這是一段充滿自信的文章。

在這裡，最初的「中華帝國」，隨著騎馬民族王朝而出現。不過，「中華帝國」只是本書為了方便而做的稱呼，畢竟「帝國」這個概念是近代的產物，在當時並不存在。

從這點來看，孝文帝這一連串民族改造的大改革，可說是隨著「中華」概念的大逆轉一起完成。這是讓內外明白鮮卑拓跋族已經脫離「五胡」範疇、堪稱歷史性的大變革，對接下來的「鮮卑拓跋王朝」──隋唐帝國而言，也是相當大的遺產。如果要搶先一步說的話，繼承孝文帝「中華」的，就是唐太宗。

接下來讓我們追溯孝文帝晚年的記錄，來看看作為他畢生悲願的南伐始末。直到孝文帝逝世的太和二十三年（四九九）為止，他一共進行了三次南伐。

第一次南伐是從太和十八年（四九四）十二月到翌年三月，為期四個月。北魏動員大軍，對襄陽、義陽（河南省南信陽北）、鍾離（安徽省鳳陽臨淮關）等四個地區發動攻勢。這次北魏軍隊渡過淮河，突破南齊軍的防線，孝文帝也親抵鍾離。但是，齊的水軍從淮河展開斷絕北魏補給線的作戰，水軍處於劣勢的北魏只好撤兵。

回到都城的皇帝，命令李沖建設一條從洛水往南、經汴水抵達淮河的溝渠；他的想法是，要用船隻運送兵力渡過淮河，與敵方進行陸戰。從這裡可以看出，孝文帝不只是一位戰略家，還擁有相當優秀的宏觀視野。可是這時候，親近北方六鎮勢力的太子恂意圖謀反的事件暴露出來，李沖也受到皇太子廢嫡事件連累辭職，因此這項工程就無疾而終了。但如果它能夠實現，應該會成為隋煬帝開鑿往揚州大運河這項大事業的先驅吧！

二十年十二月，廢皇太子恂為庶人。

二一年正月，立皇子恪為皇太子。

六月，詔冀、定、瀛、相、濟五州發卒二十萬，將以南討。（《魏書》高祖紀下）

第二次南伐，是自皇帝剛過三十歲的太和二十一年（四九七）六月開始。他從冀州（河北山西兩省南部、河南省北部）為首的五州動員二十萬軍隊，七月也御駕親征。他採取的是在西部戰線集中兵力攻打荊州（兩湖地區），然後再往東擴大戰線的策略。

北魏軍首先攻打南齊的宛城（河南省南陽）。皇帝將這個戰場委任給咸陽王禧，自己前往戰鬥最激烈的戰場新野城（河南省南新野）。新野位在從宛城通往樊城（湖北省襄樊市）的幹道上，樊城則是守衛南朝最大防禦陣地——襄陽北面的要衝。之後，蒙古軍在滅宋戰爭，持續五年的襄陽包圍戰中，也是把據點設在樊城。

在新野這個決定戰局走向的地點，北魏軍從四面一齊發動攻擊；接著他們更在漢水（發源自陝西省，於湖北省漢口注入長江）上游的沔水大破齊軍，俘虜了敵將。北魏軍沿著漢水南下，出長江，抵達鄂州（現在的武漢）；進軍的北魏軍，降伏了南齊的前軍將軍、後軍將軍等十五名大將。

孤立的新野城在翌年（太和二十二年，四九八）二月陷落，不久後宛城也被攻陷。三月，皇帝發布詔令，要五州的軍隊二十萬以八月為期，在這個地區集結，準備往東一口氣攻陷齊都建康（現在的南京）。

但是七月，國內的高車族爆發叛亂，孝文帝不得已，只好中斷南伐，回到洛陽。就這樣，第二次南伐畫下了據點。

在皇帝鎮壓高車叛亂的時候，南齊發動收復失土的攻勢，攻陷北魏軍的駐屯地馬圈城（河南省南陽市西）。第二年（太和二十三年，四九九）三月，孝文帝三度發動南伐。北魏軍在激戰之後奪回馬圈城，還一路追逐敵方趁夜遁逃的大將到漢水；結果，南齊軍的十分之九不是被殺，就是溺死。

集中兵力，從複數方向展開軍隊，或是切斷敵軍退路，在戰略上靈活運用這些戰術的孝文帝，在後世獲得的評價相當之高。王朝海（寧夏大學講師）在《北魏政權正統之爭研究》中就說，因為孝文帝的活躍，讓北朝在政治、軍事實力上凌駕南朝。

可是這時，悲劇降臨在北魏頭上：

帝崩於穀塘原（河南省淅川縣北部）之行宮，時年三十三。（《魏書》高祖紀下）

從一年前開始，皇帝就患了病；眼見勝利垂手可得，他的病況卻沒有恢復，終於在西元四九九年四月二十六日，以三十三歲的年輕之齡逝世。

害怕追擊的北魏軍在秘不發喪的情況下撤軍，戰爭還沒有一決勝負就宣告終止。皇帝的遺體回到魯陽（河南省魯山縣）後，疾馳而至的皇太子元恪即位為世宗宣武帝。兩個月後，遺體被埋葬在都城郊外、洛陽舊城西北的孟津縣官庄村，與文昭皇后陵並列的長陵。

這時，南朝諸國又是處於怎樣的狀況呢？

一言以蔽之，就是深陷動亂的時代。

孝文帝即位八年後的太和三年（四七九），建國六十年的劉宋滅亡，高帝蕭道成建立「齊」（四七九—五〇二）。之後又過了二十年，武帝蕭衍建立了「梁」（五〇二—五五七），然後是南朝

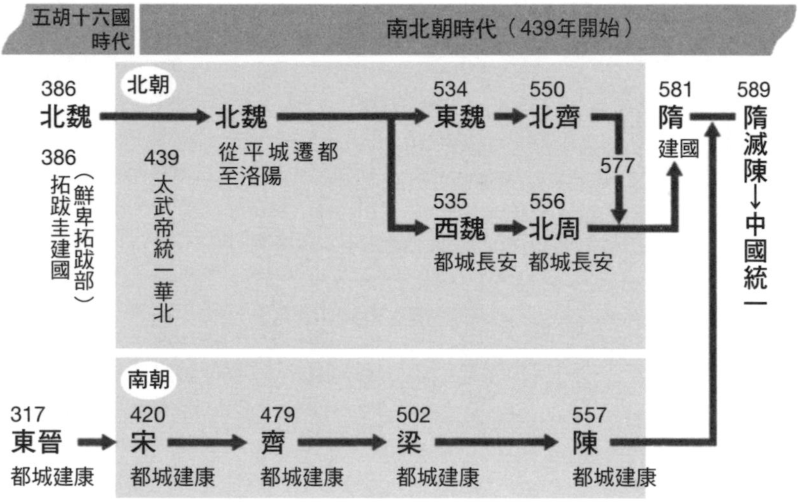

南北朝時期的王朝變遷圖

最後的王朝，武帝陳霸先的「陳」（五五七—五八九）。一百一十年間，更替了四個王朝。

當然在《魏書》中，都把南朝歸類在非正統的蠻族，放在列傳末尾，位列匈奴等胡族之後。它對南朝人物的稱呼方式，都是僭晉司馬叡（列傳第八十四）、島夷桓玄、海夷馮跋、島夷劉裕（列傳第八十五），島夷蕭道成、島夷蕭衍（列傳第八十六）之類。

其內容以僭晉司馬叡（東晉首任皇帝元帝）為例，大致如下：

> 漢末大亂，孫權遂與劉備分據吳蜀。權阻長江，殆天地所以限內外也。叡因擾亂，跨而有之。中原冠帶呼江東之人，皆為貉子，若狐貉類云。巴、蜀、蠻、獠、溪、俚、楚、越，鳥聲禽呼，言語不同，猴蛇魚鱉，嗜欲皆異。江山遼闊將數千里，叡羈縻而已，未能制服其民。（《魏書》列傳第八十四，僭晉司馬叡）

《魏書》將三國時代的蜀吳之地，特別是東晉建都的長江以南看成「島」，認為當地是說著禽獸般語言的異境，是與中原文化相異的夷狄之地。這種侮蔑東晉的表現，是為了強調他們並非中原的正統王朝。從這裡也可以看出北魏中華意識的展現。

在南朝的正史《宋書》、《南齊書》中，也有「中華」的蹤影。

南朝前半的《宋書》、《南齊書》，都是在南朝梁（五〇二—五五七）成書；《宋書》由沈約

（四四一—五一三）所撰，《南齊書》則是有王族血統的蕭子顯所撰。沈約是在梁朝擔任尚書令的文人。另一方面，建立南齊的蕭道成自稱是漢朝宰相蕭何的二十四世孫，出身明顯是來自中原，也就是所謂的漢人。由於梁在西元五五七年滅亡，所以這兩本史書都是在西元六世紀上半葉完成。

《宋書》中有五例提到「中華」。遵循前例，◎為「詔或上表」，▼為「對話」，▽為「解說文」：

一、◎清河人李遼又上表曰：自中華湮沒，闕里荒毀，先王之澤寢，聖賢之風絕。自此迄今，將及百年。（志第四，禮一）

二、▽衡所造渾儀，傳至魏、晉，中華覆敗，沉沒戎虜。（志第十三，天文一）

三、▼暢曰：「君之此稱，尚不可聞於中華，況在諸王之貴，而猶曰鄰國之君邪。」（列傳第十九，張暢）

四、◎請以臣言之。臣本中華高族，亡曾祖晉氏喪亂，播遷涼土。（列傳第二十五，杜驥）

五、◎中華免夫左衽，江表此焉緩帶。（列傳第二十七，謝靈運）

關於禮志與張暢傳，在前面已經提過。天文志的「中華覆敗」，其「中華」指的是遭五胡席捲，沉沒的魏晉王朝。接下來是「臣本中華高族」這句話；祖父時代因西晉滅亡，移居到涼州的杜驥一族，他們口中的「中華」，也是拘執於已經失落的事物，給人一種退縮消沉的感覺。這是南遷後的五世紀中葉，劉宋第三任皇帝文帝劉義隆時代，官員對皇帝的發言。謝靈運則是針對免於左衽——騎馬遊牧民的服裝席捲的現狀，表示感慨之意；在這裡，「左衽」跟「亡國」是同義。這是以詩著稱的謝靈運，為奪回長安而出征的高祖（劉裕）獻上的長文《選征賦》當中的一節。

南朝眼中的中華，充滿著對理應恢復的故地——漢族中原的戀慕；因此也可以說，是一種「幻想的領土」。

接下來的《南齊書》中，只有一例「中華」：

方欲剋期中原，龔行天罰。治兵繕甲，俟時大舉。振霜戈於并、代，鳴和鈴於秦、趙，掃殄凶醜，梟剪元惡。然後皇輿遷幸，光復中華，永敦鄰好，侔蹤齊、魯（春秋時代，兩國曾經聯手征討宋國）。（列傳第四十，芮芮虜）

這份文件並不是由南齊王朝所發出，而是夷狄芮芮虜，也就是騎馬民族蠕蠕的國相送給齊的表（公式文件）當中的一節。

在齊建國初期的建元元年（四七九），也就是北魏孝文帝太和三年，齊呼籲遊牧民族蠕蠕「克期共伐魏虜」，共同討伐魏虜（北魏），以復興中華。呼應齊的請求，蠕蠕派出三十萬兵力，逼近北魏平城近郊。《南齊書》的上表，是蠕蠕對行動遲鈍的齊，表達抗議的文件。由此可知「中華」這個詞，也已經傳到了北邊騎馬民族的耳中。

在這裡的中華，也是指「理應奪回的中原」。因此《宋書》和《南齊書》中的「中華」，在意義上都是漢人對遭到騎馬民族驅逐之前，西晉時代／失落中原的濃烈追憶。

南齊以降，南朝再也沒有正經面對這個問題。西元五〇〇年，雍州（湖北省襄陽）的軍團長蕭衍，對暴虐無道的廢帝（東昏侯）掀起叛旗，兩年後建立梁朝。蕭衍在建國初年熱烈信仰佛教，並且在居於皇帝寶座、長達五十年的統治期間中，創造出一個相當安定、文化爛熟的社會。順道一提，武帝統治期間的五三四年，北魏分裂為東西；五五七年梁滅亡，武帝被東魏降將侯景所殺，梁也被陳取而代之。

不管怎麼說，梁、陳兩王朝都沒有任何擊敗北方鮮卑軍團勢力，奪回中原、復興中華的氣氛存在。因此，在正史《梁書》、《陳書》中，完全沒有「中華」或「華夏」的用例。

六世紀以降，「中華」這個概念在南朝消滅了。

正史上「中華」、「中國」、「華夏」等詞語的用例次數，整理於左列表中；其中◎是詔令或是臣下對皇帝的上表。

	中國	華夏	中華（◎）	滅亡年
《晉書》	九十一例	十三	八（四）例	四二〇年
《宋書》	二十一例	四	五（三）例	四七九年
《南齊書》	九例	四	二（一）例	五〇二年
《梁書》	二十五例	〇	〇例	五五七年
《陳書》	四例	〇	〇例	五八九年
《魏書》	五十三例	七	五（四）例	五三四年分裂

北魏建國之初，鮮卑拓跋族被認為是騎馬遊牧民——五胡之一。這支騎馬民族，在建國初期的太祖時代，就在佛教——「皇帝即如來」的思想下，成功統合為多民族國家。孝文帝時代，將遊牧時代的歷史斷然捨棄。接著又透過三長制等制度改革，將國家經濟的基本從遊牧經濟變革為農本主義，並依循古代周王朝的理想，提拔漢人官員，重新塑造國家的樣貌。不只如此，他更透過分定氏族，迎娶漢人世族的女性，讓鮮卑拓跋族成為與漢對等的民族。在這樣的改革下，透過排位的改變，他成功地讓拓跋脫離了五胡的概念；簡單說，就是承繼苻堅的「氐人非胡」概念，讓「鮮卑拓跋非胡」的訊息化為現實。

另一方面，從龍門石窟所刻的「皇帝禮佛圖」來看，「皇帝即如來」這種聖俗合一的概念也遭到了否定。之所以如此，是因為現在已經沒有必要，用佛教來作為統合多民族國家的原理。在意圖將自己侍奉的異民族王朝，推上正統王朝歷史定位的漢人官員野心推波助瀾下，北魏不管在他人或自己眼中，都成了稱霸中原的傳統王朝繼承者。

一九六五年，在大同市郊外的石家寨，發現了曾侍奉獻文、孝文兩帝的流亡漢人官員——司馬金龍的墳墓。根據墓誌銘所記，司馬金龍出身山東省的瑯琊，逝世於太和八年（四六四）。他的祖先可以追溯到西晉宣帝司馬懿，是名門貴族；從司馬懿的弟弟數下來，第九代的父親司馬楚之在東晉任官，可是當宋建國後，他被劉裕（武帝）疏遠，於是在太宗明元帝的時候，舉家向北魏投降。司馬楚之在北魏擔任持節、征南將軍、荊州刺史，後來更因人望深厚，被封為持節、安南大將軍、瑯琊王。太武帝初年，司馬楚之大破南朝入侵的北伐軍，功績獲得認可，在涼州遠征和蠕蠕討伐等邊境戰爭中也相當活躍。司馬楚之與北魏皇族之女河內公主的兒子，就是司馬金龍。金龍受到東宮時代的獻文帝寵愛，官拜侍中、鎮西大將軍、開府、雲中鎮大將、朔州刺史，最後擔任吏部尚書。他有兩個妻子，第一任妻子是北魏高官隴西王源賀的女兒，第二位是北涼王沮渠牧犍（蒙遜之子，一稱茂虔）的女兒，她的母親是北魏世祖之妹武威公主。從這裡可以看出一幅當時常見，在漢、鮮卑乃至匈奴間，政治婚姻的典型構圖。就這樣，北魏透過各式各樣民族的混交，建立起嶄新甚至可說是複雜的血脈。

司馬金龍墓因為是位極人臣者的墳墓，所以遭到了盜掘，但即使如此，仍然留下了包含武士俑與樂女俑等，高達四百五十項的陪葬品。這些俑多半是作騎馬民族裝扮。另一方面，從墓中朱色鮮明的五幅漆畫屏風，也可以看出他對自己未能造訪的父祖之地——江南的思念。這些描繪傳說中皇帝故事的屏風，其畫風跟現存史上最古老的繪畫之一——顧愷之的「洛神賦圖」（北京故宮博物院藏）的筆觸相當接近。在顧愷之的作品被指為後世摹寫的現在，這幅屏風是中國繪畫史初期的貴重遺產，同時也是北魏漢文化流傳下來的遺品。

積極引誘南朝人士的北魏，對南朝出身的漢人官員給予相當的優待；但另一方面，南朝人士對北魏＝五胡所採取的蔑視態度，依然沒有改變。

從孝文帝時代過了三十年後的北魏第九任皇帝——孝莊帝永安二年（五二九），梁朝首任皇帝武帝（蕭衍）派侍中陳慶之為使節前往北魏。陳慶之在南朝時代認識的朋友、歸順北魏的車騎將軍，為他召開歡迎宴會；在友人酒席上，喝醉的慶之一不小心說出了真心話：

魏朝甚盛，猶曰五胡，正朔相承，當在江左（南朝、長江下游）。秦朝玉璽，今在梁朝。

（《洛陽伽藍記》卷二）

北魏雖然稱霸中原、盛極一時，但終究只是五胡而已，不是嗎？畢竟作為正統王朝證明的曆法，以及秦始皇以來的傳國玉璽，都在梁朝這邊啊！

同席的「中原士族」立刻變臉反駁：

江左假息（臨時的休息所），僻居一隅。地多濕蟄，攢育蟲蟻，土瘴癘，蛙黽共穴，人鳥同群。短髮之君，無杼首（強健）之貌；文身之民，稟蕞陋（貧弱）之質……我魏膺籙受圖，定鼎嵩洛，五山為鎮，四海為家。（《洛陽伽藍記》卷二）

你們只是在江南一隅尋求片刻安定，風土環境蟲蟻成群、人鳥同居、瘴氣橫行；君王留著短髮，一點威嚴的樣貌也沒有，民眾身上刺青，一副貧弱的模樣……他對南朝的糟糕狀況大肆謾罵，慶之啞口無言。

儘管如此，從苻堅開始、被孝文帝所繼承的「氐、鮮卑非胡」這種想法，以及朝著「胡漢融合」不斷努力的種種嘗試，在逃往南方的漢人王朝眼中，或許還是貽笑大方的作為吧！不壓制南朝，就無法根絕這種蔑視——將這個想法化成現實的，是不久後到來的隋朝時代。隋和唐，都是與「拓跋國家」譜系密切相連的鮮卑系王朝。

光從史書來看，孝文帝並不是一位任憑己意殺戮的人物。在戰亂與殺戮的血腥時代，這是相當罕見的事情。

司馬光對孝文帝共作了三次評論，在對皇帝的評論中，僅次於對苻堅的四次。在《通鑑》中，能跟這兩個人相匹敵的，只有唐太宗的四次評論。至於南朝，除了滅亡東晉的劉裕（二次）

以外，就沒有值得注目的皇帝了。

以下一一列出司馬光對孝文帝的評價：

永明十一年（四九三），有士兵犯下竊盜罪；這時，孝文帝阻止了意圖處死士兵的將軍。對於這種行為，司馬光認為他是枉法，不是人君所應為，所以說：「惜也！孝文，魏之賢君，而猶有是乎！」對賢君孝文帝也會犯下這種過錯，深表感嘆。

建武三年（四九六），孝文帝實施「姓族分定」，制定貴族的門第高低。明明「先門第而後賢才」的弊害已經如此明顯，孝文帝卻還是重視門族（名門貴族），因此司馬光再次感嘆，「雖魏孝文之賢，猶不免斯蔽」；賢明如孝文帝，卻仍然逃不過門閥制的弊害嗎？不管哪一條，都是認為孝文帝可以留下更優秀的業績，從中可以窺見司馬光的失望感。

在孝文帝逝世時，司馬光則是沒有作出自己的評論，只是引用《魏書》的總結：

凡為人君，患於不均，不能推誠御物。苟能均誠，胡越之人亦可親如兄弟。（《魏書》高祖紀下）

作為君主，要常常為不公平而感到憂慮；必須讓「胡越之人親如兄弟」，也就是必須用公平與忠實的態度，讓異民族也能如兄弟一般親近；這是魏孝文帝經常對身邊人說的話。接下去的段落中，《通鑑》又收錄了皇帝溫柔接待近臣與民眾的種種事例。看樣子，司馬光和《魏書》的作者應該頗有同感吧！

身為王者與佛教徒的孝文帝，心中沒有漢與鮮卑、胡與越的區別。他是一位超越民族高牆、朝向建造夷華混一理想國度而努力，極為罕見的人物。在他身上，彷彿見到了主張「夷狄應和」、為重建漢帝國而努力的前秦苻堅的影子。從混亂的五胡十六國到北魏，在這兩個建立隋唐帝國基礎的時代中，這兩位年輕人，為時代增添了光彩；而將他們評價為傑出王者的司馬光，他的見識也不失其光彩。

孝文帝建立起來的中華帝國，只維持了不到半世紀便土崩瓦解。孝文帝死後不過六任皇帝三十五年，北魏便分裂為東西。之所以如此，是因為同族之間的紛爭引爆所致。並不是所有北魏皇族，都和孝文帝抱持著同樣的理想。

從前秦苻堅後過了一百一十五年，騎馬民族壓制西域、向南推進的野心，再度遭到挫折。這也可以說是不斷追求理想下，跟現實間產生的齟齬吧！

來自草原的第二道彩虹，就這樣消失了。

從歷史的宏觀角度來看，孝文帝的改革，讓邁向「中華」的第一階段畫下了句點；尚屬不足的是統一國家的樹立，以及打破弊病叢生的門閥制度、公平的人才選拔、並保障皇帝中央集權的制度——科舉。

朝著下一個「中華帝國」邁進，新的階段就此展開。

第六章
拓跋國家的譜系
——周隋唐皆出武川

六鎮之亂——北魏的「下剋上」

北魏從第六任皇帝孝文帝之後到東西分裂為止，共有六位皇帝即位。這六位皇帝即位時的年齡與在位期間，分別如下：

第七任	世宗宣武帝元恪，十七歲即位，在位十七年（四九九—五一五）
第八任	肅宗孝明帝元詡，四歲即位，在位十四年（五一五—五二八）
第九任	敬宗孝莊帝元子攸，二十二歲即位，在位三年（五二八—五三〇）
第十任	節閔帝元恭，三十五歲即位，在位一年（五三一）
第十一任	廢帝元朗，十九歲即位，在位兩年（五三一—五三二）
第十二任	孝武帝元修，二十三歲即位，在位三年（五三二—五三四）

北魏的混亂從孝文帝之孫，第八任皇帝肅宗時代開始。距離孝文帝逝世僅二十五年的正光五年（五二四）三月，在北方爆發了將北魏逼入崩解的內亂——六鎮之亂。

當時六鎮人當中，對於以洛陽為中心的漢蠻掌權者，反感的情緒日趨激烈。正好這時柔然阿那瓌爆發事變，派去討伐的北魏軍隊風紀紊亂至極，十五萬之眾渡過沙漠，沒多久就撤退回來；六鎮人目睹魏軍這副模樣，對魏國更是生出輕侮的感情，於是遂有破六韓打頭陣，起兵叛亂。

（岡崎文夫，《魏晉南北朝通史》）

位在黃河支流北河以北，六鎮之一的沃野鎮，一名被認為是匈奴後裔的鎮民破六韓拔陵起兵叛亂，直逼武川、懷朔兩鎮。不久後高平鎮（寧夏）的突厥系敕勒族也起兵呼應，與叛軍匯合，攻陷武川、懷朔兩鎮。接著柔玄鎮也爆發民眾起義，六鎮陸陸續續落入叛軍之手。

北魏最後的十年是一片混亂，短命的皇帝陸續登場。永熙三年（五三四）七月，北魏的末代皇帝——第十二任皇帝孝武帝，逃亡到西邊的長安，投靠武川鎮出身的武將宇文泰，洛陽這邊則是另立了新皇帝。自道武帝建國以來一百五十年，孝文帝逝世後三十五年，北魏滅亡，形成兩帝並立的局勢；前者稱西魏，後者稱東魏。

東魏孝靜帝以鄴城為都。結果形成以現在陝甘兩省為地盤的西魏（首都長安）、以山西、河北兩省為地盤的東魏（首都鄴）、以及盤踞江南的南朝梁（首都建康），三國鼎立的狀況。

洛陽也被戰火煙塵所覆蓋：

重覽洛陽。城郭崩毀，宮室傾覆，寺觀灰燼，廟塔丘墟。牆被蒿艾，巷羅荊棘，野獸穴於荒階，山鳥巢於庭樹……京城表裏，凡有一千餘寺，今日寥廓，鐘聲罕聞。（楊衒之撰，《洛陽伽藍記》序）

以高四十丈、擁有九層寶塔，壯麗無比的永寧寺為首，豪華寺院連綿不斷的都城，已經變成杳無人煙的廢墟。這是遷都僅僅四十年後的悲慘狀況。

一般的解釋都認為，六鎮之亂是傳統鮮卑族對過度性急漢化政策的抵抗，但是谷川道雄（京都大學榮譽教授，專攻東洋史）則抱持疑問：北族系士兵的反叛，真的是像傳統解釋的那樣，是鮮卑族對華化的反動行為嗎？從另一個角度來看，深植於社會的結構性問題，才是根本的動機：

自孝文帝政策以來，北魏國家實施的漢化方針，如果單從種族問題層面來看的話，那這種（傳統的）解釋也說得通。可是在漢化政策中，也包含了貫徹門閥主義這個對北魏國家而言嶄新的社會組織原理在內，因此叛亂也很可能是針對這個原理，產生的反叛行為。北魏末年的叛亂，並不單單只是「六鎮之亂」；自由民眼見自己淪為賤民，從而展開抵抗運動，這種普遍性的狀況，才是它的根本。（谷川道雄，《隋唐帝國形成史論》）

簡單說，隨著遷都洛陽，被留在北邊、幾乎等於斷絕出人頭地機會的六鎮鮮卑人與漢人，他們的賤民化與地位低落日益顯著。

北魏歷代皇帝都是十幾歲即位，是個屬於年輕人的王朝。這個被宮崎市定評為「野蠻民族」的鮮卑拓跋王朝，整體來說是一個相當死心眼的王朝。他們死心眼的地方在於，為了克服自己民族文化的落後，一心一意貫注在與漢文化的同化上，結果就是造成國家分裂。

但是，這種死心眼在中國史上，也是特別值得一提的罕見。

東魏的實質支配者高歡（謚號為北齊神武帝）出身懷朔鎮，掌握西魏實權的宇文泰（謚號北周文帝）則是出身武川鎮，兩人都是以六鎮勢力為基礎，踏上出人頭地之路。高歡的勢力是由懷朔鎮的中下層軍官與河北的漢人世家所構成，宇文泰的勢力則是由武川鎮的鮮卑—漢人集團、關隴集團與河東漢人世家共同組成。所謂「關隴集團」，指的是關隴地區（從長安周邊的關中到西方的甘肅隴山一帶）的胡漢勢力，「世家」則是代代高官厚祿的名門世族。

高歡（四九六年生）自稱是渤海蓨縣出身的漢人，但他有個字「賀六渾」，所以很有可能是鮮卑族。高歡的第六代到第三代祖先都侍奉鮮卑統治者慕容寶，慕容寶失敗後，高氏便投降北魏。高歡的祖父因為犯了罪被流放到懷朔鎮，高歡也在那裡出生。他在母方的鎮獄隊尉撫養下長大，史書說他「累世北邊，故習其俗，遂同鮮卑」，但這多少有點畫蛇添足的強辯味在。

另一方面，在《北齊書》高昂傳中有這樣的記載：

于時鮮卑共輕中華朝士，唯憚服於昂。高祖每申令三軍，常鮮卑語，昂若在列，則為華言。

（《北齊書》列傳第十三，高昂）

高昂一族是以勇猛豪俠著稱的渤海蓨縣漢人，他的父親高翼在北魏末年的內亂中擔任渤海太守，高昂是他的第三個兒子；高昂是位身經百戰的勇士，在四十八歲時跟宇文泰交戰戰死。

儘管出身地相同又是同姓，但高歡和高昂卻完全感覺不到親族關係，而且高歡在發布軍令的時候，也都是使用鮮卑語；從這裡也可以看出，高歡為非漢人／鮮卑族的推斷是可以成立的。

儘管居住在南部的鮮卑人持續漢化，但在北部六鎮則反而呈現出強烈的鮮卑化傾向，鮮卑語和鮮卑風俗習慣相當盛行。相對於為了讓「鮮卑非胡」成為漢與鮮卑共同認知而推動的漢化政策，六鎮則是抵抗勢力，而高歡正是其典型。不只如此，他們和孝文帝時代成立的「北魏即中華」這種概念也是完全無緣的。

「于時鮮卑共輕中華朝士」，高歡的言行之中，明顯呈現了「鮮卑不屬於中華」的意識。

東魏武定五年（五四七），高歡病逝。武定八年（五五〇），他的兒子高洋接受東魏末代皇帝孝靜帝元（拓跋）善見禪讓，建立（北）齊，號稱文宣帝（五五〇—五五九在位）。北齊在五七七年便被北周吞併，是個短命的王朝。

《魏書》就是在北齊文宣帝的時代編纂而成；在其中可以看見「中華」的用例，然而在以「史臣曰」開頭、由作者魏收在文末撰寫的評論中，卻完全看不見「中華」的蹤影，只有「中原」（列傳十九）、「中國」（列傳二十四、八十三、八十八）、乃至於「混一戎華」等字句出現。之所以如此，或許是忌憚「共輕中華」的高歡吧！

另一方面，宇文泰（五〇六年生）則是出身北魏的武川鎮，他的字是「黑獺」（黑色的水獺）。《魏書》說他的出身是匈奴，但岡崎文夫先生認為「宇文是天子的意思，這和鮮卑作『后土』解是相通的」（《魏晉南北朝通史》），因此宇文泰很有可能也是來自鮮卑系統。

宇文氏南遷以前居住在陰山以北、從多倫諾爾到西拉木倫上游的草原。他們南遷之後，進入這片草原的是活躍於北魏末騷亂中的爾朱氏奚族，以及後來建立遼國的契丹族。

宇文泰五代之前的祖先投降慕容氏、侍奉燕國，在道武帝攻陷中山、擊破慕容寶時歸順北魏。道武帝天興年間遷徙各地豪傑到平城，宇文氏被分配到武川鎮；至於他的父親，則是在六鎮之亂時戰死。

根據記載，宇文泰「身長八尺，方顙廣額，美鬚髯，髮長委地，垂手過膝，面有紫光」（《周書》文帝紀），和過去五胡英雄豪傑的描寫如出一轍。他的身高有兩公尺、身材高大，眼中有紫光，很有可能具備高加索血統。他從年輕時代開始，就廣泛結交賢能的士大夫；和高歡必須要仰賴妻子的財產才能出人頭地相比，他的出身條件明顯要好太多。

據杜士鐸主編的《北魏史》所述，宇文泰在西魏政權中，實施了讓武川鎮集團與關隴、河東漢人世家順利結合的改革與建設，具體而言就是府兵制、六官制，以及均田制的重新調整；這些政策的實施，讓政權中樞具備了強力的統治核心。

在南朝方面，這時是承繼宋、齊的梁朝（五〇二—五五七）首任皇帝——武帝蕭衍（五〇二—五四九在位）統治的時代。梁朝和東魏依然持續進行戰爭；在高歡逝世後的第二年（五四七年），東魏爵封河南大將軍兼司徒，負責黃河以南防衛的總統帥——漢人侯景（五〇三年生）率領十萬將士投奔梁朝。侯景提議獻出治下十四州給梁朝，梁武帝接受他的投靠，封他為河南王、大將軍。侯景也是北鎮出身，在北魏末年內亂時投降東魏，當時高歡擔任宰相：

王在，吾不敢有異，王無，吾不能與鮮卑小兒共事。（《北齊書》帝紀第二，神武下）

沒有高歡的國家，侍奉起來也沒意思，這就是侯景倒戈的理由。這是一句侯景蔑視鮮卑小毛頭，打算捨棄他們的話語。

侯景作為梁將，和東魏展開戰鬥，在長社（河南省長葛縣東北）被東魏軍所包圍，於是他又以割讓河南領土為條件，向西魏的宇文泰求援；結果，西魏不費吹灰之力，就占領了侯景治下的七州十二鎮。

西魏大統十五年（五四九），侯景起兵反叛梁武帝；趁著這場內亂，西魏開府儀同三司（與三公同樣等級的將軍）楊忠（五〇七年生）出兵隋郡（湖北省隋州市），歷經三年的戰鬥後，鎮壓了這個地區，而隋這個地名，之後也變成了楊家建國的國號。

在這裡，楊氏一族首度在歷史上登場；他們在宇文泰麾下歷經戰火，漸漸嶄露頭角。三十餘年（西元五八一年）之後，楊忠之子楊堅（五四一年生）以隋國公身分建立隋朝，是為文帝。

十五年五月，侯景殺梁武帝。（《北史》卷五，魏本紀第五）

君臨南朝將近半世紀的梁武帝，以八十六歲的高齡畫下了生涯的句點。據說他是因為遭到斷絕飲食、再加上難耐侯景的橫暴，憂悶而死的。

大統十六年（五五〇），楊忠率軍南進，逼近南朝第二大都市江陵（安徽省和縣東北）。

這年，宇文泰在西魏設立了「八柱國、十二大將軍」的官職。八柱國是武人的最高位階，相當於元帥。宇文泰是他們的首席，也是總督諸軍事的最高統帥。接下來是元欣，一位西魏宗室，屬於不具備實權的虛官。剩下的六位柱國則掌握了實際的兵權，他們分別是：李弼、李虎、獨孤信、趙貴、于謹、侯莫陳崇，是漢人與鮮卑的混合。李虎的孫子李淵後來建立了唐朝，是為高祖。楊家這時地位低上一階，只是十二大將軍之一。

大統十七年，西魏文帝逝世，立廢帝元欽（五五一—五五四在位）。

這年，北方也發生了異變：

> 鐵勒將伐柔然，突厥酋長土門邀擊，破之，盡降其眾五萬餘落。土門恃其強盛，求婚於柔然，柔然頭兵可汗大怒，使人詈辱之曰：「爾，我之鍛奴也，何敢發是言！」土門亦怒，殺其使者，遂與之絕，而求婚於魏；魏丞相泰以長樂公主妻之。（《通鑑》卷百六十四，大寶二年）

這是一段令北魏頭痛不已的北方騎馬民族主角的輪替記錄，在這當中，柔然可汗發怒的話語，讓人深感興趣。突厥和臣服於其鐵蹄下的鐵勒都是突厥（土耳其）系的遊牧騎馬民族，過去則是柔然的「鍛奴」——負責製造鐵器的奴隸。所謂「鍛奴」，起源於西元前一千兩百年左右，位居現今土耳其安那托利亞高原的西台帝國滅亡；誕生於西台、不傳於其他民族的製鐵秘技遂向外流出，廣布於整個歐亞大陸，接著在一千五百餘年後，又被貶為奴隸從事的工作。

不管怎麼說，突厥透過通婚和北朝建立友誼，並透過反覆的服從與侵略逐步擴大勢力，不久後便建立橫跨東亞的廣大遊牧帝國，和隋唐帝國展開對峙。

北周武帝——朕非五胡

西魏廢帝在位僅僅四年，接著是末代皇帝恭帝（五五四—五五六在位）即位。掌握實權的宇文泰，採用了仿效古代周朝的六官制度；從各方面來看，他都非常執著於「周禮」。

（西魏恭帝）三年（五五六），初行周禮，建六官。以太祖（宇文泰）為太師（三公之一，負責輔佐皇帝）、大冢宰（統率百官的首相），柱國李弼為太傅（三公之一，太師的輔佐），大司徒（統籌民事）趙貴為太保（三公中地位最低的一人），大宗伯（統籌國家祭儀）獨孤信為大司馬（軍事總負責人），于謹為大司寇（法務大臣），侯莫陳崇為大司空（總務大臣）。（《周書》卷二，文帝下）

六官的名稱據說是始於周代，而選出的人員則與六名柱國大將軍相重疊，這也反映了他們在政權中的地位。

宇文泰既是皇帝的臣下，也是軍團的最高統帥，更以「大冢宰」（丞相）的身分，統率所有行政官員。

西魏用這種方式，將《周禮》古制與北族的部族聯合形式交織在一起，並巧妙地將之制度化。在復古調的面紗下，他們創造了一套根據現實勢力產生的新原理與制度。（川勝義雄，《魏晉南北朝》）

這種復古主義改革的用意，在於給予內外一種自己乃是中原正統王朝繼承者的印象，同時也是將漢與鮮卑等複數集團加以統一，並確立宇文一族主導政權的絕對權威之手段。至於另一個目標不用說，當然就是新王朝的樹立。

同年十月，宇文泰逝世，他的第三個兒子、十五歲的宇文覺繼承了他的地位。十二月，宇文覺獲封賜岐陽（陝西省岐山）之地，並封為周公。不久之後，執掌家族牛耳的叔父宇文護逼恭帝禪讓；第二年，周公覺即位，建立（北）周，這就是首任皇帝孝閔帝覺（五五七在位）。孝閔帝在第二年，便被宇文護所殺。宇文護又逼迫六官之首、擔任柱國大將軍、大司馬的獨孤信自殺，原因是獨孤一族擁有不容小覷的力量。獨孤信被認為有匈奴血統，和宇文泰同樣是武川鎮出身，是宇文泰的盟友。可是相當諷刺的是，從之後的歷史來看，獨孤信的女兒成為歷代騎馬民族王朝的皇后，和隋唐王朝產生了重大的關聯。

宇文護又擁立宇文泰的長子（庶子）宇文毓，是為第二任皇帝明帝（五五七—五六〇在位）。明帝也只在位四年，便因為食物中毒，於二十七歲這年病逝。

明帝期間，楊忠從大將軍被擢升為柱國，之後更被封為隋國公。

北周武成二年（五六〇），宇文泰的第四個兒子、十六歲的宇文邕即位為帝。這就是北周在位時間最長、君臨天下十九年的武帝（五六〇—五七八在位）。武帝和突厥聯手，對北齊發動攻擊；擔任先鋒的柱國隋國公楊忠，於天和三年（五六八）七月逝世。

建德元年（五七二），武帝消滅了宇文護和他的家族。建德五年（五七六），武帝發布討齊大詔，正式展開東征，也就是對北齊的總攻擊。這時候，楊忠之子——隋國公楊堅，以右翼第三總管的身分，首次在歷史上登場。

五七七年，北周軍攻陷北齊的首都鄴，殺死後主高緯。北齊建國二十七年後滅亡，北周實現了長久未能達成的華北統一。這時候，一共有五十五州、一百六十二郡、三百八十五縣、三百三十三萬兩千五百二十戶、兩千萬六千六百八十六人口，全都新納入北周的旗下。

之後，直到五八九年隋統一全境為止的動亂時代，是胡族勢力一統天下的準備期間。

人稱明君的北周武帝宇文邕，是位聯繫北魏孝文帝思想與隋唐的皇帝。但另一方面，他也是繼北魏道武帝之後，史上第二位因廢佛／鎮壓佛教而知名的君主。建德二年（五七三），武帝集結群臣與沙門、道士，親自就三教的先後展開論辯，最後決定儒教為先、道教其次、佛教最後。

武帝銳意富國強兵，所以實施震盪療法，禁止從國家財政角度看來不具生產性的佛教、道教，勒令僧尼還俗，沒收他們的產業。（宮崎市定，《大唐帝國》）

在正史中，並沒有關於廢佛來龍去脈的任何記述，不過在唐朝僧侶道宣撰寫的《廣弘明集》中，記下了其中的實情：

建德三年五月，初斷佛道兩教沙門道士並令還俗。三寶福財散給臣下，寺觀塔廟賜給王公。（〈周滅佛法集道俗議事〉，《廣弘明集》辯惑篇）

結果，四萬間寺廟變成了王公的宅邸，三百萬沙門被迫還俗，恢復軍民身分，佛像被熔毀、經典被焚燒。

建德六年（五七七），重新統一華北的武帝發出一份詔令，說明廢佛的理由。

詔曰：佛生西域寄傳東夏，原其風教殊乖中國。漢魏晉世似有若無，五胡亂治風化方盛。朕

非五胡心無敬事，既非正教所以廢之。（〈有前僧任道林上表請開佛法事〉，《廣弘明集》辯惑篇）

值得注目的是「五胡亂治」與「朕非五胡」這兩句發言，可以明顯看出，武帝繼承了北魏孝文帝的思想。接著武帝又說：

是知帝王即是如來，宜停丈六；王公即是菩薩。省事文殊。（〈有前僧任道林上表請開佛法事〉，《廣弘明集》辯惑篇）

武帝把「皇帝即如來」的思想倒過來，要求停止拜佛；這種邏輯和史上第一次推動廢佛的道武帝，在思想上則是一致的。

對被評為「立基於北周的國是——富國強兵之上，在使命感下實施最嚴格的國家統一，堪稱為模範專制君主」（岡崎文夫，《魏晉南北朝通史》）的武帝而言，奪取寺社財產與田地，讓僧侶恢復士兵身分，也是富國強兵戰略的一部分。

然而，就在宣政元年（五七八）五月，率軍出征北方的武帝忽然病倒，第二年六月便撒手人寰，年僅三十六歲。他留下的遺詔是這樣的：

將欲包舉六合，混同文軌。今遘疾大漸，氣力稍微，有志不申，以此歎息。天下事重，萬機不易。王公以下，爰及庶僚，宜輔導太子，副朕遺意。（《周書》帝紀第六，武帝下）

這是將天下統一的心願，與成為中原霸主的心願，全都託付給太子的悲痛遺言。

太子贇即位，就是以暴君、昏君留名歷史的北周第四任皇帝宣帝（五七八—五八〇）。宣帝即位後半年，將趙王招的女兒千金公主（隋朝改稱義成公主）嫁給持續侵略邊境的突厥可汗。這位義成公主在直到唐太宗時代對突厥的抗爭中，還扮演著相當重要的角色。

宣帝的皇后是楊堅的女兒——樂平公主麗華。楊氏家族成為皇帝的外戚，楊堅也在這年稍後榮昇上柱國大司馬。

根據《周書》皇后列傳，宣帝有五位皇后：楊皇后、朱皇后、陳皇后、元皇后、尉遲皇后。傳統王朝的皇后當然只有一人，從宣帝擁有複數皇后這點，也可以窺見遊牧民族的血脈傳統。五位皇后中，朱滿月是吳人、陳月儀是潁川人，兩人都是漢人，剩下三人的出身則讓人相當感興趣。楊皇后麗華（五六一年生）是楊堅的長女，元皇后樂尚（五六五年生）是拓跋氏，尉遲皇后（五六六年生）則是尉遲迥的孫女，三位都是十來歲就進入宮中。

尉遲迥是代人，家系與于闐王室有關；後來這個家族移居華北和鮮卑通婚，被稱為「魏之別種，號尉遲部」（《周書》列傳第十三，尉遲迥傳）。毫無疑問，他們是充滿異國風情、盛產俊男美女的一族[7]。尉遲迥的母親是北周太祖宇文泰的姊姊昌樂大長公主，妻子則是西魏文帝的女兒金明公主。他本人是和南朝作戰中相當活躍的名將，同時也擔任柱國大將軍。在孝閔帝時代，他向朝廷進言攻打蜀地（四川省），並親自上陣降服蜀地，受封蜀國公。

從這點可以看出，宣帝的後宮其實直接反映了北周政權的勢力構圖。

宣帝時代的檄文中也有「中華」登場。這篇檄文不見於正史《周書》，而是收錄在北宋建國早期的十世紀下半葉，由李昉奉宋太宗之命編纂的詩文集《文苑英華》當中。這是北周元帥韋孝寬進攻南朝陳的領土淮南時發布的檄文，實際作者可能是某位漢人官員，發表時期是宣帝即位第二年，大象元年（五七九）。這年，宣帝讓位給朱皇后所生的八歲兒子宇文衍，自稱天元皇帝。宇文衍就是北周的末代皇帝靜帝（五八〇—五八一在位）。

> 為行軍元帥鄖國公韋孝寬檄陳文
>
> 天元皇帝負四聖之休烈，協千載之昌期……東窮海外，西極河源，邛管夜郎之所、冒頓呼韓之類，莫不屈膝稽顙，泛水梯山，被華夏之仁風，仰中國之聖道（中略）偽公卿以下，或中華之冠帶，流寓江淮；或東南之僑楚，世載名位……（《文苑英華》）

7 譯注：《周書》記載，尉遲迥為「美容儀」。

這篇檄文說，四方夷狄都臣服於天元皇帝的腳下，為何只有陳不服從呢？簡單說，就是把陳當作夷狄看待。它呼籲陳的百官，既然你們這些江南統治階級原本都是中華人士，就應該歸順北周。

在這裡可以看到「華夏」、「中國」與「中華」這些關鍵字，散見於檄文當中。其中的中華和中原同義，「中華之冠帶」指的是西晉末年從中原移居江南的貴族。在這裡的中華並非魏孝文帝的中華，而是和南朝使用的概念接近；在這層意義上，不管北齊或北周，都沒有繼承孝文帝的中華。受武川鎮勢力掌控的北周，和北齊一樣，皇帝本身並沒有所謂的中華意識。

在孝文帝逝世僅僅八十年後，「鮮卑非胡」的認知已經固定下來，但是鮮卑族卻已經忘了「中華」這個詞彙的意義。

這個時期的北周，正為北方遊牧騎馬民族國家突厥的侵略，感到焦頭爛額。

如前所述，不斷累積實力的突厥向柔然王要求下嫁皇女，卻因為「不守奴隸分際」而遭到拒絕。憤怒的突厥於是滅了柔然，在首任突厥王伊利可汗的率領下獨立。經過二十年，在第三任國王木杆可汗（五五三—五七二在位）統治期間，他們掌控了蒙古高原。在第四任國王佗缽可汗（五七二—五八一在位）時期，突厥已經是從西域一直延伸到蒙古高原的強大遊牧帝國。

突厥的風俗直到六世紀左右，還是一派騎馬遊牧民族的作風：

其俗被髮左衽，穹廬氈帳，隨逐水草遷徙，以畜牧射獵為事，食肉飲酪，身衣裘褐。賤老貴壯，寡廉恥，無禮義，猶古之匈奴。（《北史》列傳第八十七，突厥鐵勒）

面對強大的突厥勢力，北周竭盡禮節加以應對：

突厥在京師者，又待以優禮，衣錦食肉，常以千數。齊人懼其寇掠，亦傾府藏以給之。他缽（佗缽）彌復驕傲，仍令其徒屬曰：「但使我在南兩個兒孝順，何憂無物邪？」（《北史》突厥鐵勒）

佗缽可汗口中「南方兩個孝順兒子」，指的是北周和北齊兩國的皇帝。兩國都畏懼突厥的侵略，於是都「傾府藏」，致贈豐厚的禮物給他們。

自俟斤（木杆可汗）以來，其國富強，有凌轢中夏之志。朝廷既與之和親，歲給繒絮、錦彩十萬段。（《北史》突厥鐵勒）

突厥的勢力強大，甚至有凌駕「中夏」之志。順道一提，俟斤是突厥族長的稱號。佗缽可汗將統治地區分為東西，分別任命東面可汗與西面可汗：

他鉢以攝圖為爾伏可汗，統其東面；又以其弟褥但可汗為步離可汗，居西方。（《北史》突厥鐵勒）

擔任西面可汗的步離可汗（？—五七六在位），占據了從原屬烏孫故地的伊犁盆地，一直到粟特地區的廣大土地，掌握了絲路的交易。步離可汗又有另一個名字叫「室點密可汗」，在東羅馬史家米南德（Menander Protector）的記錄中，以「Dizaboulos」或「Silziboulos」的名稱登場。這位可汗儘管受到薩珊王朝波斯的妨礙，仍然派遣使節到東羅馬，以確保絲綢的交易路徑。關於突厥王的譜系及名字念法，謹參考護雅夫（東京大學榮譽教授，專攻內亞史）的《古代遊牧帝國》。

北周為了討伐北齊，往往透過政治婚姻尋求突厥的支援。武帝宇文邕娶木杆可汗的女兒為妻，東面可汗沙缽略（五八一—五八七）則娶了周宗室宇文招的女兒千金公主。

現在還留有能傳達當時都城氛圍的遺物。二〇〇〇年夏天，在西安郊外的大明宮遺跡北邊發掘到安迦墓，出土了石棺床屏風（陝西省歷史考古研究所藏）。安迦是姑臧人，也是當地的薩保（粟特社會的長官），應該是出身安國（布哈拉）的粟特人。在床屏風上刻有皇帝像、與突厥人舉行宴會的粟特人墓主，還有祆教（拜火教）的拜火壇等圖樣；在拜火壇上方的空間，則是刻著佛教的緊那羅與飛天等圖像。由此可知，當時已經出現了國際色彩濃烈的社會。

大象二年（五八〇）五月，二十二歲的天元皇帝（宣帝）病倒。這時，親近楊堅的家臣做了偽詔，宣布由隋國公楊堅輔政；於是楊堅遂以假黃鉞（最高階大臣出征時的稱號）、左大丞相（百官之長）、都督內外諸軍事（軍事長官）的身分，掌握兵馬大權。以江淮之間為地盤的蜀國公尉遲迥對此大表反彈，起兵對抗楊堅；雙方動用了十餘萬兵力對戰，最後尉遲軍失敗，尉遲迥在鄴自殺，叛亂僅僅不到一個月就被撲滅，而楊堅也消滅了最大的敵人。

六月，楊堅取消廢佛令，讓被迫還俗的沙門與道士回歸寺廟。

十二月，楊堅從隋國公晉升為支配十郡的隋王；第二年二月，他受靜帝禪讓即帝位，是為隋朝首任皇帝文帝（五八一—六〇四）。這年他四十歲；竭盡權謀術數，終於篡奪到皇位。

在重新統一華北的北周武帝逝世後僅僅三年，北周政權便以驚人的速度，轉移到隋朝的手中。（宮崎市定《中國史》）

就這樣，北周滅亡，隋帝國代之登場。這時是西元五八一年，年號改為開皇。

猜忌心強烈的楊堅，為了害怕北周王朝復活，於是將宇文氏一族屠殺殆盡。他的女兒楊皇太后，對這種迫害憤怒不已；為了平息女兒的怒氣，他打算將女兒改封為公主，卻遭到了拒絕。楊皇太后是一位活力充沛的女性，在大業五年（六〇九）四十九歲時，她和煬帝一同前往西域、造訪張掖，在河西走廊逝世。

開皇元年（五八一）建國的隋，到高宗文帝（楊堅）仁壽四年（六〇四）共二十四年，接著到次任皇帝煬帝（楊廣）皇泰元年（六一八）又十五年，是個合計三十九年的短命王朝。

●隋王朝譜系圖

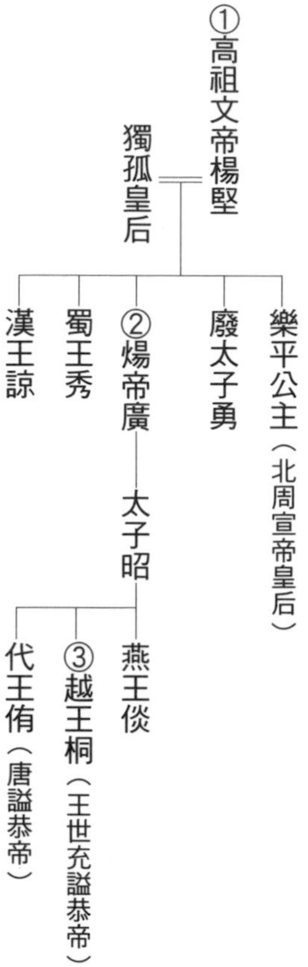

楊堅生於西魏大統七年（五四一），父親楊忠曾經在五五四年時，被北魏太祖宇文泰賜予鮮卑姓「普六茹」。回顧北魏孝文帝在太和二十年（四九六）時，曾經反過來改諸部九十九姓，賜予大半部族漢人風格的一字姓。當時帝室十姓中，只有長孫氏和叔孫氏還是兩字姓；至於從神元皇帝以來追隨的七十五族中，除了吐谷渾等兩氏以外，全都改成了一字姓。當時的記錄中有「普陋茹」這個姓名，但此後就不曾再見過「普六茹」這個姓。據芮沃壽（Arthur F. Wright）《隋代史》所述，普六茹是蒙古語「楊柳」的音轉，但出處如何並不清楚。

北周末期的大定元年（五八一），楊堅恢復楊姓。楊堅身為北朝領導者、意在降伏南朝、一統天下，頂著鮮卑姓怎樣都不搭調，因此使用漢人風格的一字姓，還是必要的。同樣的情況也出現在唐王朝的高祖李淵身上，他也是從胡姓「大野氏」改回李姓。

楊堅從十四歲到四十歲，在人生大半的歲月中都是頂著胡姓過日子。楊氏家族是怎樣的一群人呢？《隋書》高祖紀如是說：

> 漢太尉震八代孫鉉，仕燕為北平太守。鉉生元壽，後魏代為武川鎮司馬，子孫因家焉。元壽生太原太守惠嘏，嘏生平原太守烈，烈生寧遠將軍禎，禎生忠，忠即皇考也。皇考從周太祖起義關西，賜姓普六茹氏，位至柱國、大司空、隋國公。（《隋書》帝紀第一，高祖上）

時代更前的《周書》列傳第十一楊忠記載，楊忠的高祖楊元壽在北周初年擔任武川鎮司馬、祖父楊烈曾任太原郡守、父親楊禎任職建遠將軍，後來戰死；至於楊元壽以前的祖先，則完全缺少相關證明。而在《魏書》中，對於曾在北魏時代擔任太守或將軍的楊氏家族，則是隻字未提。

楊氏家族的遠祖曾經侍奉過「燕」。漢代以後，以燕為國號的國家有好幾個，最早的燕是

《三國志》時代，控制現在遼寧省遼東半島及其以北的漢人公孫淵於西元二三七年建立；這個國家相當短命，第二年便被魏的司馬懿所消滅。三三三年，鮮卑族的慕容皝建立前燕（三七〇年滅亡），接著在三八四年，慕容垂建立後燕（四〇九年滅亡）。最後一個冠上燕名號的，是四〇九年漢人馮跋建立的北燕。從楊元壽侍奉北魏這點來看，楊鉉侍奉的應該是前燕或後燕。

燕地不屬農耕地帶，而是狩獵、漁撈與遊牧的世界。楊氏家族在四世紀以降，從燕地進入武川鎮；同時，從現在吉林省集安地區，往朝鮮半島遷徙的騎馬民族國家高句麗，正迎向其最盛期。

文帝即位的第二個月，就開始修築北邊的長城，而突厥的寇掠也持續不斷。從西元前開始就一直延續的北與南、草原之民與農耕之民的戰爭史，又揭開了新的一幕。這次的主角是騎馬民族國家突厥為「夷」，由騎馬民族變身而來的隋唐帝國則是「華」。

隋開皇二年（五八二）五月，繼承佗缽可汗的沙缽略可汗（五八一—五八七在位）率領突厥軍四十萬，趁著營州和龍（遼寧省朝陽縣）爆發叛亂的時候越過長城。從北邊的武威、天水（甘肅省天水市）、金城（甘肅省蘭州市）到東邊的延安（陝西省延安市）都遭攻陷，家畜也被掠奪殆盡。

第二年（開皇三年，五八三）四月，文帝終於展開反擊。隋軍從朔方出擊，在白道（內蒙古呼和浩特市西北）以及涼州大破突厥軍，結果造成突厥內亂，分裂成以蒙古高原為據點的東突厥，以及控制中亞的西突厥。沙缽略可汗在次年向隋朝貢，表現出對隋臣服的態度。總算獲得一個小康局面的隋朝，遂開始整飭國內的環境。

開皇元年二月，楊堅封妻子獨孤伽羅（五五三年生）為皇后，皇后生的五個兒子：長子楊勇（五六四年生？）為皇太子、當時十三歲的次子楊廣（煬帝，五六九年生）為晉王，剩下的三個兒子則分別封為秦、蜀、漢王。

文帝時代，在隋的宮廷中，伴隨樂器定下衣裝、愉快演奏的禮樂裡，也有和民族出身相關的樂曲：

大角，第一曲起捉馬，第二曲被馬，第三曲騎馬，第四曲行，第五曲入陣，第六曲收軍，第七曲下營。皆以三通為一曲。其辭並本之鮮卑。（《隋書》志第十，音樂下）

大角指的是角笛或大型號角，是和古代中國禮樂迥然相異的遊牧民樂器。角笛演奏的曲目從第一曲起捉馬以下，「並本之鮮卑」，也就是遊牧民族的旋律。換言之，隋是以鮮卑拓跋的風俗為基本，來擬訂儀禮的。

根據渡邊信一郎之《中國古代的樂制與國家～日本雅樂的源流》所述，其歌唱內容分別為：「①補足馬匹、②披上裝備、③④編成騎馬軍團、⑤出擊、⑥凱旋、⑦回到軍營」這大角七曲，也被唐代的府兵衛士與金吾衛角手所傳承。

關於文帝時代的宮廷樂，在此借用渡邊的結論：

從以上的事證可以得知，隋文帝的天下統一，並不是對漢代以來傳統王朝權力、亦即古典儀禮的復古性回歸，也不是單純的展現出胡漢融合的政權。他們以府兵日常高唱的「簸邏迴歌」系軍樂為基礎，以北狄樂為核心，重新編製鼓吹樂、雅樂、燕樂；這種歌唱是有意展示自己繼承西魏、北周的權力基礎，而此等權力的基礎則可遠溯至鮮卑北魏。他們將這樣的政治文化，定位在權力中樞當中。（《中國古代的樂制與國家～日本雅樂的源流》）

堂而皇之將拓跋風俗納入王朝儀禮之中的文帝，確實讓渡邊所說的「遠溯權力根源」——北魏孝文帝的鮮卑拓跋－漢一體化政策，徹底開花結果。

南朝此起彼落的各個短命王朝，幾乎都是將魏晉時代的統治體系照章援用。相較之下，在胡漢交錯間成立的華北王朝，則是一方面引進漢人官員的智慧與經驗，一方面考量胡族的傳統，在這種情況下摸索中原的統治方法。在從北魏到齊、周分裂時代的均田制等土地制度下，中央集權的統治制度終於確立下來。同一時間，「鮮卑非胡」——鮮卑拓跋族與漢人乃是對等的認知，在漢人之間也逐漸紮根下來。隋朝就是繼承了這樣的成果。

文帝的國內政策，從一開始就相當具體。隋代重要的歷史事件有三件：首先是文帝時代，滅亡了南朝最後的王朝陳，接著是文帝和煬帝兩代建設長城，以及開鑿從長安到江都（揚州）的大運河。隋朝之所以開鑿運河，大概是想起了北魏孝文帝意圖達成的事業，想要克紹遺緒吧！

開皇四年（五八四），開渠，自渭達河，以通運漕。

開皇六年二月，發丁男十一萬修築長城，二旬（二十日）而罷。

開皇七年二月，發丁男十萬餘修築長城，二旬而罷。

四月，於揚州開山陽瀆，以通運漕。（以上《隋書》帝紀第一，高祖上）

開皇八年十月，將伐陳，有事於太廟。命晉王廣、秦王俊、清河公楊素並為行軍元帥以伐陳……合總管九十，兵五十一萬八千，皆受晉王節度。

開皇九年（五八九）正月，陳國平，合州三十，郡一百，縣四百。（以上《隋書》帝紀第二，高祖下）

開皇九年，隋朝終於消滅南朝，一統天下。接著他們更以運河網將南北一體化，用江南收穫的穀物來支持首都。歷代騎馬遊牧民族悲願的統一國家就此誕生；自三一六年西晉滅亡以來，歷經了兩百七十年之久。接下來要做的，就是制定嶄新的國家經營方針。這是文帝楊堅與煬帝楊廣，透過新發想展開的創業歷程。

文帝與煬帝——二代而終的創業家王朝

從文帝和煬帝都受過菩薩戒這點，可以清楚看出隋也是以佛教為國家基本。可是在《隋書》帝紀中，關於佛教的記錄卻極端地少。

隋代的翻經學士費長房，曾經撰述佛教相關的記錄《歷代三寶紀》共十五卷。這是應皇帝要求，將佛教歷史、傳承，以及新傳來的經典等加以彙整的作品，完成於開皇十七年（五九七）。在這當中，對於文帝在佛教政策方面的詔令有詳細記載。

首先是建國次月，文帝提出了大膽的施政方針，在自古認定為聖地的五嶽（東嶽泰山、西嶽華山、南嶽衡山、北嶽恆山、中嶽嵩山）興建佛教寺院：

> 至（開皇元年）閏三月，詔曰：……其五嶽之下，宜各置僧寺一所……帝王紀事由來尚矣，其襄陽隋郡江陵晉陽，並宜立寺一所建碑頌德……每年至國忌日。廢務設齋造像行道。（《歷代三寶紀》卷十二）

從建國初期開始，隋便積極推動寺院的建造。文帝先是下詔在襄陽、隋州、江陵、晉陽等作為據點的都市建立佛寺，接著又在尉遲迥戰死的相州（河北省），以及過去北齊的都城鄴城，各建立一座為戰歿者慰靈的寺廟。

開皇二年，文帝發布詔令，鼓勵眾臣積極建造新都：

五月，詔左僕射（尚書省次官）高熲、將作大匠（宮殿建築的總負責人）劉龍、鉅鹿郡公賀婁子幹、太府少卿（財政負責人）高龍叉等創造新都。（《隋書》帝紀第一，高祖紀上）

三年正月，城曰大興城、殿曰大興殿、門曰大興門、縣曰大興縣、園曰大興園、寺曰大興善寺。（《歷代三寶紀》卷十二）

這座新都就是隋唐時代世界的中心——長安城。現在西安留下的唐朝都城遺跡，基本上是來自隋的大興城。根據《隋書》地理志所述，大興城的外郭規模為東西一十八里一百十五步、南北一十五里一百七十五步。針對遺留結構的實測結果，則是東西九千七百二十一公尺、南北八千六百五十一公尺、周長三十六點七公里，幾乎完整保留了當時的原貌。

宮城為東西兩千八百二十公尺、南北一千四百九十二公尺，周長八點六公里，由大興宮、東宮、掖庭宮三大宮殿、官僚組織運作的皇城，還有以朱雀大街為中軸、東西對稱的里坊（被大路環繞的街區）所構成。

七世紀中葉，唐朝僧侶道世撰寫的佛教典籍《法苑珠林》中，傳達了一項令人難以置信的情報：

右隋代二君四十七年，寺有三千九百八十五所。度僧尼二十三萬六千二百人，譯經八十二部。（《法苑珠林》卷百，傳記篇）

隋代建立的寺廟，達到了三千九百八十五所。相較起來，北魏時代國家、王公與在家居士建造的寺廟，數量則超過了三萬，因此乍看之下隋代的數量並不多，但考慮到實施廢佛的北周時代，寺廟數量甚至不到一千，因此隋朝兩代五十年間興建的寺廟，數量堪稱異樣的多；簡單說就是在短時間之內，冒出了為數龐大的寺廟。

根據《歷代三寶紀》所述，首都的大興善寺裡充滿了來自西域的僧侶，譯經與抄經的事業也相當盛行。同時，這座寺廟也是國家宗教政策的基礎寺廟。文帝希望透過佛教，能夠將北魏滅亡後戰亂中頹廢散亂的人心，重新團結起來。

妹尾達彥先生（中央大學教授，專攻中國史）說，新都是一座佛教的都城：

給予來自中國外部的佛教特殊地位，一方面是非漢族政權利用外來宗教，讓自己得以正統化，另一方面則是在多種族錯綜複雜、天災人禍不絕的當時社會中，超越地域種族的世界宗教佛教，正是多數人心所渴望的事物……（妹尾達彥，〈從宇宙之都到生活之都〉）

簡單說，這是以軍事力量重新統一中國的鮮卑系地方政權，透過建設象徵性的宇宙之都，來轉換成中國正統王權的手段。

可是在此同時，「超越地域種族的世界宗教」這個認知，早在五胡時代就已成為定論；而且在孝文帝的時代，就已經抱有「中華帝國」的意識。因此，所謂「中華」，應該也被隋一併繼承下來了吧！

同樣在開皇三年（五八三），文帝再次下達了崇佛的詔令：

開皇三年降勅旨云：好生惡殺王政之本，佛道垂教善業可憑……其京城及諸州官立寺之所，每年正月五月九月，恒起八日至十五日，當寺行道；其行道之日遠近民庶，凡是有生之類，悉不得殺。（《歷代三寶紀》卷十二）

「王政之本乃是好生惡殺」，這種思維正是佛教的精神。為了實踐這樣的精神，文帝下令在全國建立的官方寺廟中，都推展好生惡殺的行動。所謂「行道」，指的是在本尊或堂塔周圍繞行，以表示恭敬尊重的儀禮，其中心儀式為繞佛、繞堂、繞塔。在都城舉行的行道儀式，往往能聚集十萬多人。

在政情終於塵埃落定的開皇十三年（五九三）十二月八日，文帝為北周武帝廢佛的罪過，做出了懺悔之舉：

> 今於三寶前悉為發露懺悔，敬施一切毀廢經像絹十二萬匹；皇后又敬施絹十二萬匹，王公已下爰至黔黎，又人敬施錢百萬。（《歷代三寶紀》卷十二）

接著在仁壽元年（六〇一）六月，文帝又下令封閉太學等學校，改建舍利塔：

> 於是國子學唯留學生七十人，太學、四門及州縣學並廢。其日，頒舍利於諸州。（《隋書》高祖紀下）

這是一份輕視儒學、重視佛教的詔令，其對後世的影響相當深遠。在此借用鎌田茂雄先生的總結：

文帝在開皇十三年（五九三）對廢佛的懺悔，其思想具體呈現在仁壽年間的舍利塔建立上。這是基於佛教布施的理想，希望皇室、國民皆能受此功德的作為。為此，建立的費用都仰賴個人財物的布施。文帝在全國各地寺院建立舍利塔的行動，也被唐朝所繼承；高宗在天下諸州設立一寺一觀，則天武后在天下諸州設立大雲寺、玄宗在各州建立開元、龍興兩寺，皆是如此。（鎌田茂雄，《中國佛教史》）

另一方面，在帝國統治的軟體方面，相當重要的則是官僚選拔；為此，隋朝制定了科舉制度。科舉也是始自文帝時代；話雖如此，在作為正史的《隋書》中，卻完全沒有關於隋朝科舉的記述。就算在《舊唐書》中，也沒有隋代科舉的相關情報。

宮崎市定如是說：

文帝的施政是在毫不介意周遭反對的自信下推行，並且從中推出嶄新的方針；廢除既有的九品官人法，改採科舉來採用官吏，是其中最顯著的事例。原本九品官人法是為了透過對個人的才德進行評價，將適當的人才安插在適當位置上而設立，但在實際運作上卻逐漸墮落成貴族化、擁護貴族既得權益的制度。（中略）（文帝）由中央政府舉行測驗，分別賦予及第者秀才、明經、進士等頭銜，並給予他們擔任高等官吏的資格，這就是往後實施一千三百餘年的科舉起源。（五八七）（宮崎市定，《大唐帝國》）

引文最後的西元五八七年，換算成年號是文帝開皇七年。宮崎做此判斷的根據，是「開皇三年，州郡僚屬全都改由中央派遣，包含原本中正在內的地方官職務全部停止，改稱為鄉官」（宮崎市定《科舉史》）。這時候，原本由地方官負責的內部升遷報告被廢止，改用獨特且嚴密的考試制度，來審核官吏候選人。

九品官人法的時代，人稱「上品無寒門，下品無世族」；出生的家庭，決定了某人一生是否能成為官員。打破這種門閥社會閉塞狀況的，就是科舉制度。

伴隨實施的還有律令制度。律是定刑罰、防止犯罪的刑法，令則是界定政治運作規則的行政法。隋朝開始的這套制度，也被唐朝所繼承。

秦漢時代開始的度量衡與文字統一、南北朝時代開始的均田制、土地稅制以及府兵制，再加上隋朝開始的科舉制度與律令制度，這些總和起來，就完成了國家運作的軟體。不只如此，作為新事業的大運河與長城等硬體建設也紛紛展開。雖然大量動員農民會造成國家不確定因素的擴大，但整體而言還是很順利在進行。文帝時代出現、有關國家經營的軟硬體措施，就這樣被唐朝照章承繼下來。

當國內情勢整理出一個頭緒以後，文帝心中建立大帝國的野心便蠢蠢欲動。他鎖定的目標是東邊的大國高句麗，以及北邊已成強大遊牧帝國的突厥。

在文帝末期，他展開了壓制高句麗（高句麗）的戰爭：

開皇十八年二月，以漢王諒（楊諒，文帝第五子）為行軍元帥，水陸三十萬伐高麗。（《隋書》帝紀第二，高祖下）

這次遠征在沒有什麼成果的情況草草結束；征討高句麗的事業，被文帝的次子——第二任皇帝煬帝所繼承。

煬帝邁向皇帝之路，必須排除同母所生、年長五歲的兄長才能實現。原先長期隱藏在皇太子楊勇陰影下的楊廣，在征伐陳朝時指揮五十萬兵團，並以行軍元帥之姿活躍，其存在感也日趨強烈。楊廣在開皇十年（五九〇）二十三歲時，擔任揚州總管，鎮守江都（揚州）。幾年後當突厥入侵時，他再次被任命為行軍總管，從靈武（甘肅省靈武縣）出兵。開皇二十年（六〇〇）四月，突厥西面可汗侵略靈州時，他也以行軍總管身分出戰，擊破突厥。這年，他和皇太子的關係發生了逆轉：

開皇二十年十月，皇太子勇及諸子並廢為庶人。

十一月，以晉王廣為皇太子。（《隋書》帝紀第二，高祖下）

這年，晉王廣三十歲。這對親兄弟間，究竟發生了什麼事情？《隋書》后妃列傳・獨孤皇后傳中，記載了箇中的來龍去脈。關於這點，首先要從皇后的為人開始談起。

獨孤皇后伽羅，是被宇文護逼迫自殺的北周大司馬獨孤信（五〇二—五五七）的七女。她的長姊是北周第二任皇帝明帝的皇后，四女則是嫁給北周建國以來的八柱國之一李昞（高祖李淵之父，後來追謚為世祖）。四女嫁李氏、七女嫁楊氏，這也反映了當時門閥的上下關係。被認為屬匈奴系的獨孤氏與宇文、楊、李家族，三代王朝彼此聯繫在一起，而隋煬帝與唐高祖李淵從鮮卑血脈來說，可算是表兄弟，也就是杉山正明（京都大學教授，專攻蒙古史、歐亞史）所說「拓跋國家」的同族。

十四歲嫁給楊堅的獨孤皇后，一共生下了五個兒子。她和文帝楊堅約定好，「無異生之子」，也就是說除了自己的孩子以外，不再和其他女人生兒子；這在擁有複數貴嬪乃是理所當然之事的當時，可說是極為罕見的異例。獨孤皇后是位頭腦明晰、精神強韌的女性，《隋書》后妃傳中說：

后每與上言及政事，往往意合，宮中稱為二聖。

獨孤皇后的氣性相當激烈，當楊堅沉溺於尉遲迥孫女的美色之中時，她便秘密派人殺害了這名女子。這樣的皇后對於擁有眾多內寵的太子勇，感到愈來愈不中意。身為揚州總管的次子楊廣也覺得自己受到太子疏遠、可能會有生命危險，於是向皇后進讒言。正好這時太子妃突然過世，皇后認為是太子身邊之人所為，於是勸文帝廢嫡；因為太子喜歡文帝厭惡的輕佻俗曲，所以文帝就同意了皇后的進言。就在仁壽二年（六〇二）七月——

及太子勇以讒廢，晉王廣為太子，秀意甚不平。太子恐秀終為後患，陰令楊素求其罪而譖之。（《通鑑》卷百七十九，仁壽二年）

這起事件的背後，不用說是太子廣在指使。楊廣命令之後成為參謀的上柱國楊素，排除了表示異議的蜀王楊秀。

第二年八月，獨孤皇后以五十歲之齡逝世。從皇后束縛中解放的文帝，開始寵愛南朝陳宣帝的女兒宣華夫人陳氏，以及陳出身的容華夫人蔡氏。當時文帝屢屢巡視位在首都西北岐州的仁壽宮，那是他在滅陳之後，建造的豪華離宮。

上以疾甚，臥於仁壽宮，與百僚辭訣，並握手歔欷。丁未，崩於大寶殿，時年六十四。（《隋書》帝紀第二，高祖下）

仁壽四年（六〇四）四月，文帝在仁壽宮病倒，七月他和百官告別，在唏嘘之中握著重臣的手，最後以六十四歲之齡逝世。這樣看起來，似乎沒有什麼異樣之處。

可是《隋書》皇后列傳的記錄中，傳達了文帝逝世前後異樣的狀況。那是皇太子廣無視於躺在病床上的文帝，和陳夫人之間發生的事情。當終日照顧文帝的陳夫人為了改換衣裝走出房間時，被太子脅迫要求發生關係；面無血色奔回寢宮的夫人，向文帝泣訴「太子無禮」。「獨孤誠誤我！」查覺到已故皇后的判斷有誤，憤怒不已的文帝下令心腹「傳喚廢太子勇」，意圖廢太子廣、重立廢太子勇。聽聞此事的楊廣立刻趕到病房，將夫人們趕往其他房間。

經過五百年後，司馬光對高祖紀的記述發出「頗有異論」之聲——

俄而上崩。故中外頗有異論。（《通鑑》卷百八十，仁壽四年）

這是一段暗示楊廣弒父的記述。隋朝仿效歷代王朝的規矩，自創業以來便設有負責皇帝每日記錄——起居注的官員；高祖紀、煬帝紀，應該也都是按照兩位皇帝的起居注起草而成。可是在司馬光的時代，或許還有別的記錄流傳下來。不只如此，事件還沒有就此告一段落：

其夜，太子烝（宣華夫人）焉。（《隋書》列傳第一，后妃）

「烝」指的是和比自己身分高的女性私通，也就是把父親后宮的女性納為己有。在容華夫人的傳記中，也有「亦為煬帝所烝」的記載。

這個「烝」字，在騎馬民族王朝繼承帝位時常常可見。比方說四世紀上半葉，前趙劉聰逝世時，兒子劉粲即位，贈予繼母靳皇后與貴妃皇太后等尊號，然後——

靳等年皆未滿二十，並國色也，粲晨夜烝淫於內。（《晉書》載記第二，劉聰）

這就是所謂收繼婚，也就是父親死後，繼承者將生母以外的女性娶為妻妾的婚姻型態。這是騎馬遊牧民族為了在嚴苛環境下生存而產生的習俗，但因為和儒教的倫理觀與感性全不相容，所以被視為野蠻的行為；在漢人眼裡，這等於是獸行，是該被唾棄的風俗。

這起事件也可以作為楊氏家族並非漢人，而是遊牧民族出身的有力旁證。然而，被「烝」的兩位女性都是出身江南，這點也可以看出楊廣這位曾任揚州總管的北方狂野年輕人，受到文化華麗、多采多姿的江南有多大的影響。

接著，在《隋書》中還有一條不可看漏的情報：

根據《隋書》列傳．文四子所述，「文帝暴崩」四個月後的十一月，被貶為庶人的廢太子勇遭到賜死。雖說是傳達文帝的遺命，但很有可能是煬帝為了免除後顧之憂，而偽造了這份詔令。

歐亞帝國的夢想——第三道彩虹

事件第二天，楊廣公布了皇帝逝世的訊息，在仁壽宮即位。這年他三十五歲，正值壯年。

在將年號改為大業的西元六〇五年，煬帝重新展開對文帝的遺產、也就是各項硬體建設的整飭。這些硬體建設包括了在洛陽建設豪壯的宮城、為確保南方豐富物資輸送而開鑿大運河，以及為防備北方騎馬民族突厥侵略而修築長城。他不只繼承了文帝的事業，更加以規模宏偉的擴大，堪稱是名符其實的「大業」。

大業元年三月，詔楊素與納言楊達、將作大匠宇文愷營建東京，每月役丁二百萬人。（《通鑑》卷百八十，大業元年）

發河南諸郡男女百餘萬，開通濟渠，自西苑引谷、洛水達于河。（《隋書》帝紀第三，煬帝上）

復自板渚引河歷滎澤入汴；又自大梁之東引汴水入泗，達於淮；又發淮南民十餘萬開邗溝，自山陽至楊子入江。渠廣四十步，渠旁皆築御道，樹以柳；自長安至江都，置離宮四十餘所。

（《通鑑》卷百八十，大業元年）

在文帝時代，已經完成了將漢代古運河加以修整，讓黃河和首都大興能夠直接連結的廣通渠。到了煬帝時代，他從板渚（河南省河陰縣）將黃河的水引往東南，開鑿從汴州（河南省開封市）到泗洲（江蘇省宿遷縣），進入淮河的通濟渠。接著他更把過去的邗溝（春秋時代吳王夫差開鑿的運河）加以修整，聯繫淮河與長江。這個計畫和過去北魏孝文帝構想，從流經洛陽的洛水一路經汴河，通往淮河的水運計畫，頗有重合之處。

大業元年八月，煬帝搭著江南打造的御用船隻「龍舟」，在衛兵前呼後擁下，帶著文武百官，沿剛開通的大運河往江都揚州前進。這個大船團的長度達到兩百里，是一個極其龐大的代表團，其中最大的船就是龍舟：

上行幸江都，御龍舟。龍舟四重，高四十五十尺，長二百丈。上重有正殿、內殿、東西朝堂，中二重有百二十房，皆飾以金玉，下重內侍處之。（《通鑑》卷百八十，大業元年）

龍舟全長約六百公尺，高約十四公尺。上甲板是天子（煬帝）的正殿與朝堂（議場），兩重的中甲板是為後宮、百官設置的一百二十個房間，最下層是廚房和倉庫等，是一艘巨大的船。同行的數千艘華麗船隻上，則可看到後宮、諸王、公主、百官、僧侶、蕃客等的身影。負責拉縴的縴夫達到八萬餘人，其他還有裝載士兵和武器的數千艘船隻隨行。

運河的寬度達六十公尺，可以讓好幾萬艘船隻航行；一路通到揚州、沿岸種植垂柳的運河，每隔四十里就有一座離宮。簡直是如洪水潰堤般，一發不可收拾的高潮演出。

然而，後世認為象徵煬帝耽於遊樂的大船團南巡，其實意義並不止於此。遭到輕侮的北方民族若要以支配者之姿，讓江南的漢人貴族階級臣服其下，那麼展現出身為支配者的壓倒性權勢，就成了必要之事。故此，船團必須展現出世間難以想像的華麗，以及規模才行。

另一方面，東京洛陽城的營造動員了兩百萬人，在一年後完成。這座城建築在北魏洛陽故城西邊的十二公里處，遷徙了天下富商數萬家充實其中。這座都城在唐代被沿用，稱為東都洛陽。

大業二年三月，煬帝從江都出發，沿陸路前往新都洛陽。

> 大業二年十月，置洛口倉於鞏東南原上，築倉城，周回二十餘里，穿三千窖，窖容八千石以還，置監官並鎮兵千人。
>
> 十二月，置回洛倉於洛陽北七里，倉城周回十里，穿三百窖。（《通鑑》卷百八十，大業二年）

僅僅十五年前的開皇十五年（五九六），朝廷發出了「盜邊糧一升以上皆斬」的詔令。僅僅偷盜一升糧食，就要被處死刑這樣的極刑，由此可以推測當時糧食之吃緊，以及價格之騰貴。

透過運河開鑿，從肥沃產米區的江南運往洛陽的糧食數量呈現飛躍性增加。洛陽近郊出現了大量儲藏用的窖。這些倉庫有一說，共積蓄了兩千六百萬餘石（一石約八十公斤）的米。如此一來，苦於飢荒的首都糧食狀況大為好轉，飢荒和水災也不足為懼了。現在留下的遺跡，便是位於今天洛陽市區的「含嘉倉」。這些口徑十到十六公尺、倒圓錐形的穴倉，深約七到九公尺；其中儲藏的物資，可供百萬人口一年半使用。

大業六年，煬帝從山陽瀆（連結淮河與長江的運河）的起點揚子縣（江蘇省儀徵縣）京口，往南經蘇州，開闢通往餘杭（浙江省杭州市）、錢塘江的江南河。結果，將長江、淮河、黃河這三大河，乃至於北方涿州的白河、南方的錢塘江連繫在一起，總長一千八百公里的大運河於焉完成，江南、淮河地區與關中，遂透過一條水路連結起來。

（大運河的開鑿）從政治角度來看，是北朝出身的隋，為了因應將南朝數百年的基地——江南地區加以合併、並讓南北渾然融合的強烈邀請，而不可不為之的舉動。（星斌夫，《大運河～中國的漕運》）

宮崎市定也提及運河開鑿的歷史重要性：

大運河北端，靠近白河交叉點的幽州（北京）繁榮起來，成為金、元、明、清四代的國都。接著是運河跨越黃河的節點汴州（開封），奪走了附近古都洛陽的繁榮，在唐朝滅亡後成為五代北宋的國都，金也曾遷都到此地。大運河出長江處的揚州，東邊靠近長江口與近海，西邊控制龐大的長江水系，四通八達的交通要衝之地，在唐代特別繁榮，俗諺因此說「揚一益二」，也就是揚州的事物乃是天下第一。（宮崎市定，〈亞洲諸民族的相互交流〉，收錄於《亞洲史概說》）

參掌煬帝朝政的人才相當多彩多姿，其出身大致可分為三類：一類是源自武川鎮的北魏、西魏、北周出身者，其次是東魏、北齊系，再來則有從南陳加入的人員。北周時代就跟隨文帝的蘇威、宇文述、牛弘，北齊的遺臣裴矩，以及南陳的遺臣裴蘊、張瑾、虞世基，這七位顯赫一時的人物，被稱為「選曹七貴」。由此可見，煬帝是按照北周的軍事、北齊的制度、陳的文化，各自取其優良之處來拔擢人才。

當中的宇文述雖然和北周皇族宇文氏同姓，屬於鮮卑族，但原本的姓為「破野頭」，宇文這個姓是主君賜予的。之後弒殺煬帝的叛臣宇文化及，就是宇文述的兒子。

除了這些官員之外，煬帝還廣納截然不同的人才。在這當中有一位名叫柳䛒[8]的書法名家。柳䛒的祖先是河東人，西晉滅亡時遷徙到襄陽。柳家從祖父時代起，代代都是南朝的重臣，但當南朝滅亡後，柳䛒也跟著下野；這時他遇到了晉王廣，被拔擢為諮議參軍（軍事顧問）。柳䛒常常晚上前往宮殿，和晉王酌酒相交，進行風雅的交流。據他的傳中所述：

王好文雅，招引才學之士諸葛潁、虞世南、王胄、朱瑒等百餘人以充學士，而䛒為之冠。

（《隋書》列傳第二十三，柳䛒）

煬帝在成為皇太子前的二十出頭，就已經大量吸收了南朝系的人才。

身為學士長的柳䛒，其名在台北故宮博物院收藏的書法中也可看見。書聖王羲之的書法〈平安何如奉橘帖〉（摹本），在其末尾有著「開皇十八年三月二十七日」的日期，以及柳䛒的署名。開皇十八年（五九八年），是煬帝成為皇太子的兩年前，當時他在江南，出於文人的嗜好開始蒐集書法；由此可以看出，煬帝是多麼親近南朝的文化。

在學士當中，有另外一位書法大師虞世南。虞世南從書聖王羲之的子孫——僧侶智永那裡學習書法，之後成為唐太宗的書法老師，同時也是決定唐初政治的關鍵重臣。從這裡也可以一窺晉王的文學沙龍，其水準是如何之高。

大業三年（六〇七）三月，車駕還京師。（《隋書》帝紀第三，煬帝上）

讓我們把話題轉回到煬帝終於返回長安的大業三年。從這時起，煬帝終於正式展開建立世界帝國的行動。他無休止地巡遊北方邊境、西域以及江南等地，而他也從文帝那裡繼承了戰略目標——高句麗與突厥。關於突厥，他在先前的大業元年四月，在北方的榆林（陝西省榆林縣）行宮中，接見啟民可汗與其妻千金公主，突厥則獻馬三千匹，雙方大致建構起一個友好關係。

千金公主是嫁給遊牧騎馬民族的女性典型。她是北周皇族宇文招的女兒，因為政治婚姻嫁給突厥第十任可汗啟民（突利）可汗（五九九？—六〇九在位）。啟民逝世後，她又依「突厥婚俗」（收繼婚）嫁給啟民的兒子始畢（六〇九—六一九）。隋建國後，文帝賜予公主自己的楊姓，以及義成公主的名號，再次與突厥締結翁婿關係。唐朝武德年間始畢逝世，公主嫁給始畢的弟弟處羅可汗（六一九—六二〇在位），第二年處羅逝世，公主又嫁給與唐太宗交戰的末弟頡利可汗（六二〇—六三〇在位）。在持續到唐太宗時代的突厥戰爭背後，經常可以看到這位嫁給突厥四任可汗的女性身影。

大業三年五月，煬帝再度把目標指向北方：

8 譯注：弫通「辯」。

七月，發丁男百餘萬築長城，西距榆林，東至紫河，一旬而罷，死者十五六。（《隋書》帝紀第三，煬帝上）

建設長城的死亡率高達五、六成，這種嚴酷的勞役讓人民叫苦連天；結果，長城建設就這樣簡單地挫折告終了。一個月後，煬帝在北方要塞榆林，造訪了突厥啟民可汗的大帳：

八月，車駕發榆林。啟民飾廬清道，以候乘輿。帝幸其帳……上謂高麗使者曰：「歸語爾王，當早來朝見。不然者，吾與啟民巡彼土矣。」（《隋書》煬帝上）

這時候，剛好高句麗（高麗）的使者也來造訪啟民可汗，煬帝於是對使者說：「告訴你的國王前來朝見，不然將派遣討伐軍。」這項強硬策略，是出自官員裴矩的想法。高句麗無視於這項警告，結果引發了隋的高麗遠征，而這也成了導致隋亡國的導火線。

接著在大業四年，為了確保高句麗遠征軍的補給線，煬帝開鑿了從河南省至北京西南的永濟渠：

詔發河北諸郡男女百餘萬開永濟渠，引沁水，南達于河，北通涿郡。（《隋書》煬帝上）

七月，發丁男二十餘萬築長城，自榆谷而東。（《隋書》煬帝上）

不只如此，煬帝更進一步推動對西域的經營。

相較於南北巡幸是繼承自文帝的想法，經營西域則是煬帝獨具、將歐亞全域納入視野的宏圖偉業。

煬帝將這項事業託付給北齊遺臣、漢人官員裴矩（五五七―六二七）。裴矩的祖父侍奉北魏，他自己和父親則侍奉北齊；北齊滅亡後他轉仕北周，受到文帝賞識，又轉仕隋朝。不論在哪個王朝，他都能夠以高級官員之姿獲得禮遇，是個擁有不可思議經歷的人物。

裴矩奉煬帝之命，在大業年間初期前往西域旅行，回來之後他把自己對風土、風俗、物產狀況的見聞，寫成三卷《西域圖記》獻給煬帝。裴矩這趟五十歲過後的異域之旅，是怎樣一回事呢？龍心大悅的煬帝每天召見裴矩，詳細詢問他西域的狀況：

> 時西域諸蕃，多至張掖，與中國交市。帝令矩掌其事……但突厥、吐渾分領羌胡之國，為其壅遏，故朝貢不通……服而撫之，務存安輯。故皇華遣使，弗動兵車，諸蕃 從，渾、厥可滅。混一戎夏，其在茲乎！（《隋書》列傳第三十二，裴矩）

「渾、厥可滅，混一戎夏，其在茲乎！」——驅逐吐谷渾和突厥，讓強力的異民族不復存在，從而把夏／華與戎狄納入同樣的國家框架中，建立起一個廣達絲路的巨大帝國版圖；這就是裴矩遊說煬帝的基本新國家構想。

誕生於漢代儒學的華夷混一思想，再次復活了。

煬帝採用了裴矩的進言，朝著「歐亞帝王」之路邁進。不用說，他的前提當然是「隋＝正統王朝＝夏（華）」。

順道一提，渾（吐谷渾）是鮮卑慕容氏的一個支族，名稱來自於創始的父祖之名。慕容吐谷渾是西晉時代鮮卑單于慕容涉歸的庶子。西元二八三年涉歸逝世後，吐谷渾的嫡親弟弟慕容廆（前燕首任皇帝慕容皝之父，其女嫁給代王什翼犍）即位為單于；受到放逐的慕容吐谷渾帶著牧民西遷，在青海、四川累積實力，在三二九年建國，以吐谷渾為部族名，其後更定為國號。不久後他們開始踏足西域南道，掌握了絲路的交易。他們因為信奉佛教，一時之間成為西域的主流；六世紀時著有《宋雲行記》的北魏僧侶宋雲，也是經由吐谷渾前往西域。六六三年，他們被新興的吐蕃王國（西

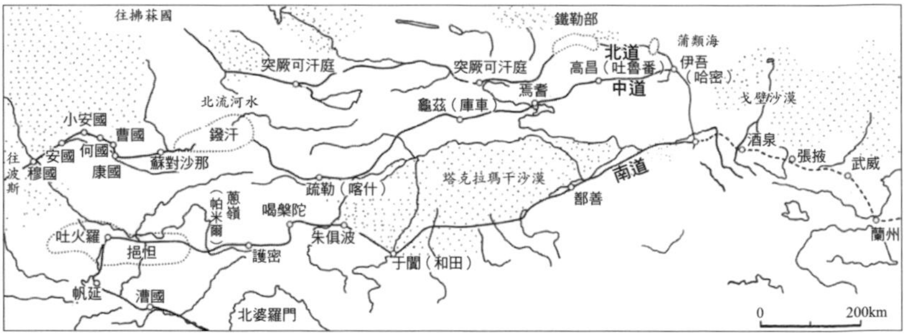

西域三道地圖（按裴矩《西域圖記》復原）

藏）所滅。

隋的西域遠征，從大業五年（六〇九）展開。六月，煬帝造訪河西走廊的要衝張掖。隋軍冒著海拔高聳的祁連山風雪，在青海與吐谷渾交戰，是一段長達半年的苦難之旅。

次張掖……高昌王麴伯雅來朝，伊吾吐屯設等獻西域數千里之地。上大悅。置西海、河源、鄯善、且末等四郡。（《隋書》煬帝上）

帝西巡，次燕支山（甘肅省永昌、民樂兩縣之間），高昌王、伊吾設（王）等，及西蕃胡二十七國，謁於道左。皆令佩金玉，被錦罽，焚香奏樂，歌舞諠譟。復令武威、張掖士女盛飾縱觀，騎乘填咽，周亙數十里，以示中國之盛。帝見而大悅。竟破吐谷渾，拓地數千里，並遣兵戍之。每歲委輸巨億萬計，諸蕃懾懼，朝貢相續。（《隋書》裴矩傳）

煬帝受到身著光采動人服飾的西域王侯子女歡迎，同時在西域王侯進獻、廣達數千里的土地上，新設西海、河源、鄯善、且末四郡。在他擊破吐谷渾後，便控制了塔克拉瑪干沙漠南緣地帶，以及絲路的西域南道，將絲路全境納入掌控下。

司馬光是這樣說的：

是時天下凡有郡一百九十，縣一千二百五十五，戶八百九十萬有奇。東西九千三百里，南北萬四千八百一十五里。隋氏之盛，極於此矣……以通西域之路。（《通鑑》卷百八十一，大業五年）

從西域往西伸展的通商道路，遠比漢武帝過去建立的路徑更加廣闊，東西交流也一口氣發展起來。

煬帝在九月回到京師。第二年冬天，他為前來朝貢的諸蕃君長，在東都洛陽舉辦了一場包含大戲（雜技等）與四方奇藝的大會。身著光鮮亮麗衣裳的人員，光數量就達到十餘萬；這是國際都市洛陽的一大盛事。

就這樣，隋創造了規模更甚北魏的鮮卑系王朝，獲得了在歷代王朝中與漢相匹敵的廣大版圖，這就是「隋氏之盛，極於此矣」。

這時，煬帝腦海裡是否有浮現出孝文帝的「中華」呢？從唐太宗心腹魏徵與長孫無忌撰寫的《隋書》中，並沒有看到這一點。或許因為他繼承了北周的鮮卑族意識，普遍認為「南朝就是中華」，又或者因為《隋書》的撰寫者認為「中華」是唐太宗的專利，所以刻意避免使用這個詞呢？

不管怎樣，孝文帝的「中華」，在這時點是個被遺忘的概念。

悲劇的暴君煬帝——邁向滅亡之路

然而，煬帝的野心並未就此結束；剩下的目標，是控制從遼東半島到朝鮮半島北部領地的騎馬民族國家高句麗。

大業七年二月，上自江都御龍舟入通濟渠，遂幸于涿郡。（《隋書》帝紀第三，煬帝上）

大業八年正月，大軍集于涿郡……總一百一十三萬三千八百，號二百萬，其餽運者倍之……第一軍發，終四十日，引師乃盡，旌旗亙千里。近古出師之盛，未之有也。（《隋書》帝紀第四，煬帝下）

遠征在大業八年（六一二）成為現實。煬帝投入了兩百萬大軍，但過度延伸的補給線一片混亂，隋軍陸續敗退，陣亡人數達到三十萬人；這次遠征就在毫無收穫的情況下，以失敗告終。

從這時候開始，隋與煬帝走上了凋落的道路。

然而，煬帝仍然執著於對高句麗的遠征。

大業九年的親征，在國內引發了禮部尚書（負責官吏錄取考試與祭祀事務的機構長官）楊玄感的叛亂；楊玄感一路逼近洛陽，再加上一部分的將領叛逃到高句麗，於是這次遠征又在事件連發中宣告中止。

第二年（大業十年，六一四），煬帝發動第三度遠征；高句麗也因長年的戰爭感到疲憊，於是向煬帝請降，但高句麗王終究沒有來朝貢。

眼見隋因為遠征而導致國力疲敝，退往北方的突厥攻勢再次活躍起來。大業十一年（六一五）八月，巡幸北方的煬帝遭到突厥軍襲擊：

> 八月，巡北塞。突厥始畢可汗率騎數十萬，謀襲乘輿，義成公主遣使告變……車駕馳幸雁門。突厥圍城，官軍頻戰不利。上大懼，欲率精騎潰圍而出，民部尚書固諫乃止……詔天下諸郡募兵。（《隋書》煬帝下）

從首任伊利可汗（土門，五五二—五五三在位）數起的第十任突厥可汗——啟民可汗在大業四年病逝，他的兒子繼位，稱始畢可汗（六〇九—六一九在位）。始畢以西域的烏孫故地為根據地，但為了虎視中原，也在定襄城（山西省大同市西南）設立據點。這座城是隋文帝建築、並且賜給突厥的。

突厥展開行動的背景，是裴矩為了分裂突厥勢力所展開的一連串策畫。企圖分割始畢可汗勢力的裴矩，開始接近始畢的弟弟，並以隋朝降嫁公主為餌，引誘對方自立為南面可汗。發現對方不上當後，裴矩又設計將始畢的寵臣誘出殺死。他告訴始畢說，這名寵臣是因為企圖私通隋朝所以被殺，但真相被始畢看破；憤怒的始畢於是率領十萬大軍，襲擊前往汾陽宮（山西省靜樂縣東北）避暑的煬帝。

這個計畫被當時身為始畢妻子的義成公主秘密告知煬帝；拜此之賜，煬帝得以逃進雁門（山西省代縣）的堡壘當中，可是雁門郡的四十一座城之中，有三十九座都被突厥攻陷。在不分晝夜的戰鬥中，煬帝即使狂發恩賞，戰死的士卒還是不斷增加。面對這種危急的狀況，停止高句麗遠征的煬帝急召天下兵馬前來救援。這時，唐公李淵（唐高祖）的次子李世民（太宗，五九六年生）登場了：

煬帝從圍中以木繫詔書，投汾水而下，募兵赴援。太宗時年十六，往應募，隸將軍雲定興，謂定興曰：「虜敢圍吾天子者，以為無援故也。今宜先後吾軍為數十里，使其晝見旌旗，夜聞鉦鼓，以為大至，則可不擊而走之。」（《新唐書》本紀第二，太宗）

應煬帝從汾水流下的木繫詔書前來救援的李世民，他的作戰相當明快；白天在敵前擺出大量的軍旗，晚上則鳴響金鼓，裝出大規模援軍到來的樣子。這是以一個十六歲青年男兒來說，充滿機智的佯裝作戰。但就算如此，面對壓倒性優勢的突厥軍，隋軍還是持續陷入苦戰。

煬帝於是派遣密使前往義成公主處，向她求援。一個月後的九月，突厥突然解圍而去，原來是公主遣使告知可汗「北方有急迫軍情」；沒有察覺公主與隋私通的始畢急遽撤返草原，放過了煬帝這條大魚。

此後突厥停止朝貢，還不斷派遣騎馬軍團侵攻馬邑（山西省朔縣）。不消滅以壓倒性勢力自豪的突厥，就無法實現「混一華戎」的理想；這樣的認知，從隋到唐都不曾改變。

煬帝回到東都洛陽後，彷彿亡國的預告般，各地叛亂陸續興起；全國總計有四十五個地區，有稱雄稱霸的地方豪強擁兵崛起（《新唐書》高祖紀），其中稱帝稱王者也不在少數。即使面對這種情況，煬帝仍然在進行建設長城與開鑿大運河等強制勞動，民間怨聲載道。

在遠征高句麗時和叛軍私通的上柱國大將軍之子李密在這時起兵，自稱魏公；群盜之一的將軍竇建德，則是自稱長樂王。

察覺王朝危機的宇文述，勸煬帝前往江南；他的想法是，若是在江都揚州，就算情況惡化到極致，也還能維持王朝。大業十二年（六一六）七月，煬帝留下已故長子楊昭的次子越王侗留守洛陽，自己前往江都宮；對於勸諫巡幸的家臣，煬帝則陸續將他們斬殺，是一趟瘋狂的旅程。宮崎市定在《隋煬帝》中，認為煬帝此時已經罹患了重度神經衰弱。先不管這是不是事實，但從煬帝在雁門無謀地企圖率領少數騎兵逃出突厥包圍網的舉動來看，儘管他在推動宏偉事業的構思力和執行力上相當優秀，但面臨遭到攻擊的狀況時，他確實沒有忍受逆境的膽識。對此，只能說是創業家第二代的脆弱、輕忽，以及對危機狀況的理解不足了。

大業十三年（六一七）二月，李密率領的叛軍襲擊洛陽的洛水和興洛倉（黃河交會之地），越王侗派出的討伐軍吃了大敗仗，半數士兵戰死，東都洛陽也蒙受毀滅性的損害。李密陣營和隋朝降將匯合，繼續展開激烈的戰鬥。

太原留守李淵，仍然舉棋不定。

猜忌心強烈的煬帝，常因為些許細故就殺害大臣。李淵先前在病床上的時候，因為聽聞煬帝似乎想置他於死地，於是便韜光養晦，裝出一副沉浸酒色、收受賄賂的腐敗官僚模樣。煬帝看到他這副模樣，感到放心不少，於是便委任他負責守衛北方的要衝。

煬帝生於北周天和四年（五六九）、李淵生於天和元年（五六六），兩人只差了三歲，年齡相近的兩人會有相當程度的對抗心，其實不難想像。

史書記載，煬帝的母親獨孤皇后相當疼愛李淵，而李淵也常常前來拜訪阿姨。不管是皇后、還是身為皇后姊姊的母親，都會將隋朝宮廷的狀況傳達給李淵。但是李淵的性格一直相當謹慎膽小，因此就算面臨機會，也沒有輕舉妄動。

大業十三年（六一七），李淵在隋朝離宮晉陽宮，接受副監裴寂的邀宴；在宴席之間，有隱藏身分的宮女陪侍。等到宴會舉行到一半時，裴寂揭露了這名女性的身分，並對李淵說「事發當誅」，也就是拿他對皇帝的私有物出手，來威脅他快下決斷。裴寂後來成為高祖李淵的股肱之臣，但他這時其實是受了李世民的指示；這是為了將進退兩難的李淵逼進絕境，從而促使他反隋所採取的不得不為之策。從這裡可以看出，李世民有著連父親都敢欺騙的大膽，以及充滿理性的冷靜。

五月，被斷絕退路的李淵終於下定決心起兵。次月，他率領三萬人的軍團向京師長安前進，但不巧遇到雨季連綿不絕，糧食用盡，軟弱的李淵於是打算折返太原。李世民眼見這種狀況，哭著向父親勸諫說：「義師為天下起也，宜直入咸陽，號令天下。今還守一城，是為賊爾。」——現在撤退的話，就將永遠失去奪取天下的機會了。李淵最後終於這樣說：

起事者汝也，成敗惟汝。（《新唐書》本紀第二，太宗）

「既然說要起事的是你，那成敗也都交給你了」，李淵這樣託付世民。從起兵的背景，也可以窺見他們之間的親子關係。

同年六月，李淵軍在霍邑（山西省霍州市）擊破隋軍，同時突厥的援軍也趕到：

至龍門，突厥始畢可汗遣康稍利率兵五百人、馬二千匹，與劉文靜會於麾下。（《舊唐書》本紀第一，高祖）

李淵與突厥之間的關係相當屈辱。後來太宗李世民這樣評論父親：

往者國家草創，突厥強梁，太上皇以百姓之故，稱臣於頡利。（唐．吳兢《貞觀政要》卷三，任賢）

當時的東突厥相當強大，擁有騎兵一百多萬，在中國東北部的契丹（後來的遼帝國）、室韋（據說是丁零的末裔），西域的吐谷渾（鮮卑慕容氏）、高昌等國都臣服其下。有種說法是，「成立初期的唐朝，恐怕也是再度強盛的東突厥屬國之一吧！」（杉山正明，《遊牧民的世界史》）頡利可汗（六一九—六三〇在位）是始畢可汗後兩任的可汗。就經常處於優勢的突厥來說，始畢之所以派遣援軍，也是打算利用李淵稱霸中原吧！

半年後的十一月，在突厥騎馬軍團的援助下，李淵的軍隊兵不血刃，進入了長安。

自西魏、北周至隋持續三代的首都長安，充滿了有形無形的貴重積蓄。府庫裡有財貨、糧

食、武器的儲藏，朝廷則有幾近完整的官員群和戰鬥部隊，這些都可以馬上加以利用，並動員起來。（宮崎市定，《大唐帝國》）

李淵在長安尊煬帝為太上皇，立早逝的元德太子三子、十三歲的代王侑為帝（恭帝），在大興殿即位，改年號為義寧；只是後代的史家仍然認煬帝為正統，並不承認新帝。為什麼要上演這樣一齣強行更替的戲碼呢？宮崎認為，這是「一度崩壞的武川鎮軍閥的再生宣言」（前引書）。以隋朝上柱國之子李密為首的武川鎮軍閥，此時正處於潰滅狀態，李淵在長安，正好再次統合了武川鎮殘存勢力。

大業十四年（六一八年）三越，煬帝已經沒有北返的心情，整天只是沉溺於酒色之中。但他手下的士兵大多是關中出身；他們在長期的戰亂中，跟首都的家人斷絕音訊，糧食也要耗盡，心情愈來愈焦躁。在這種不滿情緒爆發下，煬帝的心腹宇文化及等家臣發起了叛亂；煬帝遭他們所絞殺，結束了五十年波濤洶湧的人生。宇文化及之後又被竇建德所擊破，竇建德於是自稱皇帝，建國號夏。

恭帝楊侑為祖父楊廣上諡號「世祖明皇帝」，並留有這樣一段追悼文帝與煬帝的文詞：

高祖文皇帝聖略神功，載造區夏。

世祖明皇帝則天法地，混一華戎。（《隋書》列傳第二十四，煬三子）

文帝「聖略神功，載造區夏」，也就是安定了夏的天下；明帝（煬帝）則是「則天法地，混一華戎」。在這當中，「混一華戎」四個字，確實是被認定為象徵煬帝事業的關鍵字。

煬帝這個諡號，是唐高祖即位不久後的武德元年九月給予的追諡。相對於「明」意味著「照亮四方之人」，「煬」則是有「逆天虐民者」的意味在；這兩個詞，是明顯呈現對照的諡號。然而，後世的史觀都是順著唐王朝的思路，從儒教的立場出發，對煬帝抱持否定的態度。

在短期間實現了從西域到江南的世界帝國，明確繼承了漢帝國領域的，就是隋朝的兩代君主——文帝和明帝（煬帝）。可是這個帝國在壓制西域僅僅九年後，就隨著煬帝的死而消滅了。過去，前秦苻堅與北魏孝文帝，都曾致力於建設一個與漢帝國相匹敵、華夷混一的巨大帝國。從這層意義上來說，雖然時間很短，但煬帝確實達成了騎馬民族國家皇帝積年的悲願。

草原上，出現了第三道彩虹。

大業十四年（六一八）五月，唐國公李淵逼迫恭帝禪讓，建立唐朝。在以洛陽為首的各地將領恣意建國的情勢中，一個新的國家誕生了。

唐朝的主旋律，正是承繼自前人的胡漢融合、華戎混一。

騎馬民族王朝——大唐的誕生

隋煬帝與唐高祖（李淵），都是出身自北魏六鎮之一、位在內蒙古的武川鎮：

其七世祖暠，當晉末據秦、涼以自王，是為涼武昭王。暠生歆，歆為沮渠蒙遜所滅。歆生重耳，魏弘農太守。重耳生熙，金門鎮將，戍於武川，因留家焉。熙生天賜，為幢主。天賜生虎，西魏時，賜姓大野氏，官至太尉，與李弼等八人佐周代魏有功，皆為柱國，號「八柱國家」。周閔帝受魏禪，虎已卒，乃追錄其功，封唐國公，謚曰襄。襄公生昞，襲封唐公，隋安州總管、柱國大將軍，卒，謚曰仁。仁公生高祖於長安，襲封唐公。（《新唐書》本紀第一，高祖）

李淵七代前的祖先，據說是五胡十六國時代的後涼王李暠。後涼在李暠之子李歆（士業）時代，被北涼的沮渠蒙遜所滅。北魏孝文帝的寵臣李沖是李歆之弟李翻的孫子。關於李歆之子重耳，在《晉書》涼武昭王列傳最後，有一段短短的記述：

士業子重耳，脫身奔于江左，仕于宋。後歸魏，為恒農太守。（《晉書》列傳第五十七，涼武昭王）

可是李重耳之名，不見於《宋書》、《魏書》。因此自重耳之子李熙以降，李氏子孫存在的記錄，只見於唐代的史書。唐李延壽撰寫的《北史》卷末卷第百有李氏之傳，在這裡有一段關於重耳的記述：

世子重耳奔於江左，遂仕于宋。後歸魏，位恆農太守，即皇室七廟之始也。

然而其中仍然完全沒有關於李熙、李天賜的記錄。以北魏重臣李沖的譜系為中心，到李虎為止的七代沒有任何情報。

李淵的祖父李虎在《北史》列傳第五十三・赫連達傳當中有記述，但沒有單獨的傳：

魏永熙三年十一月，遣儀同（儀式同於三公的高階將軍）李虎與李弼、趙貴等討曹泥於靈州，虎引河灌之。

永熙三年（五三四）是北魏第十二任皇帝孝武帝逝世、北魏分裂為東西之年。《通鑑》也只提及李虎在孝武帝時代於武川鎮嶄露頭角，不久後加入西魏宇文泰陣營。因此史家們強烈認為，李淵的家譜可能是編造出來的。

宮崎市定從煬帝與唐高宗的女性關係出發，認為李、楊兩家的出身「有著濃厚的異民族氣息，可能是漢胡混淆的血統，甚至根本就是異民族出身」（《中國史》第二篇，中世史）。

據《新唐書》記載，李氏一族在李熙時代移居漠北，在北魏武川鎮軍閥化；到了西魏時代，李虎官任太尉（軍事長官），被賜鮮卑姓大野。不久後他因為襄助北周建國有功，被封為柱國、唐國公。若是隋文帝先祖乃是漢人的記述相當古怪，那麼李氏的出身也一樣古怪。不只如此，他們在被形容為「區區一彈丸」的狹小城寨中，跟鮮卑族雜居，因此就算他們真是漢人，歷經五代之後，也很難保持純粹的漢人血脈。在六鎮居民中，鮮卑系漢人或漢人系鮮卑族，無疑壓倒性地持續增加，而且隨著時光流逝，兩者的同質性愈來愈高。宮崎就直截了當地說：

唐王朝的構成，說到底就是侵入華北的異民族勢力之集大成，這是無庸置疑的事實……（宮崎市定，《世界史序說》）

中國著名的歷史學者陳寅恪（一八九〇—一九六九），則有以下的見解：

漢人與胡人之分別，在北朝時代文化較血統尤為重要，凡漢化之人即目為漢人，胡化之人即目為胡人，其血統如何，在所不論。（陳寅恪，《唐代政治史述論稿》）

陳寅恪在同一篇論稿中，斷言，李氏的譜系乃是捏造。其根據之一，是他們祖先墳墓的所在地：

獻祖宣皇帝諱熙，咸亨五年八月十五日，追尊宣皇帝。廟號獻祖。葬建初陵。

懿祖光皇帝諱天賜，咸亨五年八月十五日。追尊光皇帝。廟號懿祖。葬啟運陵。（《唐會要》卷一，帝號上）

《唐會要》是十世紀中葉由北宋編纂，收錄有唐一代制度、地理、風俗等的史書。據注解，這兩座陵墓都是在高宗咸亨五年（六七四），於趙州朝慶縣界興建，也就是位在當時的鉅鹿縣、現在的河北省邢台市附近。陳寅恪從這一點出發，認為李氏的出身是河北省，從而否定他們是涼州李氏的末裔這一說法。

李熙之父重耳之名，也不見於《唐會要》本文；對於這點，陳寅恪覺得其存在甚為古怪。

就像前面提過的，隋與唐締結了同樣的血緣：

仁公（李昞）生高祖於長安，襲封唐公。隋文帝獨孤皇后，高祖之從母也。以故文帝與高祖相親愛。文帝相周，復高祖姓李氏。（《新唐書》本紀第一，高祖）

鮮卑族的獨孤信，其四女為李淵生母，七女則為文帝皇后，也就是煬帝之母。因此，李淵與煬帝是母系血脈相通的表兄弟，在從鮮卑姓恢復一字姓的來龍去脈上也相同。

李氏家族也屢屢娶鮮卑族之女為妻。李昞之妻為獨孤氏、高祖李淵之妻為竇氏、太宗皇后為長孫氏，這三代的配偶都是遊牧系。如前所見，北魏孝文帝身上的鮮卑族血液只有三十二分之三、也就是百分之九左右；但反過來看，就算太宗四代前的李虎能夠保持百分之百的漢人血脈，到了太宗，他身上流的漢人之血最多也只有八分之一，也就是百分之十二點五；到了大唐繁榮頂點的高宗，則更是只有十六分之一、百分之六左右。這還是高估，現實只會更低。

故此，我們可以說隋唐就是騎馬遊牧民族系的王朝。

回顧史書，關於唐王朝初期的動向，大部分都是他們與各地割據軍閥戰鬥的記錄，至於王朝體制的樹立，則極少有相關記述。

武德元年（六一八），李淵即位：

五月，隋恭帝禪位於唐，遜居代邸。甲子，唐王即皇帝位於太極殿，遣刑部尚書蕭造告天於南郊，大赦，改元……推五運為土德，色尚黃。（《通鑑》卷百八十五，武德元年）命裴寂、劉文靜等修定律令。（同前書）

實際上在建國後的數年間，唐朝只不過是個以長安為都的地方政權；周圍全都環繞著敵人，他們根本抽不出手來整飭國內的體制。西邊甘肅省的要衝金城郡（蘭州），有薛舉一族建立獨立政權「秦國」；洛陽有驅走李密軍隊的王世充，建立了「鄭國」。在山西省北部，有投降突厥的隋將劉武周自稱皇帝，河北則有自稱夏王的竇建德。

這麼多群雄中，誰能成為霸主呢？在這種情況下嶄露頭角的，又是李淵的次子李世民。他首先滅了秦，接著轉向北方，將劉武周趕入突厥陣營，最後轉向洛陽，擊破了王世充。王世充向敵對的竇建德乞援，意在洛陽的竇建德於是率軍南下，卻遭到李世民的策略所玩弄，戰敗被俘。結果王世充也向李世民請降，唐朝遂統一了中原。之後，唐朝又平定了長江流域—江南，終於穩固了新王朝的體制。

武德四年（六二一）六月，凱旋。太宗被金甲，陳鐵騎一萬、介士三萬，前後鼓吹，獻俘於太廟。（《新唐書》本紀第二，太宗）

身著金甲的秦王李世民，帶著萬餘鐵騎與王世充、竇建德等俘虜，在軍樂隊的隨從下，堂皇地凱旋返回都城。十月，李世民因功被封為天策上將（比王公更高的地位），名符其實地被認可為國家的中流砥柱。同年十二月七日，唐朝燒毀洛陽宮：

使行臺僕射屈突通。焚乾元殿應天門紫微觀。以其太奢。至貞觀三年，太宗修洛陽宮。（宋王溥撰《唐會要》卷三十，洛陽宮）

歷經長期戰亂後，中國全境的戶數和隋代相比，銳減了三分之一。經濟喪失了活力，農民也欠缺衣食，甚至出現賣兒賣女的情況。在這種狀況下，燒毀以奢華壯麗著稱的煬帝洛陽宮，既是一種宣示行為，同時也反映了對煬帝的複雜想法。

初唐的社會狀況相當悲慘，唐王朝直接沿用了兵不血刃占據的隋朝王城：

武德元年五月二十一日。改隋大興殿為太極殿。改隋昭陽門為順天門。（《唐會要》卷三十，

大內）

就連高祖和李世民的住所，也不是那麼固定：

武德五年七月五日。營宏義宮。初。秦王居宮中承乾殿。高祖以秦王有克定天下功。特降殊禮。別建此宮以居之。（《唐會要》卷三十，宏義宮）

長安展現出王朝之都的榮華姿態，要等到貞觀八年（六三四）建大明宮（舊永安宮）、修復舊大明宮為蓬萊宮、並建造紫宸殿等建物以後了。

唐在硬體方面，繼承了大運河與長城等隋朝構築的巨大事業。將文帝楊堅的發想加以飛躍性擴大的煬帝楊廣，他的構想力和執行力實在令人刮目相看。而由唐代隋的流向，用比較淺顯易懂的方式來說，就是創業第二代的經營者輕視腳邊（人民）的痛苦與動搖，從而導致經營不善，結果唐王朝取而代之，直接把整個做生意的工具和經商手法，連同店鋪設備原封不動繼承下來。

星斌夫就說：

（像大運河這樣）牢牢連結南北，讓中國形成一個有機整體的歷史產物，堪稱前所未見。不只如此，為了避免南朝勢力露骨展現的牆反彈，煬帝還裝出一副陶醉六朝文化的態度。或許正因如此，大運河才會看起來宛若煬帝一人的遊蕩設施吧！然而，比起強調這點，後世卻更加重視他殺害父親文帝、奪取帝位的事實，以及屢次展開大遠征與大土木事業，驅使大量農民、讓他們生活陷於困苦的事實，並從儒教觀點對此大加批判。他的大運河建設這一大事業，無疑在政治、經濟上具有相當偉大的歷史意義，卻動輒被埋沒在儒教的倫理觀中，這是相當危險、必須加以警戒的。（星斌夫，《大運河～中國的漕運》）

事實上，大運河到了唐代，仍然是國家管理的穀物輸送生命線。唐能維持長達三百年的政權，據星先生說其最大原因，就是「極度利用隋代大運河這一重大遺產，讓江南的豐饒成功促成經濟的活力化」（《大運河發展史～從長江到黃河》）。沿用的情況也出現在制度方面。武德七年，唐朝改訂官制；包括律令制、府兵制、均田制乃至科舉等，都是將隋制稍加修整便繼承下來。

在建國之初的混亂中，長兄皇太子李建成與小九歲的弟弟秦王李世民之間的抗爭，開始爆發出來。世民在戰爭中，獲得了壓倒性的戰功；相對之下，皇太子則因為要輔佐父親，在行動上受到了制約，所以拿不出什麼顯眼的功勳。感到自己地位危險的太子建成，於是和三子齊王李元吉聯手，意圖謀殺世民。皇太子陣營有魏徵協助，李世民方面則有房玄齡和杜如晦作為智囊。

皇太子方面感到相當焦慮。據《通鑑》（卷百九十一，武德九年）所述，武德九年六月的某個夜晚，世民被召到太子府邸，喝下了毒酒（鴆毒）。高祖前來探望吐血昏倒的世民時，相當訝異地說：「你怎麼那麼不能喝呢！」於是，雙方終於到了對決的時刻。

武德九年（六二六）六月初，突厥數萬騎入侵河南（甘肅省西部黃河以南地區），包圍烏城（甘肅臨潭縣境）。皇太子勸高祖指揮齊王元吉的討伐軍，更以強化軍隊的名目，要動員秦王李世民轄下的勇將精兵；他的企圖明顯是要分割李世民屬下的軍團，同時趁秦王部隊出兵的時候，執行暗殺世民的計畫。可是有人將他的企圖密告給世民，於是長孫無忌勸世民掌握機先，搶先一步起兵。世民對此的回答是：

> 骨肉相殘，古今大惡。吾誠知禍在朝夕，欲俟其發，然後以義討之，不亦可乎！

在後來編纂的史書中，太宗顯得相當從容不迫。

結果，因為齊王背約，太子的陰謀未能實現便夭折了。但是，世民還是在家臣「守衛社稷」的勸說下，決心起兵。這就是「玄武門之變」。在《舊唐書》中，可以看到事態的進展：

> 武德九年六月，皇太子建成、齊王元吉謀害太宗。六月四日，太宗率長孫無忌、尉遲敬德、

房玄齡、杜如晦、宇文士及等，於玄武門誅之。立為皇太子，庶政皆斷決。

八月，高祖傳位於皇太子，太宗即位於東宮顯德殿。（《舊唐書》本紀第二，太宗上）

李世民射殺了皇太子建成，齊王也遭殺害。結果，高祖的兒子就只剩下一人，內亂的隱憂也因此消失。兩個月後，高祖退位，李世民急急忙忙地即位；看起來，高祖恐怕是被迫讓位的。六十一歲的父親和二十九歲的青年皇帝，進行了世代交替。

奇特的是帝位繼承之爭，在隋朝也同樣展開；但太宗卻以「自衛行為」的方式，將之巧妙地正當化。

從儒教的道德觀來看，煬帝和太宗的殘殺兄弟，毫無疑問都犯了大忌。次子以武力奪權，否定長子繼承，也是不被允許的行為。可是從遊牧傳統來說，就像成吉思汗死後，繼承財產的是四子托雷（建立元朝的忽必烈之父）一樣，正統的繼承人是幼子。不過托雷在被推舉為大汗的時候，將位子讓給了哥哥窩闊台。另外，成吉思汗雖然是長子，但在父親死亡的時候他還未成年，所以在這個特例下繼承了家長的位子。他的幼弟叫做鐵木哥斡赤斤；斡赤斤在蒙古語的意思是「守灶者」，由此也可以看出遊牧民重視守護家中聖火的傳統。煬帝和太宗，與這種遊牧傳統絕非無緣；因此我們或許可以說，他們在對無條件選擇長子為後繼者的儒教形式上，擁有共通的微妙抵抗感。

第七章

永恆的彩虹

——「中華」的繼承者

李世民——天才將軍

明明已經登上皇太子之位、掌握了實權，為什麼李世民還要匆匆忙忙即位呢？那是因為他察覺到，高祖其實曾與聞暗殺他的計畫。

森安孝夫（大阪大學榮譽教授，專攻古代回鶻史）認為，高祖李淵和皇太子建成聯手，企圖疏遠李世民。其證據是武德八年重新設置的關中十二軍，這十二名將領全都直屬於高祖，李世民派被完全排除在外。（森安孝夫，《絲路、遊牧民與唐帝國》）

換言之，這起弒兄事變，從一開始就是放眼在篡奪王朝的目標上。

不只如此，在高祖時代，兵力居於劣勢的唐，只能對突厥行屈辱的臣下之禮。因此，如何壓下突厥的勢力，就成了攸關王朝存亡的關鍵課題。在李世民看來，唐和突厥之間的關係相當緊迫，非得自己親身打頭陣處理不可。

這是建國初期以來便一直持續的危機：

武德四年三月，突厥頡利可汗承父兄之資，士馬雄盛，有憑陵中國之志。（《通鑑》卷百八九，武德四年）

武德七年（六二四）七月，在唐朝宮廷發生了一場難以置信的議論。有人認為，突厥之所以一直攻擊關中，是因為「子女、玉帛」都集中在長安，所以應該燒掉首都，越過南山（秦嶺山脈）遷都到鄧（湖北省）一帶。西晉時代有將戎狄遠遠驅離首都的《徙戎論》，但這次卻出現了遷都論。自皇太子建成以下有許多人都贊成，唯獨秦王世民表示異議。他說：

戎狄為患，自古有之。陛下以聖武龍興，光宅中夏，精兵百萬，所征無敵，奈何以胡寇擾邊，遽遷都以避之，貽四海之羞，為百世之笑乎！（《通鑑》卷百九十一，武德七年）

面對戎狄的侵略，我們如果一再擺出膽怯的態度、甚至做出遷都這種軟弱的應對方式，將是萬世之恥；難道就不能勇敢一點，大聲說要取下頡利可汗的首級嗎？李世民如此憤怒地說著。這時候，在他的意識中只有「光宅中夏」，還沒有「中華」的登場。

狀況愈來愈緊迫，就在這場遷都議論的下個月（武德七年八月）——

突厥寇邊，太宗與遇於豳州（陝西省邠縣），從百騎與其可汗語，乃盟而去。（《新唐書》本紀第二，太宗）

太宗與頡利可汗締結盟約，從而避免了這場危機；作為代價，他應該也許諾了莫大的貢品吧！可是，光從武德八年（六二五）的記錄來看，東突厥的侵略在六月有兩次、八月有一次、十月有兩次；儘管締結了盟約，他們的攻勢還是隨年俱增。武德九年二月，突厥侵略原州（寧夏回族自治區固原縣）、三月侵攻靈州（寧夏靈武縣）、五月攻掠秦州（甘肅省天水市）、蘭州（甘肅省蘭州市）。六月藉著玄武門之變的機會，他們又侵略河南（甘肅省西南部、黃河以南地區）。

另一方面，西突厥則另有動向。武德八年

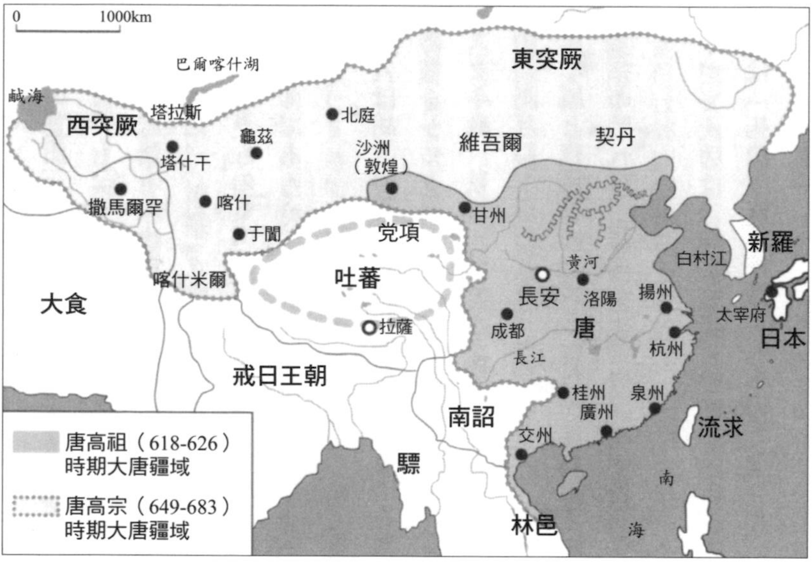

唐高祖至高宗時期的東亞大陸形勢圖

四月，

西突厥統葉護可汗遣使請婚，上（高祖）謂裴矩曰：「西突厥道遠，緩急不能相助，今求婚，何如？」對曰：「今北寇方強，為國家今日計，且當遠交而近攻，臣謂宜許其婚以威頡利。」（《通鑑》卷百九十一，武德八年）

提出「遠交近攻」策略的，是曾任煬帝黃門侍郎的裴矩。他的想法是，對遠方的西突厥懷柔，使之不構成威脅，然後集中力量，和位在近處、不斷侵略的東突厥展開對決。雖然唐朝降嫁公主到西突厥的事因為東突厥的干擾而沒能實現，但裴矩分裂東西突厥的策略，在不久後便開花結果。

武德七年西突厥的和親使節入朝，到了貞觀七年，太宗冊立的西突厥咄陸可汗（名泥孰，又稱大渡可汗，六三二—六三四在位）即位。據《舊唐書》突厥傳所述，在太宗還是秦王的時候，他曾在太宗的邀請下，與之結為義兄弟；而當他升任族長回到焉耆時，這項情報也傳到了太宗耳中。由此可知，太宗應該擁有一條獨特的情報網路。

綜合以上種種加以考量，可以察知，太宗應該是為了和東突厥一較高下，所以才決定捨棄軟弱的高祖，自己登上帝位吧！

太宗的自負，從以下言論可窺一斑：

貞觀十年，太宗謂房玄齡曰：「朕歷觀前代撥亂創業之主，生長民間，皆識達情偽，罕至於敗亡。逮乎繼世守文之君，生而富貴，不知疾苦，動至夷滅。朕少小以來，經營多難，備知天下之事，猶恐有所不逮。」（《貞觀政要》卷四，教戒太子諸王）

從年輕時代就參與建國事業的太宗，一方面擔心下一代的經驗不足，另一方面也把自己看成是「創業之主」。

立嫡以長，禮之正也。然高祖所以有天下，皆太宗之功。（《通鑑》卷百九十一，武德九年）

這是司馬光的見解。他雖然認為太宗趕走兄長、自居帝位的行為違反了禮教，但還是對這樣的行動抱持肯定。

武德九年（六二六）六月爆發玄武門之變，八月太宗即位。東突厥看穿了唐朝的混亂，率兵南下：

突厥進寇武功（陝西省武功縣），京師戒嚴。突厥頡利至於渭水便橋之北，遣其酋帥執失思力入朝為覘，自張形勢，太宗命囚之。親出玄武門，馳六騎幸渭水上，與頡利隔津而語，責以負約。俄而眾軍繼至，頡利見軍容既盛，又知思力就拘，由是大懼，遂請和，詔許焉……又幸便橋，與頡利刑白馬設盟，突厥引退。（《舊唐書》本紀第二，太宗上）

頡利可汗逼近便橋；便橋是橫跨流經長安北面渭水的橋樑，也是首都迎戰北面前來敵人的最後防衛線。前次率領百騎面對突厥頡利可汗的太宗，這次僅僅帶了六騎，前去指責頡利破壞盟約的不對。據《舊唐書》說，可汗因為畏懼唐朝的軍容盛大，所以請和。從這裡可以窺見太宗的膽識，但敵我的勢力關係並沒有變化，整起事件對太宗而言，只是繼承父親時代的屈辱罷了。

關於這次便橋對決的模樣，還留有一幅繪畫；那是陳及之所畫的《便橋會盟圖》（北京故宮博物院藏）。橋的左端、靠近首都這邊是騎馬的太宗，橋的右側斜坡則是騎馬的可汗一行六人。這幅畫作將太宗面對強大的突厥軍，一步不退威風凜凜的英姿記錄下來。

太宗即位，改年號為貞觀。這就是二十三年的太平盛世——「貞觀之治」的開始。

貞觀二年，太宗明示了尊重儒教的態度：

始立孔子廟堂於國學，稽式舊典，以仲尼為先聖，顏子為先師……是歲大收天下儒士，賜帛給傳，令詣京師，……俄而吐蕃及高昌、高麗、新羅等諸夷酋長，亦遣子弟請入於學。於是國學之內，鼓篋升講筵者，幾至萬人，儒學之興，古昔未有也。（《貞觀政要》卷七，崇儒學）

儒教致力於建立透過道德修養與德行來統治的政治架構，是漢代的國教；太宗也打算以這種政治思想，作為新國家的根幹。在國立學校當中，也可以看見周邊各民族的子弟。與過去遭受挫折的幾位騎馬民族王朝統治者如前秦苻堅、北魏孝文帝一樣，太宗也打算透過儒教的德治主義來統治多民族。

《貞觀政要》是太宗與心腹家臣團對話記錄的彙整；作者吳兢（六六九—七四九）在則天武后的時代進入史館，歷任起居郎（位在天子身邊，負責記錄天子行動的官員）等職務。他在武后寵愛的張易之監修下，擔任編纂國史的史官；但因為對充滿忌諱與粉飾的國史感到不滿，所以私下撰寫了《唐春秋》（今已散佚不存）。

《貞觀政要》的完成是在吳兢晚年，第六任皇帝玄宗的時代，距離太宗時代已有七、八十年，其素材來自記錄太宗每日言行的「起居注」與「太宗實錄」，另外還有太宗時代的「時政記」，也就是由起居郎逐次記錄，有關太宗與宰相、重臣針對政治進行審議的來龍去脈。《貞觀政要》以這些多采多姿的記錄為基礎，將貞觀時代二十三年間的宮廷議論忠實再現。宋和蒙元以降的歷代王朝，都把這本書當成帝王學的教科書，讓皇帝進行誦讀。

後世咸認太宗是文武雙全，史上罕見的名君。在他背後有著豐富的人才支持，首先跟隨他的股肱之臣，是長孫無忌和高士廉。

長孫無忌是北魏獻文帝的末裔，屬於鮮卑族。長孫一族是北魏孝文帝定下的「宗室十姓」之一、屈指可數的鮮卑名族；他們先從拓跋氏改為跋氏，接著又因為身為宗族之長，所以被賜封為長孫氏。長孫無忌是太宗的妻子文德皇后之兄，最受太宗信任，在戰場上常常隨侍於太宗左右。高士廉出身北齊皇室，他的妹妹是長孫無忌之母，因為無忌的父親早逝，所以就由他養育這對兄妹長大。對太宗而言，無忌是義兄、士廉則是伯父般的存在。

接著在武德年間擔任天策上將的時候，秦王李世民又廣集四方文學之士，包括杜如晦、房玄齡、虞世南、褚亮、姚思廉、孔穎達等十八人，號稱「十八學士」。這十八位學士全都是漢人；曾任工部尚書等高官、同時也以宮廷畫家著稱的閻立本，奉命畫了「十八學士圖」。這幅畫如今已佚失，但還有一幅可以讓人遙想當時畫風的名畫，那就是閻立本描繪隋煬帝等人的畫作《歷代帝王圖》（波士頓美術館藏）。這幅色調重厚的繪畫，和敦煌莫高窟第二八五窟的「維摩詰圖」下方描繪的帝王圖是相通的。順道一提，在都城郊外秦嶺山麓上，有一間太宗非常喜愛的避暑行宮翠微宮；負責建造這間宮殿的將作大匠，是閻立本的哥哥、同樣以畫家著稱的閻立德。後來，太宗就在這間宮殿逝世。

十八學士中，房玄齡、杜如晦、虞世南、孔穎達等，都是隸屬於秦王府、李世民羽翼下的官員。進言發動玄武門起兵的杜如晦與房玄齡，一個具有優秀決斷力，另一個則具有優秀構想力，以對照組的形式支撐著太宗，被評為「談良相者稱房杜焉」。李世民掌握全權的武德九年六月，房杜分別升任兵部尚書（軍事長官）與中書令（負責擬定詔敕的機構長官），擔任重要閣僚。

虞世南是越州（浙江省紹興市）餘姚人，和身為煬帝寵臣的哥哥虞世基一起侍奉隋朝；煬帝逝世後，他被竇建德任命為黃門侍郎，進入唐朝之後，任李世民的秦府參軍。他也是太宗的書法老師。

孔穎達是冀州衡水人，在煬帝時代成為科舉進士，於秦王擊降王世充時，成為秦府文學館學士。

太宗即位後不久，在宮殿正殿的左邊設置弘文館，集結以十八學士為首的有名學者，賦予他們弘文館學士的稱號。學士分成三班，輪番當值，太宗在臨朝的空閒時間，就會召喚學士們討論古代典籍與史書，並砥礪政策。他也常常走訪弘文館直到深夜，然後就睡在那裡。

學士們的議論，是針對以漢武帝為首的歷代王朝皇帝事蹟進行評價，並從中找出統治的諸多要點，其內容相當深入、也相當凝鍊。十八學士的歷史成果，就是《五經正義》一百八十卷。貞觀十二年（六三八），太宗命令孔穎達、顏師古等人統一解釋五經；這項作業在四年後完成，太宗以這部大作，作為科舉考試的根本。

學士們對官員的錄取與否也有發言權；被他們賞識並選中，號稱是「登瀛洲」。瀛洲是傳說的三神山之一，是座位在東方海中、有神仙棲息的山。

從十八學士的經歷來看，大多是隋朝時代便已被拔擢出來的人，因此就算在人才面上，太宗也多有仰賴文帝、煬帝之處。可是太宗卻不認可這點，他曾這樣說：

隋煬帝不解精選賢良，鎮撫邊境，惟遠築長城……（《貞觀政要》卷一，任賢）

在《舊唐書》中，太宗經常會用「煬帝無道」等言詞，對煬帝嚴加批判。在《貞觀政要》中，也常可以看見太宗說「隋主殘暴，身死匹夫之手」、「煬帝暴虐」、「護短拒諫」之類的話語。太宗甚至說，煬帝的對外征伐，只是為了滿足自己物質慾望的舉動罷了。

儘管如此，為什麼唐朝必須把楊廣死後的諡號從明帝改為煬帝，對他大加貶低呢？畢竟煬帝在國家建設所必須的軟硬體方面，確實有著敏銳的直覺與相當明確的判斷力啊！

太宗生於隋朝開皇十八年（五九八），煬帝即位時他七歲，因此他所認識的，就只有皇帝楊廣而已。對於太宗而言，煬帝和父親差不多同樣年紀，貶低煬帝的廟號，甚至屢屢批評對方的昏庸愚昧，恐怕也有點因為對方才能耀眼，感到嫉妒的成分在吧！

「太宗一面否定煬帝，一面企圖實現新的國家體制，結果卻走上和煬帝同樣的路線；這是太宗的兩難，同時也是他反過來意識到煬帝存在感的理由。」氣賀則保規先生，接著又作出了以下的評論：

太宗所達成的這些制度，其實有相當大一部分都跟煬帝時的政策彼此重疊。其中最典型者，就是在軍事面支撐國家的支柱——府兵制。唐的府兵制，最初是由隋初稱為「驃騎府」的軍府制度出發，在貞觀律令發布的前一年（貞觀十年），才定折衝府為軍府的型態。折衝府制雖然在名稱上有所差異，但其實就是煬帝所確立的鷹揚府制的重現。（氣賀澤保規，《絢爛的世界帝國〜隋唐時代》）

隋的國家體制，是吸收繼承了北魏以降歷代王朝的經營，從而確立的產物。不只如此，透過作為創業王朝特徵的巨大事業，隋也構築了讓國家安定的體系。唐將隋的體制與事業，一併繼承下來；正因如此，唐才必須否定隋煬帝的功績，而其象徵就是竄改煬帝的謚號。

天可汗太宗——橫掃歐亞

我們可以從周邊遊牧國家對唐朝的普遍稱呼，窺見唐朝實際上是所謂的「拓跋國家」。以下引用古代回鶻史專家森安孝夫先生的說法：

透過突厥第二帝國的鄂爾渾碑銘或是回鶻帝國的希乃烏蘇碑銘（Sine-Usu Inscription）等各種古代土耳其語史料，顯示中央歐亞東部的土耳其系的各民族稱呼唐朝或唐帝國為「Tabγa」……也就是拓跋＝Tayba 這個名稱的訛音。（森安孝夫，《絲路、遊牧民與唐帝國》）

以突厥為首的中亞各部族，都把唐朝認知為「拓跋王朝」。

太宗即位之初，帝國的狀況依然相當緊迫：

貞觀初，戶不及三百萬，絹一匹易米一斗。至四年，米斗四五錢，外戶不閉者數月，馬牛被野，人行數千里不齎糧，民物蕃息，四夷降附者百二十萬人。是歲，天下斷獄，死罪者二十九人，號稱太平。（《新唐書》志第四十一，食貨）

貞觀元年關中飢荒，物價高騰到米一斗價值絹一匹的程度。貞觀二年又苦於全國性蝗災，三年還有大水患。到了四年終於豐收，米一斗只需四、五錢，為了就食而離家的人民也都回到鄉里。獲判死刑的人只有三十人不到，犯罪劇減，全國人民連關門都不需要；在《通鑑》貞觀四年，也有類似的記載。太宗和家臣一方面憐憫農民，努力施行賑濟，另一方面也致力於儉約。簡單說，他們實行的是漢代文景的「無為之治」，也就是與民休息的政治。透過這種施政，到了貞觀四年（六三〇），僅僅四年就讓天下太平的盛世重新復甦。

貞觀六年十二月，接受死刑判決的犯人兩百九十八人被允許返鄉一年；第二年秋天，他們一人不缺地回到了監獄中。這個令人難以置信的插曲，在《舊唐書》本紀第三・太宗下中可以看到。這年，党項羌（羌族）三十萬人內屬；同年，家臣們認為太宗既已是天下之主，應該向天報告，所以建議在泰山舉行封禪儀式，但在魏徵的諫言之下，太宗並沒有採納這個建議。

太宗在便橋的屈辱三年後，便開始一雪前恥、展開對外軍事行動——特別是對突厥的征討。貞觀三年（六一九）八月，太宗派遣兵部尚書（陸軍大臣）李靖為行軍總管。這時漠北歷經數年飢荒、入冬之後又降下數尺大雪，眾多家畜死亡，突厥的國情日趨嚴峻。原本從屬的各部族也不接受頡利可汗的進貢要求，陸續反叛投降唐朝。

十一月，李靖等四名總管率領十餘萬軍隊，動身討伐東突厥。新年剛過的三月，李靖在陰山趁霧襲擊陣營不整的突厥軍，大破之，斬首萬餘級：

靖前鋒乘霧而行，去其牙帳七里，頡利始覺，列兵未及成陣，單馬輕走，虜眾因而潰散。斬萬餘級，殺其妻隋義成公主，俘男女十餘萬，斥土界自陰山至於大漠，遂滅其國。（《貞觀政要》卷一，任賢）

被政治玩弄的宇文氏之女義成公主（千金公主），在此喪失了性命。不久後，單騎逃亡的可汗也被逮捕：

貞觀四年三月，李靖俘突厥頡利可汗以獻。（《新唐書》本紀第二，太宗）

太宗乃至於整個唐朝的悲願——討伐突厥，終於首次達成。太宗如是說：

往者國家草創，突厥強梁，太上皇（高祖）以百姓之故，稱臣於頡利，朕未嘗不痛心疾首，志滅匈奴，坐不安席，食不甘味。今者暫動偏師，無往不捷，單于稽顙（平伏於地面，表示臣服），恥其雪乎！（《貞觀政要》卷一，任賢）

聽了太宗的話，底下的群臣全都高呼萬歲。

東突厥就此滅亡，太宗終於得以一雪「便橋之恥」。

接下來到了四月——

四夷君長詣闕請上為天可汗，上曰：「我為大唐天子，又下行可汗事乎？」群臣及四夷皆稱萬歲。是後以璽書賜西北君長，皆稱天可汗。（《通鑑》卷百九十三，貞觀四年）

太宗在身為中原世界皇帝的同時，也向天下宣示，他乃是草原的霸主——天可汗。「下行」這個用法，顯示在太宗意識中，雖然唐是遊牧系王朝，但已經把中原放在上位，遊牧置於下位。杉山正明先生認為，初唐對草原世界的大拓展中，「拓跋國家」的特徵讓他們顯得相當有利。杉山先生是這樣說的：

簡單來說，就是以大體上保有遊牧民氛圍的軍事組織及騎馬戰力為骨幹，再加上可從鮮卑追溯到匈奴的牧民傳統與血緣意識（事實上，不只是北魏王室和唐王室所屬的拓跋部，身為拓跋聯合體的有力集團之一、構成北周王室的宇文氏，原本也是匈奴帝國的顯赫名門。）這是讓身為支配者的唐朝，以及

受支配的君長、居民，對唐的間接掌控都能出乎意料無縫接軌的主因之一。（杉山正明，《遊牧民的世界史》）

就在值得紀念的這一年——貞觀四年（六三〇），太宗的宮廷中，首度使用了「中華」這個詞：

北狄人面獸心，難以德懷，易以威服。今令其部落散處河南，逼近中華，久必為患。至如雁門之役，雖是突厥背恩，自由隋主無道。中國以之喪亂，豈得雲與復亡國以致此禍？夷不亂華，前哲明訓，存亡繼絕，列聖通規。臣恐事不師古，難以長久。（《貞觀政要》卷十，安邊）

卷十的標題「安邊」，意指對邊境、國境安寧的議論；這裡是宮廷針對突厥降伏後，應該讓降民居住在哪裡展開的議論。上述這段話，是反對讓突厥人居住在首都近郊的給事中（隸屬門下省，負責對皇帝的意向表達異議的官員）杜楚客（杜如晦之弟）的發言。在這當中，出現了「中華」和「中國」這兩個關鍵字。中國是作「歷史上一直延續下去的國家」解，中華則是意味著「唐的領域」。

貞觀四年對唐這個國家來說，是脫離了雙重危機之年，也是獲得了向巨大帝國邁進的立足點、堪稱重大轉機的一年。

這兩個轉機，一個是一雪「便橋之恥」，確保了從現在內蒙古陰山山脈到西域、新疆沙漠的廣大版圖；另一個則是三年的饑荒之後，久違的豐收終於讓民心安定下來，而這種安定說是靠煬帝時代完成的大運河，一點也不為過。

貞觀之治初期，太宗整飭了宮廷的儀禮音樂：

> 貞觀二年，太常少卿（負責管理郊廟社稷禮樂的機構——太常寺的次官）祖孝孫既定雅樂。冬至祀昊天於圓丘樂章八首。貞觀六年，褚亮、虞世南、魏徵等作此詞，今行用。降神用《豫和》……皇帝行用《太和》……登歌奠玉帛用《肅和》……武舞作用《凱安》……送神用《豫和》。（《舊唐書》志第十，音樂三）

貞觀二年制定的「大唐雅樂」，既是斟酌南北音樂、考慮古代儀禮音樂後，創造出來的產物，也是《周禮》所記載，長久以來早已斷絕的郊廟祭祀舞樂的重新復甦。可是貞觀二年的階段只有舞蹈，尚未加上詩句。貞觀六年，太宗命令為冬至祀奉昊天的八首舞蹈賦詩，負責作詩的是擅長詩句的褚亮、虞世南、魏徵等人。

「冬至祀昊天」是在冬至之日，於郊廟祀奉上天的儀禮。在古代中國，受天命的天子被認為是維繫王朝的關鍵，因此祀奉上天的儀禮——祭天，便是天子必須舉行的最重要儀式之一。

在這當中，「凱安」舞是武舞，是在送神用的「豫和」、也就是將降臨的上神送返天界的文舞之前，進行奉獻的舞蹈。文舞是吹笛、手持雉羽的舞蹈，武舞則是手持武器的舞蹈。在這首「凱安」之舞中，也有見到「中華」。以下是它的全文：

昔在炎運終，中華亂無象。酆郊赤烏見，邙山黑雲上。大賚下周車，禁暴開殷網。幽明同葉贊，鼎祚齊天壤。

當傳說的帝王炎帝命運告終之際，中華也紛亂到毫無秩序可言……以此為開端，接著敘述周朝打倒了暴虐的殷朝，建立起新的王朝。這是一首頌讚理想王朝——周朝的詩賦。這首詩在郊廟的祭祀中，被一邊詠唱一邊舞蹈；它和太宗在激戰之後，讓失落的「中華」化為現實的自豪想法，完全重疊在一起。「中華」在官方的儀禮中，變成了唐朝國家意識的表象。孝文帝的「中華」在北魏滅亡後近百年，終於在拓跋王朝的宮廷中甦醒過來。

說到鼓吹樂，在唐朝的這種樂曲，是結合了漢魏以來的鼓吹樂與隨的新鼓吹樂，再加上南朝清商樂的集大成，也就是所謂「天下大同」之樂的完成；可是這樣的結合，代價是鮮卑系胡歌的

衰退。（渡邊信一郎，《中國古代的樂聖與國家～日本雅樂的源流》）

從這種評價來看，樂制方面的洗鍊更替，意味著鮮卑色彩的淡薄，而從中也可以窺見太宗意欲建立夷華混一世界帝國的意識。

太宗終於舒緩下來的姿態，在貞觀七年的談話中可以得見：

遂得華夏安寧，遠戎賓服。突厥自古以來常為中國勍敵，今酋長並帶刀宿衛，部落皆襲衣冠。使我遂至於此，皆魏徵之力也。（《貞觀政要》第二，政體）

過去作為強敵的突厥酋長，如今都捨棄了戎服、改著衣冠擔任宮中的警衛。能夠做到這種地步、讓我們直通西域，全都是魏徵的功績啊！——太宗如此盛讚。魏徵過去是皇太子建成的心腹，在玄武門之變後，面對李世民的追究，仍能堅守對主君的忠節；這份豁出去的膽識讓太宗深表認可，於是將他招入幕下。當智者裴矩在貞觀元年過世後，魏徵便繼承他的職位，被擢升為諫議大夫。

諫議大夫是唐朝特有的職位，具有讓政策決定過程公開透明化的機能。唐朝的政治制度中，和天子一起參與政策決定的是中書省、負責實施決定的是尚書省、在這中間負責審議政策的則是門下省，合稱「三省」。三省制最大的特色，是在門下省侍中（長官）底下設置諫議大夫。即使中書省已經決定了天子的詔令，諫議大夫還是可以動用稱為「封駁」的否決權。宮崎市定說，這個制度「是唐朝得以保有當時相當罕見長久命脈的主因之一」（宮崎市定，《大唐帝國》）。

現在還留有一幅名為「唐太宗納諫圖」（台北故宮博物院藏）的繪畫，描繪的是魏徵對太宗進行諫言的情景。畫面中描繪了太宗對擔心因諫言遭處罰的官員們訓誨的模樣；遺憾的是這幅畫被截斷了，因此我們看不見魏徵的樣子。

畫下這幅畫的，是太宗賞識的宮廷畫家閻立本。

這些繪畫也展現出太宗在中國歷代王朝皇帝中相當特異的一點，那就是他留下了許多有關皇帝事蹟與功臣模樣的繪畫。「十八學士圖」雖然喪失了，但還有「歷代帝王圖」、「便橋會盟圖」，乃至於描述和吐蕃使節會面場合的「步輦圖」，以及描繪巧取書聖王羲之「蘭亭序」插曲的「畫蕭翼賺蘭亭圖」等傳世。這些畫除了「便橋會盟圖」以外，全都是出自閻立本之手。太宗不時就會召喚閻立本，將這些場景描繪下來。

在往後的時代中，有很多皇帝的肖像畫流傳下來，但針對某起事件進行描繪的繪畫，卻幾乎不曾得見。唯一可見的是元世祖忽必烈的「世祖出獵圖」，但那只是描繪皇帝狩獵的一般情景，並非事件的現場。

從這點可以得知，太宗是一位強烈意識到後世評價與史筆，相當特殊的皇帝。

追求歷史正統——「中華」的復甦

既是皇帝、也是天可汗的太宗，是史上第一位同時君臨草原與農耕、夷（胡）與華，兩個世界（領域）的君主。他轄下的領域包含了過去漢武帝獲得的領土，也是騎馬民族皇帝夢想的巨大帝國。氐族苻堅的前秦、鮮卑族孝文帝的北魏，都在南伐這最後一關遭遇挫折，導致霸主之夢與野心，宛若草原的彩虹一般稍縱即逝。

煬帝的隋帝國，也只維持極短的時間便消逝了。

騎馬民族，乃至於「拓跋國家」終年的夢想，就由唐帝國來繼承。

唐帝國的領域，規模甚至凌駕了過去的漢帝國。對於這個史上首次實現、混一夷華的世界帝國，該怎麼稱呼它呢？如果還是使用中夏、華夏或中國，那不過是舊態復萌而已；因此，要如何創造一個符合新領域的概念，就成了太宗與官員們的重大課題。

給予他們重大啟示的，毫無疑問是隋唐王朝的根源——北魏的正史《魏書》。在這當中獲得注目的，是孝文帝時代的「中華」：

唯我皇魏之奄有中華。（《魏書》列傳第五十，李彪）

北魏用「中華」這個詞，來表現自己獲得的領域，同時也宣示自己繼承了傳統王朝。

太宗是位手不釋卷的君主，這點從《貞觀政要》中可見一斑：

朕觀前代，讒佞之徒，皆國之蟊賊也。（卷七．奢縱，貞觀初）

朕比尋討經史，明王聖帝曷嘗無師傅哉？（卷四．尊敬師傅，貞觀六年）

朕讀書見前王善事，皆力行而不倦。（卷十．慎終，貞觀十二年）

朕聽朝之暇，觀前史……（卷五．忠義，貞觀十五年）

太宗反覆閱讀過往各王朝的正史，也提過前秦苻堅；不過很不可思議的是，他卻完全不曾提及關於《魏書》的種種，好像完全無視於北魏這個國家。太宗這樣做的意圖，究竟是什麼呢？

太宗與他的智囊們，應該對北魏「奄有中華」這段孝文帝時代的記錄有所認識才對。結果，他們選擇了繼承北魏，用「中華」這個詞來表現太宗「華戎混一的新世界」這一概念。也就是說，雖然「孝文帝的中華」在北魏滅亡後便從歷史消失，但它對太宗而言，仍是一個相當具有魅力的概念。

「中華」是在怎樣的意義下被使用，其中又包含了怎樣的民族成員呢？透過對歷史來龍去脈的追溯，我們可以一窺太宗內心的想法。

太宗的時代，也是建立正統史觀的時代。

氣賀澤保規先生說：「太宗對歷史的關心與對記錄的執著，總是給人一種莫名異常、如影隨形的感覺。」這裡指的是他對前代正史的編纂、以及對自己事蹟描繪的執著：

其中一個理由是，他身體裡流著非漢族的血。雖然經過好幾代漢化的過程，太宗不管在風俗習慣或是言語教養上，都充滿了漢風，可是他對於自己是否已經完全脫離鮮卑的遊牧風氣，還是抱持著一抹不安。畢竟不管血統、容貌和體格，他都是一派鮮卑北族的樣子。（氣賀澤保規，《則天武后》）

太宗或許就是將這種鬱積的感情，投注在正史編纂之上吧！而他的目標，明顯就是要塑造出自身王朝的正統性。

《後漢書》以降的正史，在北朝有《魏書》（北齊魏收撰）、南朝有《宋書》（南齊沈約撰）、《南齊書》（梁蕭子顯撰），總計三個王朝的歷史被編纂出來。

在此之後的正史編纂，直到唐建國不久的武德年間（六二一）才被提起：

德棻嘗從容言於高祖曰：「竊見近代已來，多無正史，梁、陳及齊，猶有文籍。至周、隋遭大業離亂，多有遺闕。當今耳目猶接，尚有可憑，如更十數年後，恐事跡湮沒。陛上既受禪於隋，復承周氏歷數，國家二祖功業，並在周時。如文史不存，何以貽鑒今古？如臣愚見，並請修之。」（《舊唐書》列傳第二十三，令狐德棻）

令狐德棻向高祖陳訴，唐王朝既然是承繼北周而成立，那就應該修纂北周乃至於隋的正史；畢竟闡明唐朝乃是北周和隋的繼承者這件事，是為王朝正統性背書不可或缺的作業。

德棻是位白手起家、躍居高位的人物；在《舊唐書》列傳中，只有提及他父親曾擔任隋朝的官員。令狐家據說是從敦煌遷徙到河西，但其譜系及相關人物並不清楚。德棻因為熟知歷史，在高祖李淵時被任命為起居舍人，後來又被拔擢為秘書丞（負責管理國家典籍圖書的秘書省幹部）。之後他向高祖進言，建議購入因戰亂而散佚的經典，同時也提及要編纂這五個朝代的歷史。

武德已來創修撰之源，自德棻始也。（《舊唐書》列傳第二十三，令狐德棻）

於是高祖下詔，開始編纂北周、北齊、梁、陳、隋這五個朝代的正史，其中《周書》由令狐德棻本人負責編纂；可是編纂的進展並不順利，因此幾年後便半途而廢。

貞觀二年（六二八），太宗命尚書左僕射房玄齡為總監修，對南朝的《梁書》（著作郎姚思廉撰）、《陳書》（姚思廉撰）、北朝的《齊書（北齊書）》（中書舍人李百藥撰）、《周書》（秘書丞令狐德棻撰）、《隋書》（秘書監魏徵撰）這五個朝代的歷史，重新進行編纂。《周書》的撰者延續先前計畫，仍然由德棻擔任。負責南朝二史的姚思廉，從父親時代開始就是史官；當他父親侍奉陳和隋的時候，已經處理過梁陳兩朝的歷史，對姚思廉來說，編纂正史算是他的家學。李百藥也是一樣，是子承父業編纂《齊書》。

自太宗下詔過了八年之後──

貞觀十年（六二六年）春正月，尚書左僕射房玄齡、侍中魏徵上梁、陳、齊、周、隋五代史，詔藏於秘閣。（《舊唐書》本紀第三，太宗下）

這五個朝代的歷史，自此齊備大成。但在《貞觀政要》中，有一段相當不可思議的記述：

頃讀周、齊史，末代亡國之主，為惡多相類也。（《貞觀政要》卷九，貞觀九年）

在下令編纂的正史完成前一年，太宗就已經讀過北周、北齊的史書，同時還問魏徵，北周天元皇帝與北齊後主這兩位亡國之君，哪位的行為比較惡劣。這意味著什麼呢？太宗閱讀史書的可能性有兩個，一個是想先行知道編出來的史書是什麼樣貌，另一個則是監控整段編纂流程。

《舊唐書》經籍志，是玄宗開元年間針對建國以來內庫流傳的書籍進行首次大整理時，所留下的目錄；在這當中有李德林撰《北齊未修書》（志第二十六．經籍上）的名稱，卻沒有北周的史書。不只如此，在記錄皇帝日常生活的起居注也是一樣，有後魏（北魏）兩百七十六卷，卻沒有之後的北周、北齊記錄。北周、隋、唐都是定都於長安，王朝交替時，戰火也沒有波及此處；因此，就算如令狐德棻說「至周、隋遭大業離亂，多有遺闕」，應該也還是留有相關資料才對。故此，可以推斷它們是玄宗時代之前，隨著時光流逝而佚失了。太宗閱讀的《劉聰傳》（《貞觀政要》卷六，儉約），其名也不存於經籍志中。

晉以降六代的正史，大半都是在太宗時代編纂完成；當中關於「中華」的用例，一共有二十三例，而在這裡面，又以《晉書》、《宋書》、《魏書》三部最為突出。太宗編纂的《晉書》有八例，隋以前編纂的《宋書》《魏書》各有五例。另外，唐滅亡後的五代編纂的《舊唐書》有十二例，也相當顯眼。至於南朝的梁、陳，則完全不曾出現「中華」之名。

在這裡，我們再確認一次到唐代為止，正史中關於「中華」的用例次數（◎為詔令或上表）：

史書	中國	華夏	中華（◎）	撰者	滅亡年
《史記》			○例	漢・司馬遷	
《漢書》			○例	後漢・班固等	
《後漢書》			○例	宋・范曄	
《三國志》			○例	西晉・陳壽	
《晉書》	九十一例	十三例	八（四）例	唐・房玄齡等	四二○年
《宋書》	二十一例	四例	五（三）例	南齊・沈約	四七九年
《南齊書》	九例	四例	二（一）例	梁・蕭子顯	五○二年
《梁書》	二十五例	○例	○例	唐・姚思廉	五五七年
《陳書》	四例	○例	○例	唐・姚思廉	五八九年
《魏書》	五十三例	七例	五（四）例	北齊・魏收	五三四年分裂
《北齊書》	三例	○例	一（○）例	唐・李百藥	五七七年
《周書》	九例	八例	一（○）例	唐・令狐德棻	五八一年
《隋書》	五十一例	十六例	一（○）例	唐・魏徵	六一八年
《舊唐書》	一七○例	十三例	十二（八）例	五代後晉・劉昫	
《新唐書》	二○○例	二例	二（○）例	北宋・歐陽修	

除此之外的用例，在北朝的齊、周乃至於隋，各有以下一例，合計僅三例：

于時鮮卑共輕中華朝士，唯憚服於昂。高祖每申令三軍，常鮮卑語，昂若在列，則為華言。（《北齊書》列傳第十三，高昂）

宕昌羌者……漢有先零、燒當等，世為邊患。其地，東接中華，西通西域，南北數千里。（《周書》列傳第四十．異域上，宕昌）

然伯雅先臣鐵勒，而鐵勒恒遣重臣在高昌國，有商胡往來者，則稅之送於鐵勒。雖有此令取悅中華，然竟畏鐵勒而不敢改也。自是歲令使人貢其方物。（《隋書》列傳第四十八．西域高昌）

《北齊書》（李百藥撰）的「中華」，明顯是指「鮮卑非中華」，和太宗的中華並不相容。《隋書》列傳第七李德林傳中，有說他「勅撰《齊史》未成」；換言之，《齊史》是隋代李德林奉詔開始編纂，到了太宗時命令其子李百藥繼承父業加以完成。李百藥沿用了父親的資料與草稿，在全五十卷（紀八卷、列傳四十二卷）的內容中，有二十七卷是其父所撰。因此《北齊書》的中華，很有可能是李德林原撰的部分，直接收錄下來的內容。

《周書》直接承繼了北齊魏收在《魏書》中的表現方式，《隋書》則是針對西域狀況的描寫，兩者都是編纂者的史筆。它們的編纂者分別是令狐德棻與魏徵；因為是經由太宗心腹撰寫出來的產物，所以這兩例都很理解太宗的「中華」所指為何。

是故，在北周和隋代的宮廷中，也完全沒有看到「中華」的用例。

《史記》與《漢書》等歷代正史，大多是身為士大夫的史官，奉勅命運用前王朝的資料，耗費平生加以編纂而成的著作。其所使用的資料以記載皇帝日常行事的起居注為首，也包含了和人事、租稅等相關的細微資料。但是太宗卻把編史當成王朝的一大事業，動員大量人員在短期間內，編纂了五個朝代的正史。因此，其中有許多粗疏且不統一之處：

> 梁、陳已降，隋、周而往，諸史皆貞觀年中羣公所撰，近古易悉，情偽可求。至如朝廷貴臣，必父祖有傳考，其行事皆子孫所為；而訪彼流俗，詢諸故老，事有不同，言多爽實。（唐劉知幾撰、清浦起龍釋《史通通釋》卷七，曲筆第二十五）

> 皇家修五代史。館中墜藁（未被採用的原稿）仍存，皆因彼舊事定為新史觀。其朱墨所塗、鉛黃所拂，猶有可識者，或以實為虛、以非為是。（《史通通釋》卷十七，雜說中．北齊諸史）

這五本正史記載的內容，說到底都是以和當代貴人的父祖是否有關，來作為納入列傳人選的標準；後來的宮廷史官——起居郎劉知幾，做出了這樣嚴格的評價。劉知幾從則天武后的時代開始參與編纂國史，時間長達二十餘年，但他對史家任憑一已之見竄改文章的態度感到憤懣，於是在私撰的二十卷《史通》中，吐露出自己的心情；從設立「曲筆」這個條項，也可以看出他的不滿。話雖如此，《史通》對直到唐朝為止的正史，仍然能做冷靜的評斷。這是史上第一本史論類的書籍，成書是在第九任皇帝玄宗即位兩年前的景龍四年（七一〇），距離五本正史完書大概經過七十多年。

劉知幾銳利的筆鋒，特別指向《周書》：

今俗所行周史，是令狐德棻等所撰；其書文而不實、雅而無檢，真迹甚寡，客氣尤煩……遂使周氏一代之史，多非實錄者焉。（《史通通釋》卷十七，雜說中．周書）

《周書》的特徵在其不只對李氏家族，對唐朝的功臣也一路追溯到其先祖，大加彰顯。劉知幾因此批評它「不實」。劉知幾敢作這樣的批評，一定是言出有據；也就是說，他毫無疑問知道有相關史料的存在。編纂《周書》的令狐德棻，其實是個捏造史家嗎？從諷刺的角度來看並非如此。更正確說，這種有意竄改歷史的意圖，其實是來自太宗。

話又說回來，最初出現「中華」的《晉書》，在西晉和東晉有著不同的意義：

今邊陲無備豫之儲，中華有杼軸之困。（《晉書》劉喬傳）

自彊胡陵暴，中華蕩覆，狼狽失據……（《晉書》桓溫傳）

劉喬傳所說的中華，是在西晉滅亡前夕，當成「晉這個國家」的同義語來使用。另一方面東晉桓溫傳的中華，則是指南遷前的時代，也就是西晉；它意味的是「中原的國家」或「失落的中原」。

回顧歷史，首先是位居中原的西晉，在地上的宮殿中建造了「中華門」。故此在這之前，天界有「中華門」的知識，大概已經相當普及了。

西晉武帝以降，歷代王朝也都持續興建「中華門」。《晉書》以降最早的記錄，是六世紀上半葉完成的南朝《宋書》。此後直到唐代的正史，以「中華」為名的建物一共有十二例，分別是：

《晉書》	三例	東、西中華門、雲龍中華門（禮志）、西中華門（載記石季龍傳）
《宋書》	四例	西中華門、東中華門、東中華雲龍門（禮志）、中華門（二凶傳）
《南齊書》	二例	中華門（劉悛傳）
《魏書》	無	
《北齊書》	無	
《周書》	一例	中華門（宗室傳）

《隋書》	三例	中華門（音樂志）、東、西中華門（百官志）
《舊唐書》	一例	中華殿（令狐德棻傳）
《新唐書》	一例	中華殿（令狐德棻傳）

這當中包含了「還從雲龍東中華門入謁」（《宋書》）、「太祖集議中華門」（《南齊書》）等記述。宋在第三任皇帝文帝的時代，也可以確認有中華門的存在。

從《宋書》、《南齊書》中可以看見複數的用例，但在《魏書》、《北齊書》卻沒有類似的用例，而《周書》也只有一例來考量，以天宮之門來為現實宮殿命名的習慣，是從西晉開始並為南朝所繼承，卻沒有流傳到北魏，因此沒被北朝所採用，直到北周才首次傳過來。

唯獨一例，就是在唐代出現的「中華殿」這棟建物：

> 高宗初嗣位，留心政道，嘗召宰臣及弘文館學士於中華殿而問曰：「何者為王道、霸道？又孰為先後？」（《舊唐書》列傳第二十三，令狐德棻）

中華殿是繼太宗之後的高宗即位初期，接受臣下謁見的宮殿。雖然沒有記錄，不過應該是太宗時代興建的建物。不是「中華門」，而是以「中華殿」這樣獨立的建物出現，這在史上是絕無僅有的。太宗對「中華」兩字的迷戀之深，由此可見一斑。

西晉時代，從作為王朝代名詞、和夷狄相對的「華」這個表現方式，產生出「中華」這個概念；被趕出中原的南朝、東晉和劉宋，將之作為「幻想的中原」，也就是已然喪失世界的象徵。這是「中華」在南朝展開的情況。此後，「中華」傳到北朝的北魏，而西晉時代、象徵現實掌控領域的「中華」也隨之復甦。值得注意的是，構成「中華」的民族各有不同。不過《北齊書》的內容，是鮮卑族皇帝輕視「中華」，這點可以放在考察之外。

「中華」是鮮卑系王朝——唐朝的宮廷，為了表達遊牧與農耕兩個世界融合的新視界，從而產生的新概念。其根據之一，就是重撰《晉書》天文志這件事。

將「中華」出現的來龍去脈按照時代順序整理，可以得出以下序列：（★是唐太宗時代編纂的作品）

一、中華門＝天空建物的名稱（晉書★）
二、中華門＝地上建物的名稱（晉書★、宋書、南齊書、隋書★、中華殿（舊唐書））
三、中華＝地上皇帝掌控的現實領域（晉書★）
四、中華＝地上的幻想領域、失落的中原（晉書★、宋書、南齊書）
五、中華＝地上皇帝掌控的現實領域（魏書、周書★、隋書★、舊唐書、新唐書）

重寫《晉書》——太宗的隱藏意圖

《中華》用例多達八例、相當突出的《晉書》，是太宗在五朝史完成八年後，命令房玄齡與令狐德棻對過去編纂的史書群加以改撰、亦即重新修訂的產物。在這一百三十卷的《晉書》中，太宗自己寫了晉宣帝、晉武帝、陸機、王羲之四傳，因此號稱是「太宗御撰」。

太宗的《修晉書詔》，收錄在匯集唐代詔令的《唐大詔令集》中：

……錄緒煩而寡要，思勞而少功。叔寧課虛，滋味同於畫餅……金行曩誌，缺繼美於驪騵，遐想寂寥，深為歎息。宜令修國史所更撰晉書，銓次舊聞，裁成義類，俾夫湮落之誥，咸使發明……（宋・宋敏求編《唐大詔令集》）

上文省略掉的詔令前半段，是從孔子編纂《春秋》開始，列舉出從《史記》到《三國志》的正史，然後才開始這段引文。當時關於晉的記錄，除了太宗列為第一號作品的臧榮緒《晉史》之外，還有叔寧（《晉書》）、蔣子雲（《晉書》）、王隱（《晉史》）、干寶（《晉紀》）、陸機（《晉紀》）、裴松之（《晉紀》）等，將近二十篇的史書留存下來。這些作者都是東晉到南朝的士大夫，他們的作品到唐代以後，都陸陸續續佚失了；其中的裴松之，以為《三國志》作注解而著稱。太宗把這些先前的晉史全都歸納在一起，然後說這些史書都不夠好，應該要加以捨棄。

話說，《晉史》的作者臧榮緒，是怎樣的一號人物呢？

他的名字出現在《南齊書》高逸列傳當中，是一位拒絕南齊太祖徵召出仕的隱遁學者。他精通五經，和並稱「二隱」的友人關康之一起蒐集古書，撰成《晉史》十帙。在這以前，他已經把西、東晉的歷史彙整成「紀、錄、志、傳百一十卷」。他在西元四八八年逝世，因此《晉史》在五世紀末，便已為人所知。只是，這是在野人士的著作，並非受皇帝命令撰成的史書。

「更撰晉書」——太宗對《晉書》重撰有很清楚的認識。他下達這項命令的時間是貞觀二十年閏四月，但是在貞觀十五年（六四一），他已經命令李淳風預撰（提前執筆）《晉書》的天文、律曆、五行等志。也就是說，他在下詔前的五年，就已經明確表現了要重撰《晉書》的意志。

事情還不止這樣，房玄齡重撰《晉書》的時間比太宗的詔令更早，是在預撰天文志的命令後三年，也就是貞觀十八年（六四四）就已經開始著手；李淳風的「天文志」完稿，大概也是在這一年吧！接著在房玄齡的上奏中也指出，令狐德棻已經以十八位列傳人物為中心，展開預撰的工作。由此可知，主導編纂的仍是令狐德棻。

關於《晉書》編纂的經過，《舊唐書》房玄齡傳如此提及：

尋與中書侍郎褚遂良受詔重撰《晉書》……分功撰錄，以臧榮緒《晉書》為主，參考諸家，甚為詳洽。

違背了太宗意氣昂揚的企圖心，完成的《晉書》只是臧榮緒《晉史》的改寫。而且因為「史官多是文詠之士，好採詭謬碎事，以廣異聞；又所評論，競為綺艷，不求篤實」，所以後世史家給予的評價並不高，然而——

唯李淳風深明星曆，善於著述，所修《天文》、《律曆》、《五行》三志，最可觀採。
（《舊唐書》列傳第十六，房玄齡）

重撰《晉書》中，只有天文等三志是李淳風新修，因此最值得矚目。不只如此，它在《晉書》全卷中，也是最優秀的部分。《晉書》的志一共有十篇，剩下七篇大概都是臧榮緒等前代史家已經撰好的吧！

寫作這三篇的太史丞（負責天文曆算與歷史的機構次官）李淳風，據其傳記所述是岐州雍（陝西省鳳翔縣）人。他的父親曾經在隋朝當過一陣子的官，但後來棄官改當道士，是位相當特殊的人物。李淳風精通天文、曆算、陰陽學，在貞觀初年二十多歲時，便在太史局任官；貞觀七年（六三三），他復原了周代的天文儀器渾天儀，贏得太宗的信任。渾天儀在周朝末年失傳，之後漢魏都想要將之復原，但都不甚成功，而李淳風以三十出頭之齡，便能完成此等作業，可見他具有非凡的才能。

〈天文志〉的確是部綻放異彩的作品。在它以前的正史，大致都是以星座相關的運行，來解釋王朝內部重要事件或事變，但《晉書》天文志前半，卻詳述了「天體、儀象、天文經星、二十八舍、二十八宿外星、天漢起沒、十二次度數」等項目，也就是將周代以來累積、有關天文的情報加以詳盡的體系化，堪稱是劃時代的記述。

〈天文志〉中提到，天帝所在的天界有「中華門」這棟建築物：

> 太微，天子庭也，五帝之坐也……東蕃四星，南第一星曰上相，其北，東太陽門；第二星曰次相，其北，中華東門也……（《晉書》志第一，天文上）

太微是天帝之庭，其東邊和西邊具有太陽門和中華門。

這就是「中華門」這座建築的首次出現。

在這裡可以發現一個奇妙的地方：在西晉首任皇帝——晉武帝的時代，頭一次建造了「（雲龍）中華門」。從《晉書》整體來看，「中華門」的依據應該是來自於天文志。然而，天文志又是唐代追加的作品，因此晉武帝究竟是根據什麼來建造「中華門」呢？這就讓人不免產生疑問了。天文志當然不是李淳風的創作，但是在以《史記》天官書、《漢書》天文志為首的前代史書中，都沒有看到「天界的中華門」，因此李淳風想必是根據某種已經佚失的記錄或傳承而寫出的。

更進一步說，想要回溯古代，釐清「中華門」乃至「中華」的由來與出處，或許正是太宗意圖重撰《晉書》的契機也說不定，而天文志正是這個目標下的產物之一，這樣的推理是可以成立的。

晉武帝首次在地上興建的「中華門」，其由來與依據至今仍是個謎。不過，這或許是「中華」這個詞，首次在宮廷中登場。

如前所述，《晉書》的特徵之一，就是「中華」的用例相當多。在《晉書》共有八例「中華」，分別是劉喬傳、陶侃傳、陳頵傳、殷仲堪傳、桓溫傳、載記序言、載記劉曜傳，以及載記慕容超傳。在這當中可以讀出作者的隱含意圖，或是當時的政治氛圍嗎？

接下去讓我們看看杉山正明先生的說法：

唐朝的正統史觀，呈現在《晉書》以下各史書的編纂之中。在這當中，唐朝王室將自己出身「異族」鮮卑拓跋部的事情，盡可能地加以淡化。大至正史本身的構想，小到一字一句的表現，都可以看出這種意圖與顧慮。（杉山正明，《遊牧民的世界史》）

「中華」包含了哪些民族，是只有漢族，還是鮮卑也算在內呢？解決這個疑問的重大提示，就是《晉書》載記所見的三則「中華」用例。「載記」是某個王朝時代，關於其他獨立國家的記錄。《晉書》的載記，彙整了五胡十六國時代，在華北地區此起彼落的騎馬遊牧民族國度歷史；從建立漢趙的匈奴劉淵開始，到（前、後、南）燕的鮮卑慕容氏，合計三十卷。

這三十卷載記，正是太宗編纂《晉書》的核心目的；從這些載記中，產生出「五胡十六國」這個時代區分。杉山先生說：

在載記序中，房玄齡等人總結了這個「時代」；他們認為它是從劉淵宣布建立漢國的永興元年（三〇四）開始，持續達一百三十六年的戰亂之世。從這裡可以明顯看出，他們是以存在於甘肅的匈奴系弱小政權北涼於四三九年滅亡，作為時代結束的依據。不止如此，相當湊巧的是，第二年也就是四四〇年，正是北魏英主太武帝改年號為「太平真君」、邁入極盛期的這年。（杉山正明，《遊牧民的世界史》）

杉山認為，以太宗統治時期為中心，唐朝對歷史編纂與正統史觀的塑造，是在皇帝親自指揮之下，運用整個國家力量推動的一項謀畫。若是依據杉山的想法，我們可以看出太宗對於與自己血脈相連的鮮卑族國度北魏，有著清楚的意識。

在載記序中有一例「中華」，傳中則有兩例。

在載記序的開頭，作者房玄齡從古代開始講起：

古者帝王，乃生奇類。淳維，伯禹之苗裔，豈異類哉？反首衣皮，飡羶飲湩，而震驚中域，其來自遠……（《晉書》載記序）

古代帝王不止誕育出奇特的種類，還演變成苗蠻等夷狄的末裔；他們懷抱著和農耕民大不相通的風俗習慣，不斷威脅著中原。房玄齡接著又說：

然則燕築造陽之郊，秦塹臨洮之險，登天山，絕地脈，苞玄菟，款黃河，所以防夷狄之亂中華，其備豫如此。

載記序中，將五胡（匈奴、鮮卑、羯、氐、羌）全都歸類為「夷狄」。這裡的「中華」，是和夷狄／五胡相對的存在。然而，載記中的鮮卑族只有慕容部，拓跋部並沒有被包含在內。

傳的部分則是以下兩例：

至於算強弱，妙兵權，體興衰，知利害，於我中華未可量也。（載記第三，劉曜）

（慕容）鎮出，謂韓諄曰：「主上既不能芟苗守險，又不肯徙人逃寇，酷似劉璋矣。今年國滅，吾必死之，卿等中華之士，復為文身矣。」（《晉書》載記第二十八，慕容超）

劉曜是匈奴的前趙皇帝，慕容超則是鮮卑慕容部的南燕皇帝。劉曜傳的「中華」，是在史臣（作者房玄齡）的總結中登場，從接下去的「終為夷狄之邦」一語可以看出，匈奴是被視為夷狄的。另一方面，慕容鎮稱漢人官員為「中華之士」，是在南燕滅亡前一年，也就是東晉義寧三年（四〇九）時。

載記中記載了慕容一族的眾多人物；其中和慕容垂及其子慕容寶交戰的是北魏太祖道武帝拓跋珪，但載記中不見帝王之名，只記「魏」或「魏軍」。還不止如此，通常在記述戰爭時，都會記下兩軍將領的名號，可是在載記中完全沒看到和慕容一族交戰的魏方，或是存在類似的名稱。

翻遍整部《晉書》，「魏主拓跋珪」（列傳三十七、載記十八姚興）只登場兩次，至於在他之前或之後的皇帝名號，則一律不得見。從這裡可以看出，編纂者意圖在載記當中，盡可能淡化拓跋鮮卑的印象。

房玄齡當然是把鮮卑拓跋族放在傳統王朝的位置上，簡單說就是「鮮卑拓跋（太宗的血脈），非胡」。

自西晉以來的「中華」模式中，匈奴和鮮卑被視為夷狄；到了下一個正統王朝──北魏，這個模式遭到修改，變成了「鮮卑拓跋，非胡」、「中華＝漢＋鮮卑拓跋」的概念，而承繼這個提示的，就是重撰的《晉書》載記。

這部載記瞄準的目標還有一個，那就是將北魏之前的五胡國家全都彙整在一起，從而防止後代有人試圖編纂十六國個別的正史。

提出「拓跋王朝」這個歷史視角的杉山正明，他的觀點對理解隱藏在《晉書》當中、太宗對鮮卑血脈的想法，乃至於中國的歷史流向，都是相當好的提示。

「中華」的擴大——彩虹消散後的痕跡

讓我們試著再貼近太宗的思維一點。

貞觀十四年（六四〇），吐蕃王松贊干布派遣宰相為修好使節，請求唐降嫁皇女。北京故宮博物院收藏的《步輦圖》，就是由閻立本所畫，描繪太宗接見來訪吐蕃宰相的情境。就在幾年前，松贊干布在青藏高原上猶如彗星般橫空出世，建立吐蕃王國；吐蕃不只消滅了吐谷渾，還一路揮軍直逼甘肅，成為當地新的威脅。

太宗認為，讓異域各民族臣服的有效方法除了武力之外，就是透過締結姻親關係，對他們加以懷柔，因此對武力不俗的吐蕃王國提出的和親請求，當然是毫不猶豫地接受：

> 貞觀十六年，太宗謂侍臣曰：「北狄世為寇亂……朕熟思之，惟有二策：選徒十萬，擊而虜之，滌除兇醜，百年無患，此一策也。若遂其來請，與之為婚媾。朕為蒼生父母，苟可利之，豈惜一女！北狄風俗，多由內政，亦既生子，則我外孫，不侵中國，斷可知矣。以此而言，邊境足

得三十年來無事。」（《貞觀政要》卷九，征伐第三十五）

這是太宗應對周邊騎馬民族的統治要訣。之前的北魏孝文帝，已經提示過這種「透過和異民族締結婚姻關係，來維持和平」的想法。

結果在貞觀十五年（六四一）春天，文成公主帶著金銀財寶，踏上前往吐蕃王身邊的旅程。公主把中原文化帶進吐蕃；她將養蠶等文化帶入西藏的事蹟，至今仍在西藏民謠中被歌詠不已。不只是文成公主，根據《唐會要》，太宗時代另外還有宏化公主下嫁到吐谷渾（貞觀十三年）；而到了高宗和則天武后的時代，更是有十一名公主降嫁到吐蕃、突厥、契丹、回鶻等地。

太平的時代終於到來：

貞觀十三年（六三九），高麗、新羅、西突厥、吐火羅、康國、安國、波斯、疏勒、于闐、焉耆、高昌、林邑、昆明及荒服蠻酋，相次遣使朝貢。（《舊唐書》本紀第三，太宗下）

朝貢使節的往來，再加上太宗對佛教以外的宗教展現寬大態度，不久，長安便成為一座充滿異國人物、華麗的國際都市。我們可以清楚想像得出，當唐人在面對各國使節時，應該也都會自稱「我們中華」吧！

可是在此同時，周邊的騎馬遊牧民族首領雖然表現出一派尊奉天可汗、服膺太宗的樣貌，但他們也仍舊虎視眈眈，窺伺著掠奪邊境的機會。貞觀十四年九月，太宗討平西域的高昌王國，在當地設置了安西都護府。這是首次出現在西域入口、用來防禦文明大動脈——絲路的據點。

對於太宗將高昌納為唐朝一州的方針，魏徵和黃門侍郎褚遂良都表示異議；其中褚遂良的話語裡，也有「中華」登場：

……此河西者方於心腹，彼高昌者他人手足，豈得糜費中華，以事無用？（《貞觀政要》卷九，安邊第三十六）

褚遂良提出諫言，認為與其將高昌之地納入版圖、徒耗軍備等無用之資，不如仿效突厥和吐谷渾之例，在當地扶植君長，各自命其統治，這樣對國家方為良策，但太宗拒絕了這項提議。

另外一個用例是先前提及、杜楚客關於北狄（突厥）的言論：

北狄人面獸心，難以德懷，易以威服。今令其部落散處河南，逼近中華，久必為患。（《貞觀政要》卷九，安邊第三十六）

中國社會科學出版社版的《貞觀政要》注釋中，將褚遂良講的話標記為「華夏」，杜楚客的話則標記為「華夏中心」。換言之，中華和華夏是同義語。

官員發言中可見「中華」，代表這個詞是太宗能夠認可的詞彙；因此我們可以很自然地把褚遂良和杜楚客的發言，理解成宮廷氛圍下的產物。但相當不可思議的是，在《貞觀政要》中，中華就只在「安邊」這篇中登場兩次，其他地方則一次都不曾見到。

還有其他史料可以類推太宗對「中華」的定義，那就是《漢書》顏師古注（貞觀十五年、六四一年完成）。這篇注釋是奉皇太子承乾的命令編纂而成。顏師古原本也是侍奉隋朝，在李世民進入長安時投靠秦王府，成為家臣。他在王府中擔任掌握機密的中書舍人（侍從），被委以執筆制詰（皇帝的布告）的重任。太宗既位後，他擔任中書侍郎（次官），是太宗的心腹之一。

那是《漢書》卷六十四．嚴助列傳的注釋。漢武帝時代，南方的閩越舉兵反叛，淮南王劉安上奏說：「越，方外之地，劗髮文身之民也……天子未嘗舉兵而入其地也。」顏師古在這段報告下，加了這樣一行注釋：

師古曰：「言不臣屬於中華。」

翻遍整本顏注，唯有在這裡出現過「臣屬」兩個字，因此這個詞給人一種很生動奇妙的印象。它的背景是支配與被支配的關係，讓人清楚意識到位在頂點的皇帝之存在。

這樣說來，「中華」或許可看作一種新的概念，是用來表現「和太宗個人相關連的世界」、「由太宗所確立的領域」的語彙。

這個時代的正史中，使用最多的語彙是「中國」。在《貞觀政要》中，中國出現二十二次、華夏三次、中華兩次，中國的數量壓倒性居多，而這些都是用來指涉「國內」之意。在「安邊」篇中，褚遂良的發言也使用了兩次中國和一次華夏：

> 明王創業，必先華夏而後夷狄，廣諸德化，不事遐荒。始皇遠塞，中國分離。中國不擾，既富且寧。（《貞觀政要》卷九，安邊第三十六）

中國社會科學出版社的版本中，「華夏」並沒有注釋，至於兩個「中國」，前者注為「中原」，後者則維持「中國」。

《貞觀政要》流傳的太宗話語裡，並沒有「中華」兩字；在太宗的發言中，中國有五次、華夏有兩次。

雖然在《貞觀政要》中無從得見，但太宗本人其實是會使用「中華」的。用例除了先前的《通鑑》外，在《唐大詔令集》中有兩篇詔令（貞觀十一年、十八年）、在《文苑英華》中有一篇詩賦；另外在太宗最晚年給予皇太子的遺言書《帝範》中也有一例，合計確認到七例。

首先，讓我們看看《唐大詔令集》（宋．宋敏求編）中的兩例詔令。宋敏求是位和《新唐書》編輯有關的文人兼官員：

〈道士女冠在僧尼之上詔〉，貞觀十一年二月

至如佛法之興，基於西域，爰自東漢，方被中華；神變之理多方，報應之緣匪一。（《唐大詔令集》）

〈討高麗詔〉，貞觀十八年十月

行師用兵古之常道，取亂侮亡先哲所貴。高麗莫離支蓋蘇文，殺逆其主、酷害其臣，竊據邊隅，肆其蜂蠆。朕以君臣之義何忍，若不剪誅遐穢，何以懲肅中華？今欲巡幸幽薊、問罪遼碣……（《唐大詔令集》）

接下來要列舉的是，十世紀下半葉太平興國七年（九八二）到雍熙四年（九八七）間，奉宋太宗敕命編纂的詩文集《文苑英華》中收錄的唐太宗作品〈臨層臺賦〉，成文年代不明：

甘泉始成，極三秦之壯麗……加以長城亙地，絕脈遐荒，疊鄣峙漢，層簷映廊，反是中華之

弊，翻資北狄之強。烽才煙而已備，河欲凍而先防……（《文苑英華》）

太宗在賦中說，樓台和長城的建設，只會招致人民疲敝，對中華有害無益，隱約表達了致力儉約的意思。

這三個例子中，「道士女冠在僧尼之上詔」講的是從異域傳入的佛教，「討高麗詔」和「臨層臺賦」，則是把高句麗和北狄（突厥）置於「中華」的領域之外，也就是一種關乎對外、敵對關係的用法。在這裡，我們可以看出太宗在「中華」用法上的特徵——將掌握的領域稱呼為「中華」，或許在太宗的宮廷已是標準用法。這樣說起來，在外交關係上使用的「中華」，應該也可以當成對外的國名來看待吧！

在太宗逝世的前一年——貞觀二十二年（六四八），太宗為皇太子、也就是後來的高宗，撰寫了一本闡述帝王之道的著作《帝範》。在全十二篇的第十篇「務農」中，出現了唯一一次的「中華」：

> 子育黎黔，惟資威惠。惠而懷也，則殊俗歸風，若披霜而照春日；威可懼也，則中華懾軏，如履刃而戴雷霆。

在當成留給皇太子遺言的這部書中，太宗沒有使用「中國」或「華夏」。《帝範》的中華和對外關係無緣，純屬教諭皇太子統治人民的要諦。在這裡的中華，指的是「我國」或者是「皇帝君臨的唐王朝」。

晚年的太宗稱自己的帝國為「中華」，由此也可以窺見他的內在意識。太宗在逝世兩年前的貞觀二十一年（六四七），這樣說道：

自古皆貴中華，賤夷、狄，朕獨愛之如一，故其種落皆依朕如父母。（《資治通鑑》卷一九八，貞觀二十一年五月）

——自古以來，大家都珍視中華、輕賤夷狄，只有我愛兩者如一，因此各種落都視我如父母。

過去的皇帝就算平定中夏，也沒能讓戎狄服從，但我卻成功了——太宗認為自己成功的理由有五點，上面這一段是第五點。

這段話與《帝範》的「中華」彼此共鳴，正是「華夷混一（混一戎華）」的世界。

繼承北魏孝文帝腳步的太宗，是第一位對域外諸國使用「中華」名號的皇帝。更進一步說，太宗的中華，可以定位為諸橋轍次《廣漢和辭典》中「擴大的中華」第三階段。它的領域從中原和江南，一直延伸到西域。只是，在這個時點仍然有「中華」所不曾涵蓋的區域，那就是雲南的南詔王國、西藏的吐蕃王國，以及西域的西突厥王國等獨立王國；這些王國都是處於受唐冊封（賜予朝貢國首長王位）的狀況下。

五朝正史編纂結束的貞觀十年（六三六）六月，一直在背後支持著太宗、且為了避免外戚干政的弊害，始終不出現在政治檯面上的賢妻——長孫皇后，以三十六歲之齡逝世。她的過世影響甚大，不久後更引發了二十歲的皇太子承乾（六一八—六四五）的瘋狂行為。

這年，太宗展開了嶄新的事業，就是蒐集書聖王羲之等過去著名書法家的書法。氣賀澤保規先生指出太宗「對歷史的關心與對記錄的執著」，但我在這裡還想加上一點，那就是太宗對文物蒐集的執著。與故宮博物院相關的文物蒐集歷史，始自南朝的梁武帝，在太宗時代正式化，之後又被北宋徽宗與清朝乾隆皇帝所繼承。在這段歷史中，太宗的角色極其重要；關於這點，我在舊作《兩個故宮》中有詳細敘述。接下來，讓我們重新確認一下太宗在這方面的執著與事蹟：

> 太宗嘗出御府金帛購求王羲之書跡，天下爭齎古書詣闕以獻，當時莫能辯其真偽，遂良備論所出，一無舛誤。（《舊唐書》褚遂良傳）

褚遂良傳中所說的收購書法是貞觀十年的事，接著在貞觀十二年，太宗又下了敕令，向天下廣求王羲之的書法。而在先前的貞觀六年，太宗已經一口氣獲得了一千五百一十卷的書法真跡。回應貞觀十二年的敕令，王羲之的子孫王方慶獻上了家傳的四十餘卷書法。不久後，太宗的王羲之收藏達到了兩千九百二十篇，合計十三帙、一百二十八卷；這是超越以蒐集王羲之書法著稱的梁武帝，空前絕後的規模。這些書法都是由虞世南斷定真偽，世南過世後則由褚遂良接手；鑑定為真跡的書法都會在紙縫（紙的接合處）蓋上「貞」「觀」兩個小印。歷代王朝在內府收藏的文物中蓋上收藏印，也是始於太宗時代。

書聖王羲之出身西晉的名門貴族——山東省的瑯琊王氏。五胡十六國時代，漢人被匈奴趕出中原、移居江南，王羲之也在年幼時期便被迫遠離故鄉。眼見祖先代代相傳的陵墓被匈奴蹂躪，王羲之對於北伐驅逐夷狄、奪回故地充滿了熱情，但北伐最後並沒有成功。這種遺憾的心情，充分呈現在「蘭亭集序」這部王羲之畢生的書法傑作之中。

永和九年，歲在癸丑，暮春之初，會於會稽山陰之蘭亭，修禊事也……

以這段格調高雅的文字開頭，「蘭亭集序」全文共有二十八行、三百二十四字。當時，王羲之以會稽內史（地方長官）的身分，負責北伐軍的糧食調度；不久後北伐失敗，會稽又遭逢飢荒，整個瀰漫著絕望的氣氛。

按照自古相傳的習俗，三月上旬的巳（上巳）之日，為了袪除疫病與不祥，會在水邊舉行祓褉的儀式。這天，聚集在池亭的文人們，拿起水中漂流的杯子便吟一首詩；這種風雅的集會稱為「曲水流觴」，而收錄在此時宴會上發表的眾多詩句之前、作為序言的，就是這篇「蘭亭集序」。王羲之在序中，將自己的「幽情」，也就是心底深處隱藏的思緒吐露出來；那是一種對於不知是否能奪回祖先長眠之地的現狀感到絕望，並希望將這種思緒，傳達給抱持同樣心境的後人。

隨著「蘭亭集序」的出現，書法超越了單純傳達意思的記號角色，昇華為「漢」這個民族心境的代言人；之後更如「書如其人」這句諺語所示一般，被看成人格的投影。

關於太宗對「蘭亭集序」的執念，有一幅傳世的繪畫，那就是閻立本所畫、收藏在台北故宮博物院的「畫蕭翼賺蘭亭圖」。這幅畫大概是奉太宗之命所畫的，描繪的是太宗命令蕭翼，騙取秘藏在民間的「蘭亭集序」的插曲。

太宗命令善於書法的虞世南與歐陽詢摹寫蘭亭集序，也命令趙模、馮承素進行榻拓（隔著布加以摹寫），之後更把歐陽詢的摹寫刻在石上。據《太平廣記》（宋．李昉撰）所述，太宗在政務閒暇之時，也會摹寫王羲之真跡的草書帖，並將之分給皇族與官員。

《晉書》王羲之傳是由太宗執筆。在這篇傳的論贊中，太宗評論王羲之的書法是「盡善盡美」。這句話的原出處，是孔子對古代聖王舜編製的韶樂所做的評論；孔子說韶樂「盡美矣，又盡善也」，意思是說它是最高的傑作。王羲之的書法獲最高權力者贊頌為「美善之極」，因此他也被稱讚為書法世界的聖人——書聖。

儘管如此，太宗對王羲之的異樣執著，究竟起因為何呢？在這裡，或許也有他對自己鮮卑、騎馬民族血脈的意識在。因為這個緣故，他才會想把堪稱中原文化精粹的王羲之書法及其精神據為己有，以證明自己身為胡漢混一帝國的盟主，位居傳統文化的頂點吧！

太宗在統治末期曾經親征高句麗，但遠遠未能達到壓制對方的地步，之後在貞觀十九年，便停止了對外征伐。並且，隨著年齡接近五十，太宗對歷史的關心益發深厚：

朕每觀前代史書，彰善癉惡，足為將來規誡。不知自古當代國史，何因不令帝王親見之？（《貞觀政要》卷七，文史第二十八）

太宗問房玄齡說，身為帝王，明明可以從閱讀過去的史書中學到不少事物，那為什麼不能翻閱當代的國史呢？房玄齡的答案是：

國史既善惡必書，庶幾人主不為非法。止應畏有忤旨，故不得見也。（同上）

從史官的立場來說，他們會擔心因為皇帝的意志，導致記錄的真實性遭到扭曲；太宗雖然理解這種立場，但他還是說「就算把不好的事情記下來也沒關係，可以當作給自己的警戒」，於是下令編纂當代的歷史。於是房玄齡等人開始刪略高祖、太宗實錄，編纂編年體的國史，結果在貞觀十四年，完成了《高祖實錄》、《太宗實錄》各二十卷。

原本「實錄」是皇帝逝世後，根據「起居注」等記錄彙總編纂而成，因此在皇帝仍然在位時就編纂「實錄」的情況相當罕見；光從這點就可以看出，太宗是多麼在意後世對他的評價。

太宗最關心的事，就是他弒兄的事件。《實錄》在這件事上，採用的筆法相當曖昧模糊，但是太宗主張，「這是我為了國家安泰、萬民安居樂業而做的義舉」，因此要求編纂者「照實」修正。可是正史把太宗描寫成英明果斷的領導人，兄長皇太子建成與弟弟元吉，則都被寫成反派角色。結果，不管是記載太宗的言行、或是煬帝的言行，官員們都沒辦法保持客觀的描述。

繼苻堅和孝文帝後，《通鑑》對太宗的評論也很多；對於這起事件，司馬光的評價是為太宗感到惋惜。在前面介紹過的「立嫡以長，禮之正也。然高祖所以有天下，皆太宗之功」這段文章後半，司馬光這樣說：

既而為群下所迫，遂至蹀血禁門，推刃同氣，貽譏千古，惜哉！（《通鑑》卷一九一，武德九年）

太宗的意圖最後是落了空。不過，司馬光對太宗的深謀遠慮等表現有著極高評價。比方說對西域經營頗有貢獻的裴矩，司馬光是這樣評價的：

裴矩佞於隋而忠於唐，非其性之有變也；君惡聞其過，則忠化為佞，君樂聞直言，則佞化為忠。（《通鑑》卷一九一，武德九年）

司馬光嚴批，因為煬帝喜歡裴矩諂媚，所以裴矩就成了佞臣；因為太宗喜歡直言，所以裴矩就表現得相當忠誠。這和他對侍奉苻堅的王猛所做的辛辣評價一樣，是興味深長的人物評論。

《太宗實錄》完成兩年後的貞觀十六年，太宗已經開始感到身心衰疲：

朕年將五十，已覺衰怠。既以長子守器東宮，諸弟及庶子數將四十，心常憂慮在此耳。

（《貞觀政要》太子諸王定分第九）

他已經決定由長子繼承帝位，並且相當在意孩子們的將來。可是就算太宗再厲害，還是作夢都沒想到失去母后庇護的皇太子，居然會瘋狂到企圖發動政變。就在上述慨嘆的第二年，這項計畫敗露；太子承乾遭到廢黜，改立三子李治（高宗）為皇太子。

儘管如此，在貞觀十六年時，唐朝完全沒有內亂的徵兆，以高昌為首的西域盡收掌中，深具威脅的吐蕃也在翁婿關係下得以安定；太宗已經建立了歐亞最大的國家。

眼下既不用擔心國家的前途，太宗的關注焦點會放到後世的評價上，也是理所當然。

如果要勉強臆測的話，那麼實際的情況大致如下：晉朝時誕生的「中華＝漢」這個概念，到北魏孝文帝的「中華」有了戲劇性的展開，再到了太宗時代，「中華＝鮮卑拓跋＋漢」這個概念獲得公認，包含農耕與遊牧、兩個世界的「太宗的中華」，於焉誕生。

貞觀十年（六三六），到隋為止的五朝正史已經編纂完成。在此同時，為了闡明西晉，乃至於北魏延續到唐的鮮卑拓跋系王朝正統性，釐清「中華」的正確意義，就變成不可或缺之事。在這方面太宗想出的辦法，大概就是重撰《晉書》吧！他的目標有兩個，一個是用載記將五胡十六國各王朝封印起來，再來就是用天文志明示「中華」是來自天帝宮殿，強調晉武帝建造「中華門」的存在意義。

孝文帝在太和十六年將北魏的德行從土德變更成水德，這是北魏承繼西晉的訊號。之後的北周為木德、隋為火德、唐為土德，全都因循著北魏的排行。從晉以降的歷史來看，自匈奴劉淵建立的前趙以下，五胡十六國的遊牧騎馬民族王朝各國，完全都被無視。不過，太宗也曾親自過目前趙的劉聰傳，由此可知，以復興漢朝為目標的五胡各國應該仍留有各式各樣的記錄，即便是太宗也不能全然無視。故此，為了讓從晉到北魏的繼承正當化、更為了讓編纂五胡各國個別正史的企圖無效化，《晉書》載記非得重撰不可。在這一點上，太宗可說正確理解了孝文帝的意圖。

一百三十卷《晉書》的編纂在貞觀二十年（六四六）結束；相較於自貞觀二年（六二八）開始的五朝史編纂花費了八年歲月，這部正史只花了兩年不到，堪稱是極短時間完成的作業。

就結論而言，最晚在貞觀四年（六三〇），透過太宗之手，「中華」這個詞已經被賦予了新的意義，那就是包含漢人與鮮卑拓跋族的世界，也是皇帝掌控的領域。在太宗的宮廷中有了共通的認識：「中華」這個嶄新的概念，既是太宗帝國的象徵，也是華戎混一世界的象徵。

在這時候，太宗自居的「華」，其實際狀況是怎樣的呢？唯一可以窺知這點的記錄出自《貞觀政要》第三十六「安邊」，太宗就對外關係和臣下的對話：

> 伊吾雖已臣附，遠在藩磧，民非夏人，地多沙鹵。

這是涼州都督針對伊州（現在的新疆哈密）處置問題提出的上疏。在這裡，異民族被稱為「非夏人」；換言之，唐延續秦始皇以來的稱呼，使用「夏」這個字。唐的構成，是將居住在以夏—中原為核心地區的各民族，全數統合起來。只是，在這個時代，和夏具有同樣意義的「漢」或「漢人」這樣的詞，也不斷地登場。比方說吐蕃使者的上表中，就有這樣一段話：「若有漢人來投，便令卻送。」（《舊唐書》列傳一四六，吐蕃上）除此之外還有「此蕃漢交境也」這樣的用法

（同前書，吐蕃下）。這裡的漢與漢人，跟過去的漢朝完全沒有關係，是個新的概念。這個漢的概念從宋以降，也一直延伸下去。

在中國最後一個王朝——清朝，也有這樣的用例：

> 爾惟引若等待奉皇太子，導以滿洲禮法，勿染漢習可也……令皇太子、皇子等既課以詩書，兼令嫻習騎射。……但滿洲若廢此業，即成漢人，此豈為國家計久遠哉？（《康熙起居注》清・內院奉勅撰）

這是建立起清朝擴張基礎的第二任皇帝康熙帝，對養育皇子的滿族官員下達的命令。

「中華」＝「夏」＝「漢」；中華是不問個別民族出身的。

不只如此，從《貞觀政要》安邊篇來類推，「中華」這個新語彙，在孝文帝時代，有對宕昌羌（位在甘肅省的異民族）描述「東接中華、西通西域」的先例，因此中華這個詞，有可能已經形成一種默契，是只在「和異域有關」、或是「和異民族有關」的狀況下使用的詞彙。

唐朝號稱「漢朝再臨」；在這個王朝中，身兼確保漢帝國領域的皇帝，以及武帝力所未逮的草原霸主天可汗，首次君臨跨越華戎兩世界、巨大「中華帝國」的，就是太宗。

武周革命的意義——「中華」不曾消失

接下來，我要試著從唐代的「中華」用例，驗證「『太宗的中華』是『對外的國名』，具體來說是『只在和異域有關、或是和異民族有關的狀況下使用』」這一假說。讓我們檢索《舊唐書》和《新唐書》兩書中，關於「中國」、「華夏」、「中華」的用例次數（◎是詔或上表）：

史書	中國	華夏	中華（◎）
舊唐書	一七〇例	十三例	十二（八）例
新唐書	二〇〇例	二例	二（〇）例

舊唐書（十二例）：武宗本紀、音樂、李林甫傳、王武俊傳、李全略傳、肅王詳傳、裴度傳、李載義傳、楊復恭傳、東夷傳（二例）、北狄傳。

新唐書（二例）：西域傳（二例）

兩者在「中華」的使用頻率上，呈現極端的差異。不只如此，在《舊唐書》中共八例的

「詔、上表」，在《新唐書》中全無蹤影。

《新唐書》西域傳裡，曾經出現兩例「中華」；但其中有一篇文章，並沒有收錄在《舊唐書》中。由此可以看出，「中華」的用例是隨史料差異而增減的。

明明是處理同時代的史書，為什麼會有這樣的差異呢？事實上，這和兩書的編纂過程有關。《舊唐書》是繼唐之後的五代十國時代，奉後晉出帝（九四二—九四六在位）詔令，在劉昫監修下進行編纂，並於後晉滅亡前夕的開運二年（九四五）成書。在唐末的戰亂下，眾多資料散佚不全，特別是第十七任皇帝武宗以降，六任皇帝的實錄都喪失了。故此，《舊唐書》的記述偏向初唐，後世的評價並不高。可是，因為它忠實採用了唐滅亡時倖免於難的實錄等原典，所以史料價值相當高。

另一方面，《新唐書》則是北宋建國、社會漸趨安定後，開始蒐集許多散佚的史料，於是第四任皇帝仁宗（一〇二二—六三）命令翰林學士（負責擬定詔勅的高官）歐陽修（一〇〇七—七二）編纂新的唐史，並於嘉祐六年（一〇六〇）完成。

在這本史書中，人稱唐宋八大家的作者對史料進行了大幅修正。唐代的記錄，特別是皇帝的詔書，都是用駢儷體這種特殊的文體寫成；這種以裝飾性修辭和對句為基本的文體，在六朝時代以降相當盛行，重視古文的作者歐陽修對它相當感冒，於是對詔令不是加以刪除，就是予以改寫。列傳等部分也變得比較簡略，《新唐書》禮樂志中，對於太宗定下的八首「大唐雅樂」詩句，完全沒有收錄；因此就採用原史料的意義來說，《新唐書》的價值不能說不低。同處宋代的儒學家司馬光，他在編纂《資治通鑑》（一〇八四年完成）的時候，也是盡量採用《舊唐書》，對於《新唐書》則幾乎不予參照。

結果，在《新唐書》的編纂過程中，「中華」消滅了。之所以如此，或許是北宋對「中華」這個概念幾乎無視的緣故吧！在某種程度上，正史其實反映了編纂者的考量，以及時代的氛圍。

《舊唐書》中可見的「中華」共有十二例，雖然不及《明史》的十六例、《清史》稿的十九例，但和前後時代相比，數量堪稱突出。以下列舉其主要部分；同樣地，◎為「詔或上表」、▼為「對話」，▽為「解說文」：

一、◎貞觀二年，太常少卿祖孝孫既定雅樂，至六年，褚亮、虞世南、魏徵等作此詞，今行用。降神用《豫和》，武舞作用《凱安》：昔在炎運終，中華亂無象。酆郊赤烏見，邛山黑雲上。大賚下周車，禁暴開殷網……（志第十，音樂三）

二、◎彼高昌者他人手足，豈得糜費中華，以事無用？（列傳第三十，褚遂良—第二任皇帝・太宗）

三、◎九齡對曰：「臣荒徼微賤，仙客中華之士。然陛下擢臣踐臺閣，掌綸誥；仙客本河湟一使典，目不識文字，若大任之，臣恐非宜。」（列傳第五十六，李林甫—第八任皇帝・玄

宗）

四、▼大夫冀邦豪族，不合謀據中華。且滔心幽險……（列傳第九十二，王武俊—第十任皇帝・代宗）

五、◎拔負海之陋，置之中華（列傳第九十三，李同捷—第十一任皇帝・德宗）

六、◎層磚起塔，始於天竺，名曰「浮圖」，行之中華，竊恐非禮。（列傳第百五十 德宗順宗諸子——第十一任皇帝・德宗）

七、◎今若置之巖廊，委其參決，西夷北虜，未測中華……（列傳百二十，裴度—第十二任皇帝・穆宗）

八、▼可汗使將軍朝貢，以固舅甥之好，不當使將軍暴踐中華……（列傳百三十，李載義—第十六任皇帝・文宗）

九、◎況我高祖、太宗，以武定禍亂，以文理華夏……顯明外國之教。勒大秦穆護（回教）、祆（教）三千餘人還俗，不雜中華之風。於戲！（本紀第十八，武宗—第十七任皇帝・武宗）

十、▽其書籍有《五經》、子、史，又表疏並依中華之法。（列傳第百四十九，東夷，百濟國）

十一、◎上謂璹曰：「新羅號為君子之國，頗知書記，有類中華。」（列傳第百四十九，東夷，新羅國—第八任皇帝・玄宗）

十二、▽史臣曰：北狄密邇中華，侵邊蓋有之矣。（列傳第百四十九，北狄）

本紀最後結束於武宗時代，唐代後半的用例則無從得見，這是因為唐末戰亂、實錄佚失之故。就各自的意義來說，「中華」分別出現在——

一、太宗訂下的宮廷儀禮音樂，「凱安」的歌詞。
二、褚遂良對太宗處理高昌方式的諫言，同內容見於《貞觀政要》與《新唐書》。
三、宰相張九齡針對朝廷錄用朔方（內蒙古鄂爾多斯地區）節度使牛仙客一事，向玄宗皇帝提出諫言。張九齡是支撐僅次太宗「貞觀之治」的盛世——「開元之治」的重臣。
四、第十任皇帝代宗時，勸說出身契丹、率領叛軍的河北節度使王武俊倒戈的書簡。
五、第十一代皇帝德宗，針對德州（雲南省鹽津縣附近）叛亂所下的詔令。
六、臣下針對佛教儀禮，向德宗提出的上表。
七、苦思如何對應回鶻、吐蕃的第十四任皇帝穆宗宮廷內部的發言。
八、同樣持續與回鶻作戰的第十六任皇帝文宗宮廷內部的發言。
九、以三武一宗廢佛聞名的「廢佛詔」。下詔者是晚唐九世紀的第十七任皇帝武宗。
十一、開元年間，第八任皇帝玄宗針對新羅國的發言。

十及十二、五代時期作者的文章。

十二例中有五例，確實是唐代的記錄、詔與家臣的上表。另一方面，扣除掉儀禮樂與作者的文章外，九例「中華」含廢佛詔，全都是使用在對外關係上。

從武宗的廢佛詔中，可以看出他把佛教看作外來文明、是中華對立面的產物。不只如此，褚遂良傳與裴度傳的中華，也是和高昌國與回鶻、吐蕃等敵對異民族事務一併使用，換言之，即是用在這個擁有廣大領土的巨大國家面臨存亡危機、國家威信問題時的狀況上。從這層意義上來看，我們可以確認唐這個國家對外的名稱，的確就如前述是「中華」。

從十任到第十七任皇帝，也繼承了「太宗的中華」。另外，從十二例的「史臣曰」來看，五代後晉編纂《舊唐書》的劉昫等人，也和唐抱有共同的中華觀。

接下來讓我們看看，《新唐書》中的兩例是怎麼一回事？一例出自於〈西域上・高昌傳〉，和《舊唐書》褚遂良傳的文字大致相同。另一例則是〈西域下・康何傳〉，是《舊唐書》中所不曾見的情報：

一、▼然則河西為我腹心，高昌，他人手足也，何必耗中華，事無用？（西域傳・高昌）

二、▽何，或曰屈霜你迦，曰貴霜匿，即康居小王附墨城故地。城左有重樓，北繪中華古

帝，東突厥、婆羅門，西波斯、拂菻等諸王，其君旦詣拜則退。（西域傳・康何）

雖然數量甚少，不過仍然沒有逸脫本書所做的假設——「中華」是「對外的國名」，也是「在和外敵或異民族有關的狀況下，用來表現皇帝掌握領域的詞彙」。

從以上的驗證，可以明白兩件事情：

第一是「鮮卑拓跋，非胡」這個命題，已隨著時光流逝煙消雲散。包含漢與鮮卑的民族複合體——唐朝，或說「中華」的存在，已成了不可動搖的狀態。

第二是「中華」只在面對異國或異域時使用；在以「中華」作為本國的名稱，進行對外訴求上，它展現出一種國家意識。只是，這種中華的概念並不具備領土意義，也和特定的民族沒有關係。在此再次引用前面介紹的司馬遼太郎說法：

……「中華」與其說是西洋概念下的領土思想，不如說是只有中國具備的文明主義詞彙。維吾爾人也逐漸浸淫在中華的禮教中；即便不懂漢文，也知道在高尚的人面前低頭才是對的。文明主義下的版圖，與歐洲風的領土思想，在歷史性質上具有非常大的差異；正因如此，兩者自近代（清末）以來，造成了相當大的混亂與衝突。（司馬遼太郎／陳舜臣／金達壽，《在歷史的交叉路口—日本、中國、朝鮮》）

西域和漠北等遊牧世界，並不具備有意義的領土國界線。太宗「中華」所意味的世界，正是擷取了佛教與儒教智慧的「文明主義的版圖」。

貞觀二十三年（六四九）四月，在長安北面的離宮翠微宮含風殿，臨終垂危的太宗將皇太子治（後來的高宗，當時二十二歲）叫到床邊，指示將「蘭亭集序」和自己一同下葬，並將後事託付給長孫無忌和褚遂良後，便溘然長逝。穿越戰亂的時代，在二十九歲成為皇帝，君臨天下長達二十三年，建立起安定時代的一代英雄太宗，享年五十二歲。

西安近郊的昭陵，其整體是一座巨大的山丘，至今尚未發掘。本為早逝的長孫皇后陵墓，太宗也合葬在此處；陪葬的還有中華文明的象徵、書聖王羲之的最高傑作「蘭亭集序」。

關於昭陵，森安孝夫先生有著興味深長的論述。他說，這座陵墓「瀰漫著濃厚的突厥氛圍」，「同時象徵著面南的中華皇帝（天子）和面北的天可汗」：

在昭陵的南側有門和獻殿，許多小孩和臣子的陪葬墓也全都在山陵的南側，但是做為重要設施的北司馬門卻位於北斜面山坡處，那裡也有太宗下令設置、為紀念他在唐朝建國的軍事活動裡一起南征北討所騎的六匹愛馬而雕刻的六塊青石浮雕石刻「昭陵六駿」。（森安孝夫，《絲路、遊牧民與唐帝國》）

不只如此，在北面還有十四座君長像，呈現謁見的形貌：

十四人裡面，有多達七位是在中國的北方及西方活躍的遊牧國家或者是半農半牧國家的首領，四人是西域綠洲都市國家的王……因為稱霸這些國家的太宗獲得天可汗的尊稱，面北朝向並列在北司馬門的蕃國君長是當然的。（（森安孝夫，《絲路、遊牧民與唐帝國》）

太宗的「中華」，是靠著北周以來的武川鎮鮮卑血脈與漢族關隴集團所支撐。然而，這個帝國變質的契機，很諷刺的正是唐朝皇帝所流的遊牧之血。在太宗的後宮，有位名為武氏的美女。武氏的父親武士彠，靠著經營木材生意累積財富，之後往西投入太原留守李淵帳下，曾經一度升任工部尚書。他的女兒在十四歲那年進入太宗的後宮，就是後來的武則天（則天武后）。太宗逝世後，武氏出家為尼。

二十二歲的年輕高宗也為武氏的美貌心醉，於是將她迎入後宮。對亡父的妾室出手，或許是騎馬民族習慣的自然表現，可是從儒教的倫理觀來看，這是應該唾棄的行為。

當時高宗身邊有皇后和寵妃兩位女子；他有意讓武氏成為皇后，但漢人官員褚遂良與鮮卑名族長孫無忌都認為將先帝的宮女立為皇后有違倫理，因此大表反對。然而高宗最後還是廢黜了皇后，立武氏為皇后；因為這起事件，這兩位名臣招致了武后深恨。

不久後，武后代替病弱的高宗掌握實權，將太宗託付後事的褚遂良放逐到潭州（湖南省）擔任都督，不久後又貶到愛州（北越地區、河內以南），褚遂良就在愛州，結束了六十三歲的生涯。兩年後的顯慶二年（六五七），太宗的心腹集團陸續被逐出首都，左遷到瘴癘之地。獨自被孤立在首都的長孫無忌也在顯慶四年，因為被進讒有謀反之嫌而遭流放，最後在流放途中自殺。

太宗死後七年的顯慶三年（六五八），唐朝遠征西域，將西突厥擊破西走，安西都護府也從高昌遷到更西的龜茲（新疆庫車）。唐的勢力延伸越過天山，建立起號稱最大規模的版圖。

綜觀整個大唐三百年，高宗三十五年的統治，再加上篡奪王朝的則天武后十五年，這個混亂的時代是唐朝的最盛期。

太宗創造的「中華」地平線上，出現了國際性的「中華帝國」。

這已經不是草原稍縱即逝的彩虹了。

九世紀、唐朝第十八任皇帝宣宗時，編纂國史的成員之一——史官張彥遠，在他的《歷代名畫記》中，稱讚西域畫師尉遲乙僧的卓越技法為「中華罕繼」。由此可知，對中華這個詞的理解，在唐末知識分子之間已經相當普及。

首都長安的人們，觀賞著胡姬的胡旋舞與胡騰舞，用西域特產的夜光杯享用紅酒。豐滿的女性在額頭上，裝飾著西域傳來的花鈿。人們在佛教和道教的寺院、祆教和景教的教會中，歌詠著信仰的自由。世界最大的國際都市，與華麗的「大唐之春」就此出現。不管從哪一點來看，太宗的「中華」在意圖上，都帶來了中原和草原融合為一的巨大世界，以及向內外開放的世界。

太宗時代，將鮮卑族王朝與中原王朝緊緊相繫的「拓跋國家」悲願，終於達成。

不久後，武后廢黜了高宗之子，建立起自己的王朝——周，這就是「武周革命」。騎馬民族的悲願，甚至是「拓跋國家」，都成為過去式；建造起大唐繁榮基礎的武川鎮／關隴集團遭到解體，政治體系為之一新。就這樣，鮮卑和遊牧系拓跋王朝的時代告一段落。

則天大聖皇后大享昊天樂章十二首御撰（《舊唐書》音樂志）

武后改動郊廟儀禮；太宗定下的貞觀樂，乃至於《凱安》的「中華」字句也隨之消失，而且從此以後再也不曾復活過。儀禮的改訂，可以解釋成武后在意志上拒絕沿襲太宗的構想，而且更進一步，讓「拓跋」一族的束縛成為過去。

對重視古代周禮的漢人武后而言，無視鮮卑、稱揚漢中心的國家觀，乃是理所當然之事。鮮卑族的名字從歷史中消失；他們在北魏時代，各自被給予漢人風格的一字姓，然後一直殘存到這個時代，此時也被吸收到民族的大熔爐當中。

稱心如意穩固了周邊的武后，開始反過來屠殺自己的子孫。以曾任皇太子的章懷太子（武后的親生兒子），以及第四任皇帝中宗的兒子懿德太子（十八歲）、永泰公主（十五歲）兄妹為首，反叛的企圖不斷，也造成了許多流血衝突。

不久後，「中華」開始出現分崩離析的跡象。

唐雖然以武力和豪華的賞賜品、也就是「糖和鞭子」建立起帝國，但自北魏孝文帝放棄國家佛教以來，巨大帝國就無法確立與周邊國家共通的紐帶。然而，他們並沒有意識到這點。對他們來說，異民族只是被華麗文明所吸納的存在、只是帶來異國文物的存在罷了。

然後，時代開始轉動。

太宗死後經過兩百五十年的天佑四年（九〇七年），趁著農民反叛崛起的朱全忠（五代十國的後梁太祖）作亂，謳歌將近三百年繁榮的大唐帝國就此滅亡。

儘管如此，「中華」並沒有消失。中華這種國家意識被唐代以降的皇帝確實繼承下來，其背景則是太宗所建構的基礎，具體呈現在《貞觀政要》當中。

唐的歷代皇帝都把《貞觀政要》當成枕邊書，甚至有人將它繪製在屏風上。對唐以降歷代王朝的皇帝而言，《貞觀政要》也是堪稱座右銘的重要讀物。舉凡西夏、金、遼、元、清，各王朝的帝王都將它翻譯成自己民族的語言，對之熱愛不已。這本書在九世紀也傳到日本；一六一五年，德川幕府發布的《禁中並公卿諸法度》中，就把《貞觀政要》訂為最高統治者的必讀書。

終章

亡國與革命

——「中華」的歷史演變、直到今天

從宋到明——被挪用的「中華」

對「中華」這個概念確立過程的探索，到此告一段落。

最後，我想就太宗確立「中華」概念之後直至現今，究竟有那些事物被繼承下來、又有那些沒被繼承下來，對這些後來的發展加以記述。

首先，我想從唐以降正史裡出現的用例次數，來看各王朝的「中華」概念（◎為詔或上表）。

史書	中國	華夏	中華（◎）	期間
《舊五代史》	三十九例	四例	四（三）例	五十四年
《宋史》	三三三例	六例	六（五）例	三二〇年
《元史》	四三例	二例	二（二）例	九十七年
《明史》	二七四例	四例	十六（八）例	二六九年
《清史稿》	一一五九例	〇例	十九（六）例	二六六年

令人深感興味的是，除了元朝以外，「中華」的用例隨時代而俱增。它的內容是怎樣呢？首先是《舊五代史》（北宋．薛居正撰）。在這裡有四例：

（◎為詔或上表、▼為對話，▽為補充說明）

一、◎先是，党項諸蕃凡將到馬，無駑良並云上進，國家雖約其價以給之，及計其館穀錫賚，所費不可勝紀。計司以為耗蠹中華，遂止之。（唐書．明宗紀）

二、◎契丹數年來最強盛，侵伐鄰國，吞滅諸蕃……山後之名藩大郡，盡入封疆；中華之精甲利兵，悉歸廬帳。（晉書．列傳四，桑維翰）

三、◎累經難而獲多福，曾陷蕃而歸中華，非人之謀，是天之祐。六合之內有幸者……（周書．列傳六，馮道）

四、▽次曰元帥太子，即德光也；幼曰阿安端君。德光本名耀屈濟，後慕中華文字，遂改焉。（外國列傳一．契丹）

第一例明宗本紀記載的，是皇帝決定與党項諸蕃之間進行馬匹交易的來龍去脈；第二例桑維翰傳記載的，是和攻勢日益增強的契丹之間爭鬥的相關記錄；第三例是馮道所著的「長樂老自敘」當中的一節。最後一例的契丹傳，則是契丹王族改成中國風名字的經過。

這四例都和塞外的異民族有關，其中三例確實是五代的記錄；用例雖少，但看得出繼承了「太宗的中華」。因為當時是各地諸侯林立、興亡此起彼落的亂世，所以「中華」並不包含領域的意義，而是大略指涉「我國」的意思。

此外，關於五代還有宋朝歐陽修撰寫的《新五代史》。這是編纂《新唐書》的歐陽修所私撰，原本的名稱是「五代私記」，之後在清朝乾隆皇帝時代被納入正史，於是改成現在的名字。在這當中沒有任何「中華」的用例。

接著是宋代。

西元九六〇年，宋太祖趙匡胤結束了半世紀的五代十國混亂，建立（北）宋，是個以黃河畔的開封府（汴京）為首都的小國家，也是久違的漢人王朝。

宋朝北鄰契丹族的遼、東接高麗、西鄰吐蕃（藏族）、西夏（党項族）、南接雲南的大理王國（白蠻，屬藏緬語族，現在的白族），可以說是四面被騎馬遊牧民族國家所包圍。遼的壓倒性軍事力，不久後便讓北宋落居下風。接著，女真族的金從遼北面南下、滅亡遼國，而金又被蒙古族（元）所滅；這些騎馬民族橫行無忌、盛極一時，讓人不禁有種動亂時代將至的預感。

記載北宋、南宋合計三百二十年王朝歷史的是《宋史》。這是奉元朝末代皇帝——第十一任皇帝順帝命令，編纂遼、宋、金三代正史的脫脫（托克托）所撰。這部書只用了兩年半的短時間就完成，但這是有其背景的。當時的官員因為認為「國可滅，史不可滅」（趙翼《廿二史劄記》

卷二十三），所以把原本位在南宋首都臨安府（浙江省杭州市）的史館記錄，轉移到首都大都（今北京）的國史院；在那裡，從元世祖忽必烈的時代開始，就有侍奉元朝的宋朝舊臣，在編纂這三個朝代的國史。故此，《宋史》與其說是蒙古族，不如說是經由漢人官員之手編纂而成。

《宋史》中，「中國」這個用例壓倒性的多，至於「中華」則有六例：

一、◎繼和面奏曰：「平涼舊地，山川阻險，旁扼夷落，為中華襟帶，城之為便。」太宗乃許焉。（列傳第十六，李繼隆）

二、◎燾笑答曰：「尊中華，事大國，禮一也，特以罕至有加爾。朝廷與遼國通好久，豈復於此較厚薄哉！」（列傳第八十七，李安燾）

三、◎曾不思宗廟則草莽湮之，陵闕則畚鍤驚之，堂堂中華戎馬生之，潛善、伯彥所以誤陛下、陷陵廟、蹙土宇、喪生靈者，可勝罪乎！（列傳第一九四・儒林五，胡安國）

四、◎太母（皇太后），天下之母，其縱釋乃在金人，此中華之大辱，臣子所不忍言也。（同上）

五、▼徽（文王）又自言嘗夢至中華，作詩紀其事。（列傳第二四六・外國三，高麗）

六、◎妄以下根之卑，適詣中華之盛。（列傳第二五〇・外國三，日本國）

第一例是十世紀下半葉第二任皇帝太宗時，武將上奏提議增強西域軍備。第三任皇帝真宗時，北宋已經失去了建國時的霸氣。他們和入侵的契丹族遼國簽訂了「澶淵之盟」，以支付歲幣給遼的方式換取和睦，換言之就是用錢買和平。以後，兩國以對等的國交相互往來，是一段意氣消沉的時代。

第二例是第六任皇帝神宗時代，負責編修起居注的官員李安燾出使高麗宮廷時的發言。這個中華是宋的自稱。

第三、四例是南宋時代，家臣對首任皇帝高宗痛切的忠言。稍早之前的一一二六年，金國攻陷宋的首都開封，將徽欽二帝與皇后俘虜到北方，這就是所謂的靖康之變。金是以漠北上京會寧府（黑龍江省哈爾濱市近郊）為都的騎馬遊牧民族國家。結果北宋滅亡，殘存部隊擁戴高宗逃往南方的杭州（臨安府），是為南宋；這兩個用例就是發生在這時候。從這段話裡，可以窺見宋朝失去首都、連太母亦即高宗之母（徽宗皇后）的歸還，都得看金國臉色的悲慘狀況。

第五例是憧憬中華的高麗文王的話。

第六例是太宗時代渡海的日本僧侶　然謁見太宗，蒙太宗下賜大藏經時，表達謝意的禮敬之文。

這六例都是對外關係，其中五例是上表或皇帝使節的報告，可以看成是宋的官方態度。從這些用例可以看出，宋也隱約繼承了「太宗的中華」形象。

北魏孝文帝、唐太宗時代持續擴大的「中華」，在這時期變成了「縮小的中華」。周圍被騎馬民族國家環繞的北宋，只能在長城以內竭力維持住自己的一畝三分地。南宋（首都杭州）被取代遼的金（女真族）趕出中原，情況更慘，只能維持住長江流域，和東晉差不多程度的國土。

消滅宋的騎馬民族蒙古族建立的國家——元朝，情況又是如何呢？

《元史》是明朝宋濂在首任皇帝洪武帝的時代編纂而成。說到底，元本來就沒有起居注制度，記錄參差不齊，再加上這本書又只用了一年半的短期間來編纂，因此做為史書的評價並不好。為了補足它的不夠齊全，在二十世紀的民國時代，有人編纂了一本《新元史》。

《元史》也是幾乎都使用中國，中華只有兩處用例：

一、◎太祖第二室，奏《武成之曲》：無射宮

天扶昌運，混一中華。爰有真人，奮起龍沙。祭天開宇，亙海為家。肇修禋祀，萬世無涯。（志第二十，禮樂三．宗廟樂章）

二、◎今倡亂者止數人，顧乃盡坐中華之民為畔逆，豈足以服人心。（列傳第二十六，朵爾直班）

第一例禮樂志的宗廟儀禮音樂中，出現隋時為統一多民族而提倡的「混一中華」語句，相當

值得玩味。

第二例是元朝末期，愛好蒐集中華文物的文宗時代；當時河南有人叛亂，元的高官主張是否該把中華之民，全都當成是叛逆者？這裡所謂「中華之民」，指的是在元人、色目人、漢（北）人、南人四種區別的身分制度中，位在最底層的南人。至於第三階的漢人，其實是華北胡漢混雜的居民。從這種文脈來思考，禮樂志的「中華」應該也是「征服中華、混一全土」之意，所以把中華和元朝視為不同的存在，或許比較妥當。

只是，唐所無法直接掌控的地區陸續被蒙古侵攻吞滅，變成元帝國的領土。最初是西夏，在一二二七年被成吉思汗所滅，接著是西藏在一二四〇左右、大理在一二五四年左右滅亡。就「擴大的中華」這點來說，騎馬民族蒙古獲得了迄今為止不曾有過的廣大領域，可視為擴大中華的第四階段。

然而，蒙古除了元帝國之外，還樹立了四個汗國。對席捲歐亞、建立世界帝國的蒙古來說，他們並不需要「中華」這樣的統合與國家概念。

接著是《明史》。清朝建國之初，首任皇帝世祖順治帝在順治二年（一六四五）便設立了明史館，但中途曾數度半途而廢，到了第三任皇帝世宗雍正帝十三年（一七三五）才終於完成；換言之，它編纂的時間花費了將近九十年。《廿二史箚記》的作者趙翼說《宋史》「繁蕪」、《元史》「草率」，對它們的評價都很糟，唯獨對《明史》卻說「未有如《明史》之完善者」，對之評價甚高。

明的國土和元朝相比，雖然欠缺了蒙古草原與西藏，不過仍然保住了黃河與長江流域。儘管如此，和史上擴張最廣的「元的中華」相比，明的中華仍是縮小的中華。

夾在元與清兩個異民族的縫隙間，苦於北虜南倭（蒙古與倭寇）的明代，對於「中國」的用例一共有兩百七十四例；另一方面，明代「中華」的用例也有十四項、十六例，在二十四史中僅次於《清史稿》。足以表現時代特徵的用例有三項，全都是儀禮用的詩句，以下原文轉錄：

一、◎洪武三年定宴饗樂章。

一奏《起臨濠之曲》，名《飛龍引》：千載中華生聖主，王氣成龍虎。提劍起淮西，將勇師雄，百戰收強虜。（志三十九，樂三・樂章二，洪武三年定宴饗樂章）

二、◎民通和，樂太平。贊東宮仁孝賢明，秉鈞衡端正，順乾坤泰亨，坐中華萬世昌寧。（同上，永樂間定東宮宴饗樂章）

三、◎朝會大樂九奏歌工：中華一統巾，紅羅生色大袖衫，畫黃鶯、鸚鵡花樣，紅生絹襯衫，錦領，杏紅絹裙，白絹大口褲，青絲絳，白絹襪，茶褐鞋。（志四十三，輿服三）

首任洪武帝與二任永樂帝的宮廷儀禮音樂中，可以看見兩例「中華」，分別是「千載中華生聖主」，以及「坐中華萬世昌寧」；「輿服志」一文則是朝會時演奏的詩曲，歌詠的是「中華就像一塊布一樣統一……」。其他則全都是有關外國的情報。不過有以下這個用例：

> 有捕倭寇數十人至京者……中華人被掠者，亦令送還。（列傳第兩百十，外國三，日本）

日本傳中的詔書說，「中華人被掠者，亦令送還」，這點相當值得矚目。或許是仿效「中國人」的用例，但運用「中華」的合成語，在這裡是頭一次出現。

剩下的十三例全都是在列傳中，與外國或西域有關的記述，在此省略其引用。當中，外國有日本、呂宋、爪哇、和蘭、柯枝、忽魯謨斯、比剌、意大里亞八國，西域傳則有撒馬兒

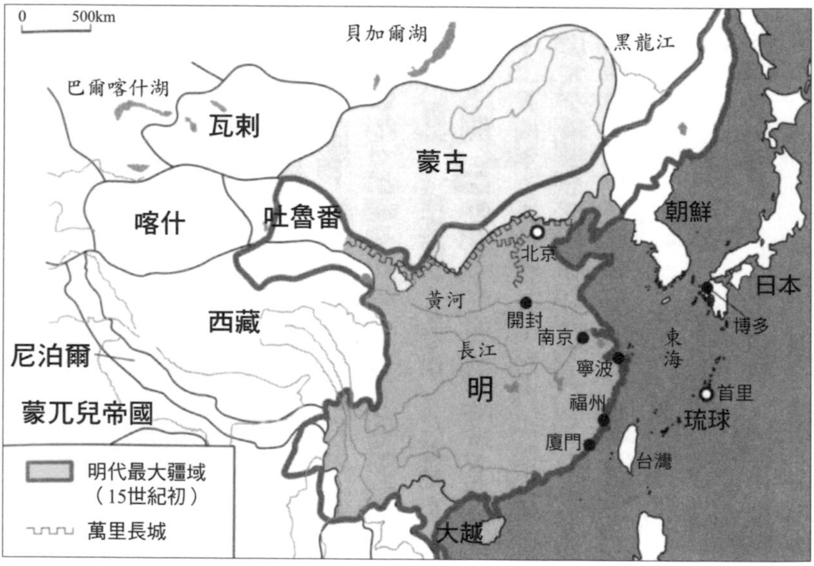

明代的東亞大陸形勢圖

罕、別失八里。除了荷蘭、義大利以外，以呂宋（菲律賓）、爪哇（印尼）為首，柯枝（現印度柯欽）、忽魯謨斯（伊朗荷姆茲海峽的港口城市），比剌（非洲東岸索馬利亞摩加迪休附近的港口城鎮），都是永樂帝時代，鄭和大船團曾經造訪的地方。別失八里是突厥語「五城」之意，是位在新疆吉木薩爾的北庭故城（破城子）。

在這裡我們可以看到明朝無視於元朝的「中華」，再次在對外關係上，讓「太宗的中華」復甦起來。洪武、永樂帝的禮樂，以及輿服志的「中華」，都和唐太宗「大唐雅樂．凱安」的「中華」，處在同一個思想脈絡下。

清朝——版圖最大的「中華」

接下來是最後的王朝——由滿族所建立的清朝。滿族是曾讓北宋頭痛不已，最後為蒙古所滅的騎馬遊牧民族國度——金國（女真族）的復興。

清的正史《清史》，直到新中國時代都沒能編纂出來。不過，中華民國成立後動用近百名學者編纂清史，並在一九二七年左右完成一份未定稿《清史稿》。台灣的國民黨政府則在辛亥革命五十周年的一九六一年，以此為基礎編纂《清史》。另一方面，中國在二〇〇二年設立了國家清史編纂委員會，將之視為國家重大計畫，並預定要在十年之內完成清史的編纂，但最後也沒能實現。

明末的一六四四年，從陝西省北部起兵的李自成率領農民叛亂軍攻進紫禁城，毅宗（一六二七—四四在位）自殺於景山，明朝滅亡。這時，鎮守長城要衝山海關的吳三桂和清朝攝政王多爾袞（太祖努爾哈赤之子）聯手，意圖鎮壓叛亂；兵不血刃通過山海關的清軍擊破李自成軍，簇擁著年幼的順治帝（一六四三—六一在位）進入北京，這就是清朝的開始。

第二任聖祖康熙帝（一六六二—一七二二在位）、第三任世宗雍正帝（一七二三—一七三五在位）、第四任高宗乾隆帝（一七三六—一七九五在位），這三任皇帝征服了新疆（準噶爾）與雲南，奠立了王朝的最大版圖。在雍正皇帝時代，他透過新創設的軍機處確立起皇帝獨裁的中央集權體制，讓滿族的控制變得堅不可破。

就「擴大的中華」這點來說，清朝是第五階段，也是最後一個階段。它的領土和現在的中華人民共和國一致，新中國也單方面宣稱，自己繼承了清的領域。

清朝皇帝對於騎馬民族與農耕民族的掌控／受掌控關係，相當敏感。

從清朝建國初期開始，身為被征服民族的漢人，就有許多學者陸續發表將滿族視為夷狄的論述。在這裡，明朝被認為是「中華」，也就是說「中華」等於「漢」。在這些民族主義著作引發的共鳴下，有漢人開始討論起反清計畫，但往往未曾實現就事機敗露，結果導致眾多文人被逮捕，這就是所謂的「文字獄」。

既然如此，那有清一代對「中華」的理解是怎樣的呢？

綜觀《清史稿》全篇，中國的用例共有一千一百五十九例。另一方面，「中華」則有十三項、十九例。其中重要的諭旨有兩件，一件是首任皇帝世祖順治帝、另外一件則是末代皇帝宣統帝溥儀（一九〇八—一二在位）所發：

流賊李自成殺君虐民，神人共憤。朕誕膺天命，撫定中華……（本紀第四，世祖本紀一）

立政府於南京，定號曰中華民國……仍合滿、蒙、漢、回、藏五族完全領土為一大中華民國。（本紀第二十五，宣統皇帝本紀）

除此之外的用例，分別出現在交通志、邦交志（美利堅、義大利、日本）、列傳（文祥、吳可讀）、文苑傳、藝術傳、屬國（緬甸）當中。

清朝的十九處用例中，皇帝的詔與官員的上表占了十六例。世祖本紀是順治二年（一六四四），清朝壓制李自成叛亂時的上諭。宣統本紀是宣統三年（一九一一），在隆裕皇太后指示下，明白宣告宣統帝退位與中華民國成立方針的詔令。

另外還有一項是第四任皇帝——高宗乾隆帝的時代，針對前往星宿海探索黃河源流的河源探索使報告所發布的上諭（皇帝對臣民發布的公告），在這裡也可以看到「中華」：

（乾隆四十年）即如黃河源出西塞外庫爾坤山之東，眾泉渙散，燦如列星，蒙古謂之「鄂敦塔拉」，西番謂之「索里瑪勒」，中華謂之「星宿海」……（列傳七十，舒蘭）

令人更感興趣的是南明領袖福王發表的諭旨，這篇諭旨收錄在順治帝的叔父——攝政王多爾袞的傳記中：

予將簡西行之銳，轉旌東征，且擬釋彼（吳三桂）重誅，命為前導。夫以中華全力，受制潢池，而欲以江左一隅，兼支大國……（列傳五，諸王四，太祖諸子三，睿忠親王多爾袞）

明朝滅亡後，在南京樹立了以福王（弘光帝）為首，稱為「南明」的流亡政權。這篇文章是福王與信任的宰相史可法之間，就振興明朝的方策進行討論的聖旨；因此，中華指的是已滅亡的明。

除此之外的用例幾乎都是和外國有關，屬於一直以來中華概念的範疇。只是，自明代以降，出現了一個相當值得注目的變化。比方說，在有關外交的記述上，邦交志的美利堅傳中出現了這樣的上諭：

中華國家或省憲地方官不肯明作準信延接者，彼即無權辦事……總領事之設，美國奉使駐紮中華者，從無此制……今中華貿易之盛……

向由商董立中華會館，排難解紛。（志一百三十一，邦交四，美利堅）

繼明代首次出現的「中華人」後，這裡出現了「中華國家」、「中華會館」這些新的合成語，在日本的條目（志一百三十三，邦交六）中，則首次出現了「中華互市」這樣的詞彙。

直到元代為止，中華這個單詞前後，並沒有附著其他的名詞；直到《明史》，出現了「中華人」這種稱呼，接著在《清史稿》，更出現了「中華民國」這個國號，以及「中華國家」這樣的名稱。中華民國這個詞，至少在一九〇六年，已經在革命人士章炳麟的演說中登場；關於這點，我們稍後會再詳述。總之，在明、清時代，「中華」這個概念已經超出唐太宗的想法，不限於對外關係的使用上，而是作為合成語開始被活用；「中華民族」這個用語，也是這種使用法的延伸。

只是，這時候「中華」還不具備和特定民族直接連結的屬性。

清代的東亞大陸形勢圖

「中華」民國的建立──「漢族」的欺瞞

一八九〇年代中期，隨著日清戰爭爆發，中國變成了帝國主義的獵場。洋務運動（由開明官員主導的近代化運動）遭到保守派壓制，列強以租借之名行掠奪領土之實、西歐資本的滲透……凡此種種，都讓中國陷入前所未見的國家危機當中。

在這個日清戰爭失敗、被迫接受下關（馬關）條約屈辱條件的時代裡，有個主張撕毀條約、徹底抗戰的人，那就是剛剛科舉及格，三十七歲的康有為。他和他的同志梁啟超一起向光緒帝（一八七五—一九〇八在位）上奏，倡議展開變法與政治改革，最終目標則是將國家轉換為立憲君主制，這就是被稱為「維新派」的集團。

一八九八年六月，第十一任皇帝德宗光緒帝將改革重任託付給維新派，此即「戊戌變法」，但這項運動被西太后敵視為「大逆不道，構煽陰謀」，僅僅百天就遭到瓦解，這就是所謂的「戊戌政變」。政變後，康有為流亡到日本。西太后是第十任皇帝穆宗同治帝的母親，當穆宗年紀輕輕便猝逝之後，便成為絕對的權力者。

一九〇〇年，獲得西太后支持的義和團（清末從山東省蔓延到整個華北的排外宗教運動）高舉「扶清滅洋」旗幟，四處襲擊殺害外國人，這就是成為清朝滅亡導火線的義和團事件。之後英美日等八國聯軍攻進北京，占領紫禁城，事件才終於平息。

第二年二月十四日，從西太后手裡取回實權的光緒帝，發布了「量**中華**之物力，結與國之歡心」的上諭。對光緒帝而言，滿族的王朝就是「中華」，「中華」等於「滿＋漢」。

可是在此同時，這個中華和「太宗的中華」又有些許差異。之所以如此，是因為歷經十七世紀康熙帝時代的尼布楚條約、十八世紀雍正帝時代的恰克圖條約，以及一八六〇年咸豐帝時代締結的北京條約，中俄間的國境大致確定下來。因此，「量中華之物力」這句話，應當也有表現出對於領土範圍的意識。

順道一提，中俄整體國境線的確定是在二〇〇四年；先前的一九六九年，兩國曾在中蘇國境、烏蘇里江上的珍寶島（達曼斯基島），發生軍事衝突。一九九〇年代下半夜，隨著中亞各國從前蘇聯羽翼下自立，中國也和他們締結了國境協定。

在國境確定下來之前，中國軍隊曾屢次對外侵略。一九六九年，他們越過國境入侵越南，此即所謂「中越戰爭」。兩國的陸地國境，最後在一九九九年劃定下來。中國和印度在一九六〇年代，也曾在喀什米爾地區發生軍事衝突；直到現在，中國和印度的國境仍未確定下來。

話說回來，與現代相連的「中華」這個概念在議論中登場，是辛亥革命之前、二十世紀初期的事。以下參考台灣中研院近史所沈松僑副研究員的論文〈我以我血薦軒轅——黃帝神話與晚清的國族建構〉進行概觀。

在日本以新聞工作者身分展開活動的梁啟超（一八七三—一九二九，清末學者，康有為的弟子），在與孫文和宮崎滔天等人的交流中，朝著建立嶄新國體而努力前進。光緒二十七年（一九〇一），他發表了《中國史敘論》。這篇文章當中的一節是這樣寫的：

吾人所最慚愧者，莫如我國無國名之一事。尋常通稱，或曰諸夏、或曰漢人、或曰唐人，皆朝名也。外人所稱，或曰震旦、或曰支那，皆非我所自命之名也。（梁啟超《中國史敘論》）

這個時代，「Nation」的漢譯曾經被考慮譯為「國族」。在「nationalism」（國族主義）高漲的情勢下，梁啟超力陳，現在為止的國名不過只是王朝的名稱，故此應該從國民的立場出發，重新導正歷史。在這篇論述問世後，對嶄新國史學的關心程度急遽升高。

這個時候，「中華民族」和「漢族」這兩個詞也都還沒出現。

以天下自居，只有朝號而無國號……
（康有為，〈海外亞美歐非澳五洲二百埠中華憲政會僑民公上請願書〉）

要做個正正經經的國家，就不能不擁有國名，因此康有為提議，定國名為「中華國」，並主張合滿、漢、蒙、回（伊斯蘭教各族）、藏五族為中華一員，也就是所謂的「五族共和」。他力陳應「團和大群，以強中國」，並企圖維持帝制。沈松僑認為，「康有為心目中的中國國族，實為一個道德文化的社群」。

一九〇五年，孫文等人在東京組成中國同盟會，正式展開打倒清朝的運動，「革命派」就此誕生。他們的綱領是「驅逐韃虜（滿族）、恢復中華、創立民國、平均地權」。

作為革命派先鋒的是章炳麟（一八六九－一九三六）：

建漢名以為族，而邦國之義斯在。建華名以為國，而種族之義亦在。中國民族者，一名漢族，其自曰中華人，又曰中國人。（章炳麟，《中華民國解》）

章炳麟提議，將居住在中國大陸、以漢語為母語的集團統稱為「中國民族」、「漢族」、「中華人」，由此可以看出無視其他少數民族存在的意思。

「漢族」這個名稱，就這樣在歷史上首度登場。不只如此，「漢」本身還被定義為中華；這堪稱是一種極大的扭曲。

章炳麟主張，華、夏、漢等名諱，都是指黃帝以來漢族居住的領域，和夷狄彼此相異。構成中國的幾乎全是漢族，「中國國族」就是以漢族為主體。

他又主張，中國歷史應該從傳說時代的領袖黃帝時期算起，因此應該從西曆變更為黃帝紀元。使用「黃帝」作為民族象徵來掌握人心，也是從這時候開始。

曾在梁啟超主筆的變法派機關報《時務報》擔任記者的章炳麟，也是戊戌變法後流亡日本的人士之一。之後，他轉向革命派，以打倒清朝、實施漢人主導的民族革命——光復——為職志。同盟會成立的第二年，也就是一九〇六年十二月，他們在東京神田召開「紀十二月二日紀元節慶祝大會」，紀念中國同盟會的機關報《民報》創刊一周年。跟在孫文之後登台的章炳麟這樣疾呼：

> 從今以後，我漢人兄弟，請把依賴督撫的一念，早早打消。但想當兵，不要想當奸細……這革命大事不怕不成，中華民國不怕不立。（〈中華民國解〉，原載《民報》（第十五號），一九〇七年）

他的演說贏得了台下聽眾的如雷喝采。

繼「漢族」之後，「中華民國」這個國名，大概也是在這時候才首度登場。

章炳麟將自己的主張彙整起來，以《民報》主筆身分發表的，就是包括上述引文的《中華民國解》。

他首先提議，這個民族的名稱應定名為「漢族」，然後又針對「中華」的概念範疇提出說法：

今有為金鐵主義說者曰：中國云者，以中外別地域之遠近也。中華云者，以華夷別文化之高下也。即此以言，則中華之名詞，不僅非一地域之國名，亦且非一血統之種名，乃為一文化之族名。（《中華民國解》）

所謂「金鐵主義」，指的是朝向立憲君主制邁進的學者，與德意志鐵血宰相俾斯麥的想法產生共鳴，從而提倡的傳統民本思想。清朝擁護派的論者認為，為了實現全國人民的平等，必須要「滿漢平等、蒙回同化」，而為了連結滿、蒙、回、藏，就必須保留清朝皇帝。章炳麟倒用了這個邏輯，將「中華」定義為單一文化，也就是漢族文化。

他的口號是「排滿興漢」、「振興中華」。

設定好「中華」概念的新範疇後，章炳麟又說：若要將藏、回、蒙等民族同化入中國，只需「設官興學、專意農工」，大概二十年歲月就可以讓他們和內地對等了。同時也要改變其言語風俗，最終「以其族醇化於我」。接著章炳麟還說：就現狀而言，西藏、回部、蒙古各族，若是不接受學問、不從遊牧轉換到農耕、不在言語風俗上與漢族同化，那就不該認定他們是對等的民族。

這就是在當時、甚至一直延伸到現在的漢人歧視意識。越南、朝鮮兩國因為和漢人血統相通，所以有必要支援他們；但另一方面，號稱「三荒服」的西藏、蒙古、回部，因為血統語言相異，所以應該「任其去來」，讓他們自己決定民族的去留。

神戶大學教授王柯（專攻中國近現代史）做了這樣的分析：

讓「漢族＝中華，滿族＝非中華」這個公式滲透到社會各方面，是革命派建設「漢民族國家」的戰略。（王柯《多民族國家——中國》）

五世紀下半葉的北魏孝文帝時代，騎馬民族王朝提出了「中華」的概念，到了八世紀唐太宗時，對這個概念更進一步延伸；以後，「中華」的概念為歷代王朝所承繼，但在這時迎來了重大的轉捩點。

提議將國名冠上「中華」的康有為和章炳麟，兩人有著很大的差異。沈松僑認為，前者是西洋歷史學者所謂「文化的國族主義（Cultural nationalism）」，後者則是「種族的國族主義（Racial nationalism）」；換言之，康有為主張的是相對的民族論，章炳麟則是漢人自以為是、展現露骨歧視態度的「民族論」。

康有為的思維和太宗的「中華」接近，但章炳麟的構想則和太宗的「中華」截然不同，和清代的概念也迥然相異——那是一種誕生於革命時期中國、自以為是的觀念。

……文明主義下的版圖，與歐洲風的領土思想，在歷史性質上具有非常大的差異；正因如此，兩者自近代（清末）以來，造成了相當大的混亂與衝突。（司馬遼太郎／陳舜臣／金達壽，《在歷史的交叉路口——日本、中國、朝鮮》）

司馬遼太郎口中的「混亂與衝突」，就是從這裡開始的。

朝向革命前進的人們，自己也處在混亂之中。關於「中華」的統一思想，這時尚未誕生。這個時代對兩種「中華」觀來說，是個重要的分歧點。

光緒帝在光緒三十四年（一九〇八）十月，以三十七歲的年輕之齡猝逝；他的死與西太后（享年七十四）只差一天，有人說是遭毒殺。接著即位的是年僅兩歲的末代皇帝溥儀。

三年後的宣統三年（一九一一），辛亥革命、也就是第一次革命爆發。十二月，袁世凱接受了隆裕皇太后的懿旨（皇后或皇太后的命令），並向內外公布；這份懿旨說：

即由袁世凱以全權組織臨時共和政府，與民軍協商統一辦法。總期人民安堵，海宇乂安，仍合滿、漢、蒙、回、藏五族完全領土為一大中華民國。

各省代表十七人開選舉臨時大總統選舉會於上海，舉臨時大總統，立政府於南京，定號曰中華民國。（《清史稿》宣統本紀）

在這篇宣統本紀裡，出現了清朝最後的「中華」用例。在這當中，明白宣示了康有為提議的「五族共和」這一國家構造，並對章炳麟等人的「漢族＝中華」、「滿族非中華」革命運動做出了否定。

一九一二年一月一日，溥儀退位，清朝滅亡；孫文以臨時大總統身分，宣布中華民國建國：

國家之本，在於人民。合漢、滿、蒙、回、藏諸地為一國，即合漢、滿、蒙、回、藏諸族為一人——是曰民族之統一。

這是孫文《臨時大總統就職宣言》當中的一節。

與「中華」之名密切相關的這個新國家，其領土包含了滿、蒙、漢、回、藏五族的土地；也就是說，它宣稱繼承了清朝所獲得的最大版圖。這裡的「中華」，明確指的是五族結合的概念。

辛亥革命之後不久，中國仍然在持續摸索國名與「中華」的定義。

一九一二年七月，孫文企圖排除當時最具實力的北洋軍閥領袖袁世凱（二次革命），結果失敗、流亡日本；一九一四年，他在日本組成了「中華革命黨」。這年六月，第一次世界大戰爆發，九月日軍出兵山東。

高田時雄（京都大學榮譽教授，專攻中國文學）指出，首次使用「中華帝國」這個詞彙的，似乎也是章炳麟。某位藏書家蒐集的《民報》上有章炳麟的筆記，當中就有「中華帝國」的名稱。

在動亂中，選擇章炳麟所描繪的構圖，並將之化為現實的是袁世凱。一九一五年二月，臨時大總統袁世凱奪取民國革命的成果，自居帝位；他所取的國名直截了當，就叫「中華帝國」。

袁一稱帝，立刻引發了反對帝制的三次革命。一九一三年帝制被取消，共和制復活，袁世凱也在失意之中病死。

從這時候起，中國便陷入了軍閥戰爭。在不具備統一政府的國內，一方面反日愛國運動與五四運動盛極一時，另一方面在滿洲，則有日本的關東軍日益活躍。

虛構的「五族共和」——孫文與毛澤東的「中華」

在「中華」概念的界定上，最終掌握關鍵話語權的，還是「革命之父」孫文。

清朝末期首次打出的「中華」，是要把建立清朝的滿族從中國驅除、建立起漢族獨尊的民族國家，以此為正當性進行訴求的象徵性口號；樹立中華民國之後的「中華」，則是強調以滿族為首的「五族」團結融合的象徵性口號。（王柯《多民族國家——中國》）

孫文在一九一八年底，為了提供富國與民族自立一套方針，編纂了一部名為《建國方略》的作品。在這部作品中，首次出現了「中華民族」這樣的用語。

《建國方略》是部分為「心理建設」、「物質建設」、「社會建設」三章的大作，在這當中呈現出孫文民族主義的真正面貌。簡單說，他只在第二章第三部「蒙古、新疆的殖民」中，提到清朝時期新納入領土的蒙古和新疆，而且還是和鐵路建設相關、如何實施漢人殖民的方策，至於對包含西藏在內的新疆、蒙古居住的非漢人，則是一副完全無視的態度。

可是在此同時，就像王柯指出的，「五族共和」意味著五族同心協力建設新國家，換言之就是必須要有參加者的同意與共識。換言之，非漢族獨立的要求有可能藉此正當化，而國家也內含了分裂的契機。

此後，孫文的方針產生了重大的變化：

一九一九年，中華革命黨改稱中國國民黨，以廣東為根據地。

一九二一年，中國共產黨成立，標榜民族主義的國民黨則是呈現反共的姿態。此後，國共合作與武力衝突、合縱連橫反覆不斷的混沌時代於焉展開。

一九二四年，國民黨召開第一屆全國代表大會。在前一年發表的「國民黨宣言」中這樣說：

> 吾黨所持之民族主義，消極的為除去民族間之不平等，積極的為團結國內各民族，完成一大中華民族。

這是當時孫文對民族問題的理解。這篇宣言中最大的重點是「團結國內各民族，完成一大中華民族」；孫文的「中華民族」是個未完成的空架子，只是將來應該形成的努力目標罷了。

孫文對這個努力目標究竟抱持著多少責任感，其實很成疑問。在這裡已經看不到「五族共和」的修辭。不只如此，孫文在一九二四年的演講中更說：

就中國的民族說，總數是四萬萬人，當中參雜的不過是幾百萬蒙古人，百多萬滿洲人，幾百萬西藏人，百幾十萬回教之突厥人。外來的總數不過一千萬人。所以就大多數來說，四萬萬中國人可以說完全是漢人。同一血統生活，同一言語文字，同一宗教信仰，同一風俗習慣，完全是一個民族。（《三民主義．民族主義第一講》）

孫文做出了堪稱「背叛」的路線變更，從伴隨民族自決的「五族共和」，轉變為以漢人為中心的「中華民族」。也就是說，他從康有為的「中華─五族共存」，戲劇化地轉換到章炳麟的「中華─五族否定」、「大漢族主義」。之所以如此，是因為他面臨到「如果再不留心提倡民族主義，結合四萬萬人成一個堅固的民族，中國便有亡國滅種之憂」的危急狀況。

作為拯救危機的革命旗手，孫文腦海裡想到的，徹頭徹尾只有漢人：

孫文是個強烈的民族主義者，他的思想概括在民族、民權、民生三位一體的三民主義當中。根據他自己的說明，三民主義意味著「中國的國際地位平等、政治地位平等、經濟地位平等」。這整個體系的民族主義色彩相當濃厚，特別是在民族主義這章中，明顯充斥著近代民族主義的主

張。換言之，他所著眼的是對內進行國民統一，對外則追求國際平等。（竹內好，《身邊的現代中國論》）

竹內好（一九〇七—七七，專攻中國文學）認為，孫文的民族主義是處在「當帝國主義入侵亞洲時，面對侵略者所孕育出的民族意識」這個脈絡的延伸上。就普遍情況而論，新中國的知識分子對民族問題的歷史理解，相當遺憾地比起過去的文人甚至來得更差。他們甚至連一語道破「周隋唐皆出武川」，這種清朝人的見識與認知都沒有。孫文的主張也幾乎無視於漢以外各民族的存在。王柯斷言，孫文所推演的國家論，雖然改換門面，號稱是建立在「融合」、「同化」上的「中華民族國家」，但本質上仍然是換湯不換藥的「漢民族國家」。

就在這種潮流與概念操作中，「中華＝漢」的構圖流傳日益廣泛，但是這種概念的發展仍然不過百年而已；而「中華」在這之前，已經有一千五百年的歷史。

就這樣，章炳麟的「漢族主義」論述，被孫文延續下去。孫文說，「在中國，民族主義就是國族主義」，而國族就是漢族的代稱。他認為，中國人只有家族和宗族方面的共享團體（家族主義和宗族主義），卻沒有民族精神，才會落入世界最貧困的境地，因此他要提倡民族主義（國族主義），靠著民族精神來救國。

剛才的「國民黨宣言」中雖然說，要以「積極團結國內各民族，完成一大中華民族」為目標，但在另一層面上，其實是隱含著孫文意圖藉由民族國家，來確保具體領土的野心，也就是繼承滿族王朝的全部版圖。這不只和千年來醞釀的「中華」概念完全絕緣，而且是從根本上變質的轉變。這就是司馬遼太郎說的「歐洲風領土思想」，和現在的領土民族主義是密切相連的。

就這樣，從太宗構想的「中華」，到明清時代一直繼承下來的「文明主義的版圖」這層意義，已然完全消滅。

「中華」戲劇性地改頭換面，變成漢族中心的一種領土觀。

在這層意義上，具備了現代西洋傳入具體國境意識的「中華」既等於漢族世界，也是「用漢文化同化非漢族後成立的世界」。

一九二五年三月十二日，孫文留下「革命尚未成功、同志仍須努力」的遺言後撒手人寰。七月，在廣東建立了以繼承者汪兆銘為主席的國民政府，北京方面則是由段祺瑞擔任臨時執政。第二年，掌握了國民黨主導權的蔣介石開始北伐。另一方面，一九二七年，毛澤東在江西省井岡山建立了革命根據地。

一九二八年，北伐完成，樹立了以南京為首都的國民政府。

一九三一年，國民政府頒布了「中華民國訓政時期約法」（憲法），宣布「中華民國領土為各省及蒙古西藏」。

同年，共產黨在江西省宣布成立中華蘇維埃共和國臨時政府。

國共內戰爆發，中間還夾雜著日中戰爭，到了一九四九年中華人民共和國成立，將近四十年的漫長動亂才告一段落。

順便一提，「中華民國訓政時期約法」中提到的西藏，在這時候還不是民國的領土。西藏在人民共和國建國兩年後，遭到人民解放軍鎮壓全境；之後中國和聖俗兩界的領導者——十四世達賴喇嘛政權間簽訂了十七條協定，局面一時維持小康，但在一九五九年動亂再起，達賴喇嘛流亡到北印度，建立流亡政府，而中國則在之後成立了西藏自治區。不只如此，一九四〇年代在蘇聯支持下，成立東突厥斯坦共和國的新疆，其歸屬中國要等到一九四九年中華人民共和國建國的六年後，也就是一九五五年（維族自治區成立）。

這些地區並沒有那麼簡單從清朝的版圖繼承下來，就算樹立了自治區政府，也未必就受地方歡迎。不滿的火種，直到現在依然沒有消失。

繼承由章炳麟所提倡、並由孫文所決定的「中華」概念者，是奉孫文為國父的國民黨主席蔣介石。他在一九四三年於重慶出版的《中國之命運》第一章．中華民族的成長與發展中，作了以下的陳述：

> 我中華民族建國於亞洲大陸，已經有五千年之久了。……就民族成長的歷史來說：我們中華民族是多數宗族融和而成的。……由於生活的互賴，與文化的交流，各地的多數宗族，到此早已

融和為一個中華大民族了。……五族的名稱絕不是因為人種和血統的差異，而是因為宗教及地理環境的差異所致。（蔣介石，《中國之命運》）

毛利和子（早稻田大學榮譽教授，專攻中國政治外交史）說，蔣介石的主張，雖然有喚起民族主義、在日中戰爭中動員國民的用意，但是——

在某種意義上，這是一種「形塑國民」的嘗試；然而這也是對孫文以來大漢族主義的本質，赤裸裸地表明。（毛利和子《從邊陲看中國：民族問題與國家》）

蔣介石的立論雖然看似繼承了孫文「中國人只有家族主義和宗族主義」的想法，但箇中卻有著決定性的差異。

蔣介石說，中華民族的存在「已有五千年之久」。也就是說他認為，中華民族這個概念，不只是包含少數民族的全民族總稱，還是自古以來便已如此認知。這和章炳麟的中華觀迥然相異，也不是孫文設定的努力目標。他雖然打著繼承孫文的旗號，卻有意識地將孫文的概念抽梁換柱，堪稱是又一次重大欺瞞。

這種議論——也就是所謂的「中華大民族論」，是一種極其粗糙的產物；它把五千年歷史中相關的所有民族全部包含在內，當成一個「中華民族」來看待。既然如此，那一九四九年將國民黨趕出大陸的毛澤東和他率領的共產黨，又是怎麼看待「中華」的呢？

至少他們繼承了以黃帝為祖的「漢族」思維。一九三五年，國民黨派遣中央委員前往位在陝西省黃陵的黃帝陵，向黃帝祈求「力排艱險，以復我疆園，保我族類」——請竭盡全力排除苦難，恢復我國土，守護我民族。

兩年後，中共陝西蘇區政府祭祀黃帝陵，由毛澤東主席與朱德抗日紅軍總司令朗誦祭文。黃帝即使在共產黨政權下，也是被當成漢族象徵來奉祀的。

毛澤東說：

> 我們中國現在擁有四億五千萬人口，差不多占了全世界人口的四分之一。在這四億五千萬人口中，十分之九以上為漢人。此外，還有蒙人、回人、藏人、維吾爾人、苗人、彝人、壯人、布衣人、朝鮮人等，共有數十種少數民族，雖然文化發展的程度不同，但是都已有長久的歷史。（中略）
>
> 中華民族的開化史上，有素稱發達的農業和手工業，有許多偉大的思想家、科學家、發明家、政治家、軍事家、文學家和藝術家，有豐富的文化典籍。（中略）
>
> 中華民族的各族人民都反對外來民族的壓迫，都要用反抗的手段解除這種壓迫。（一九三九

年〈中國革命與中國共產黨〉，收錄於《毛澤東選集》第二卷）

闡述「中華民族開化史」的毛澤東，他的中華民族與蔣介石的並無差異。從這裡可以看出，他繼承了蔣介石的主張。

話雖如此，毛澤東的論述中有兩個「中華民族」，前者明顯是指漢族，後者則給人一種不太自然的做作感，也可以說是有點消化不良的微妙表現吧！

在新中國建立七年後，毛澤東又發表了一篇名為〈論十大關係〉的文章，其中的第六點是「漢族和少數民族的關係」：

我國少數民族人數少，占的地方大。論人口，漢族占百分之九十四，是壓倒優勢。如果漢人搞大漢族主義，歧視少數民族，那就很不好。（收錄於《毛澤東選集》第五卷）

這看起來似乎是否定了章炳麟、孫文一脈傳承的國族（漢族）主義，但也不是康有為主張的五族共和。毛澤東的想法，是孫文「團結國內各民族，合為一大中華民族」的修正路線，同時更繼承了蔣介石的欺瞞。

現在的共產黨政權，原封不動繼承了毛澤東的「中華」與「中華民族」。

讓我們把時代稍微往前回溯一點。在孫文逝世差不多十年後的一九三五年，「國民黨宣言」（一九二三年）所謳歌的中華民族，在一首歌曲中登場了，那就是後來成為中國國歌的《義勇軍進行曲》：

起來！不願做奴隸的人們！
把我們的血肉，築成我們新的長城！
中華民族到了最危險的時候，
每個人被迫著發出最後的吼聲，
起來！起來！起來！
我們萬眾一心，冒著敵人的炮火前進！
冒著敵人的炮火前進！
前進！前進！進！

這首曲子是為了抗日戰爭宣傳，在上海製作的電影《風雲兒女》的主題曲，在民眾之間膾炙人口。作詞者是作家田漢（一八九八—一九六八），作曲者是聶耳（一九一二—三五），兩人都是共產黨員。聶耳在作曲這年，因為對共產黨的鎮壓日趨激烈而前往日本遊學，最後在湘南海岸溺斃，年僅二十三歲。

中華人民共和國建國的一九四九年九月，中國人民政治協商會議通過了做為臨時憲法的《中華人民政治協商會議共同綱領》，認可這首歌為正式國歌制定之前的臨時國歌。

在毛澤東與四人幫自一九六六年開始的暴行——文化大革命中，作詞者田漢遭到批鬥，死於獄中。十年後的一九七八年，改換歌詞的《義勇軍進行曲》被定為正式國歌，新的歌詞是：

前進，各民族英雄的人民！
偉大的共產黨，領導我們繼續長征！
萬眾一心奔向共產主義明天！
建設祖國，保衛祖國，英勇地鬥爭！
前進，前進，前進！
我們千秋萬代
高舉毛澤東旗幟，前進！
高舉毛澤東旗幟，前進！
前進，前進，進！

新的《義勇軍進行曲》是首頌讚毛澤東的歌曲。原詞中的中華民族被替換成「各民族英雄的人民」，也就是毛澤東論述中「中華民族的各族人民」這一主調的後半段。

在這裡，我們可以隱約窺見「中華民族」這個詞的曖昧之處。更進一步說，直到七〇年代下半葉為止，「中華民族」都不是攸關國家存亡的重要關鍵字，擁戴毛澤東的人民政府領導人，顯然對這個詞無所用心。中國動用舉國之力，來進行標榜多元一體的概念定義，要等到進入二十一世紀之後了。

只是，這個版本的歌詞維持時間甚短，一九八二年就改回了原詞。之後在二〇〇四年，修訂的中華人民共和國憲法明定《義勇軍進行曲》為國歌。

從這點來看，現在頻頻出現的「中華」乃至「中華民族」，和過去層層積累的歷史有著微妙的差異；更正確說，它們根本沒有好好繼承「中華」在歷史上的來龍去脈。

在各民族中，一同建構起中國歷史，且現在仍蘊含有抵抗可能性的是蒙古族、回族、藏族、維吾爾族。另一方面，被漢族共產黨政權恣意劃分、認證為「少數民族」的苗族、彝族、壯族、布衣族等，則並沒有太強的獨立意願、且持續漢化中。中國共產黨的少數民族政策照著毛澤東的論點，將這兩者視為等同；從這裡可以看出，他們意圖用「少數民族」這個統括性質的標籤，把五族問題給擴散出去。

回顧歷史，我們可以發現為中國領土帶來擴大原動力的都是異民族。古代掌握中國西北部的是匈奴。八世紀掌控西域、建立起世界最大帝國的唐朝，以及在它之前的隋朝，都屬於騎馬遊牧民族——鮮卑拓跋族的「拓跋王朝」譜系。不只如此，在蒙古族的元朝、滿（女真）族的清朝，這些騎馬遊牧民族的時代，帝國的版圖一直擴展到新疆；而夾在中間的漢人王朝宋、明，其版圖只有前者的不到一半。然而，現在的中國卻無視於因異民族行動而擴大的中華世界，也就是所謂「夷狄」的功績，只是一味把它當成自己的疆域，主張相關的權利。

毛利和子教授的評論確是鞭辟入裡：

在文化和宗教上擁有古老歷史、且過去一直是政治、文化共同體的民族（借用恩格斯的話來說，就是所謂「擔負起歷史的民族」、「大民族」），以及剛升格成「民族」的種族群體，全都被平等列為「民族」……它們被統括為和多數民族＝漢民族不同的「少數民族」且同等並列。其結果姑且不論政治意圖如何，過去席捲中原、「擔負起歷史的民族」，現在全都被貶低到數十個少數民族、種族群體之一的地位。（毛利和子，《從邊陲看中國：民族問題與國家》）

雖然在中華人民共和國憲法中，徹徹底底否定了漢族中心主義，但是——

中華人民共和國是全國各族人民共同締造的統一的多民族國家……在維護民族團結的鬥爭中，

要反對大民族主義，主要是大漢族主義，也要反對地方民族主義。（《中華人民共和國憲法》序言）

「反對地方主義」，意思就是不認可蒙古、西藏和新疆的民族獨立運動。在謳歌「平等團結互助和諧的社會主義民族關係已經確立，並將繼續加強」的憲法序言中，國民被明記為「中國各族人民」，而非使用「中華民族」。中華人民共和國憲法自一九五四年施行以來，雖然屢屢經過修正，但序言則是一直沿用下來，直到今天。

不只如此，對少數民族的歧視態度，直到現在依然相當嚴峻。儘管毛澤東高唱排斥漢族專制主義的言論，但現今的中華人民共和國仍然是以具有壓倒性人口的漢人為中心，對所有少數民族推動漢化政策。

以明代的「中華人」這個詞為先聲，冠上「中華」兩字的合成語陸續誕生。從中華文明、中華思想、中華帝國到中華料理，「中華」儼然變成一個使用起來相當便利的詞彙。可是當我們回顧歷史，會發現直到二十世紀初期，像「中華民族」這樣，和政治或領土意識直接相關的「中華」使用形式還沒有出現；甚至連「中原」，在過去也沒有指涉明確的領土。同樣地，「中華」也是一種和近代西洋拘泥於國境的國家意識迥然相異，屬於精神、文明主義概念的存在。

「中華」是在異民族鮮卑凌駕漢人世界的時代，受到北魏孝文帝稱揚、並被唐太宗所承繼的概念；它所蘊含的意思是，儘管彼此間的差異頗多，仍然應該試著摸索出相互親合的道路。

中國夢與中華民族偉大復興

二〇一二年十一月十五日，中國共產黨第十八屆中央委員會第一次大會，選出習近平為總書記。據中國通信社的報導，習近平當選之後，在人民大會堂向中外記者做了以下的簡短演說：

我們的民族是偉大的民族。在五千多年的文明發展歷程中，中華民族為人類文明進步作出了不可磨滅的貢獻。近代以後，我們的民族歷經磨難，中華民族到了最危險的時候。自那時以來，為了實現中華民族偉大復興，無數仁人志士奮起抗爭，但一次又一次地失敗了。（中略）我們的責任，就是要團結帶領全黨全國各族人民，接過歷史的接力棒，繼續為實現中華民族偉大復興而努力奮鬥，使中華民族更加堅強有力地自立於世界民族之林，為人類作出新的更大的貢獻。

雖然是一篇延續呼籲黨與各族人民團結基調的演說，但值得注目的是，在這段包含省略部分、僅僅四百字的演說中，「中華民族」就登場了六次。

接著在十一月二十九日，習近平視察了在北京國家博物館舉辦的「復興之路」展覽後，又發表了一篇「重要講話」：

《復興之路》這個展覽，回顧了中華民族的昨天，展示了中華民族的今天，宣示了中華民族的明天，給人以深刻教育和啟示……我們這一代共產黨人一定要承前啟後、繼往開來，把我們的黨建設好，團結全體中華兒女把我們國家建設好，把我們民族發展好，繼續朝著中華民族偉大復興的目標奮勇前進。

貫串全文的關鍵字就是「中華民族偉大復興」。對於習近平的這些言論，日本的大型媒體一致認為，這顯示了中國的右傾化傾向。比方說：

這是民族主義右傾化政權的初啼。（二〇一二年十一月二十二日，每日新聞〈木語〉）

明顯擺出藉由民族主義，來提供政權向心力的態度。（十二月二日，朝日新聞北京特稿）

在這前一年，已經有一篇堪稱伏筆的演說。在此借用朝日新聞台北支局長村上太輝夫的報告：

為紀念作為中華民國成立契機的辛亥革命一百周年，中國國家主席胡錦濤在十月九日，於北京做了演說；在演說中，他稱頌革命領導者孫文為「民族英雄」，還重複了二十三次「中華民族偉大復興」。

雖然和習近平的演說不同、有提及孫文，不過這時在中國，「中華民族偉大復興」已經成為重要的主題。美籍中國觀察家盧百可（Patrick Lucas，文化人類學家）就指出，

習近平發表的這段話（中華民族偉大復興），是近二、三十年的中國領導者中，民族色彩最為強烈的言論。（二〇一五年二月二十五日，朝日新聞）

盧百可這樣解讀「中華民族偉大復興」：

它想傳達的是，「我們是歷史上的優秀民族，應當回歸原本的亞洲中心地位」。

這種民族主義，也可以當成愛國主義來理解，而作為其象徵，頻頻出現的就是「中華民

族」。習近平不只力陳「中華民族偉大復興」，在之後的演講中更標榜「中國夢」。

那麼，與民族主義直接連結的、由孫文創造出來的「中華民族」，這個詞彙對現在的中國共產黨而言，又是怎樣的概念呢？

二〇〇二年，刊行中國第一本《中華民族史》的貴州省民族研究所伍文義，發表了一篇名為〈中華民族研究的重要成果〉（收錄於《民族問題研究》當中）的論文。根據這篇論文，「中華民族」的定義是——

> 中華民族指的是，主要生活在中華地區、以中華文化為主要紐帶，由漢族等五十六民族以及世界華人所共同構成的民族共同體。

這篇論文將蒙古族滅亡南宋、建立元朝的一二七九年，定為「中華民族」形成之年。以降直到一八四〇年的鴉片戰爭為止，中華民族逐漸被認知為多元一體的民族共同體，而中華民族為了自我解放而展開的鬥爭，是始於一九一九年的五四運動。

按照這個定義，支配中國將近百年，最後因為無法壓制叛亂，乾脆捨棄首都北歸草原的蒙古族該放在哪個位置？這個問題並沒有獲得解答。不只如此，它對「中華」也沒有一個明確的概念規範。

進入二十一世紀後，中國領導人開始頻繁使用「中華民族」這個詞，其中特別顯著的是兩任之前的領導人——江澤民。比方說在二〇〇二年十一月八日，江澤民國家主席在中國共產黨第十六屆全國人民代表大會上進行報告，其開場總論的最後一節是這樣講的：

我們黨必須堅定地站在時代潮流的前頭，團結和帶領全國各族人民，實現推進現代化建設、完成祖國統一、維護世界和平與促進共同發展這三大歷史任務，在中國特色社會主義道路上實現中華民族的偉大復興。這是歷史和時代賦予我們黨的莊嚴使命。

新中國建國以來，「中華民族」這個詞幾乎沒有在制定國家方針的重要會議上被使用過，以前的官方用法都是「中國民族」；不，甚至連「中國民族」使用得都不多，主要都是使用「中國人民」。「中國人民」這個用語的歷史，可以回溯到古代：

皆中國人民所喜好，謠俗、被服、飲食，奉生送死之具也。（《史記》列傳六十九，貨殖列傳）

根據最近主張中華民族論的論文〈論中華民族的共同性〉（谷苞著）所述，這裡所謂的「中國人民」，實際上指的是身處漢所設置郡縣內的各民族。這篇文章收錄在費孝通編著的論文集

《中華民族多元一體構造》中；費孝通（一九一〇—二〇〇五）是中國著名的人類學者，也是為「中華民族」這個民族概念建構邏輯論證基礎的核心人物。谷苞（一九一六—）是他的弟子，曾任新疆社會科學院院長。這本書的原著出版於一九八九年。谷苞在這篇文章中又說：

之後登場的「中華民族」這個名稱，可說是繼承了司馬遷的「中國人民」之名，並從中發展而來的。

——真的能夠如此單純果斷地認定嗎？這讓人不禁心生疑問。

費孝通在這本論集的開頭這樣說：

我將把中華民族這個詞，用來指現在中國疆域裡具有民族認同的十一億人民。

就把「具有民族認同的十一億人民」標榜為中華民族這點而言，這毋寧只能理解成一種「願望」吧！在接下去的論述中，又對這個問題做了稍微明確一點的定義：

中華民族是中國古今各民族的總稱，是由許多民族在結合成統一國家的長期歷史發展過程

中，逐漸形成的民族集合體。（陳連開，〈中國、華夷、中華、中華民族〉）

費孝通也說：

中華民族是包含了五十六個民族的民族實體……這五十六個民族已結合成相互依存、統一而不能分割的整體。（費孝通，〈民族研究〉）

簡單說，就是一種有點硬拗的劃分。

在既有價值觀土崩瓦解的現在，現代人、特別是受壓抑的人們，往往會拘執於自己的民族、宗教認同，從而引發各種紛爭。在這樣的時代裡，將多民族一概統括成「統一而不可分割的整體」來加以理解，這種概念性的、粗糙的規範，說穿了不過就是漢族單方面的自以為是罷了。

橫山宏章（北九州市立大學教授，專攻中國政治史）指出，「中華民族」這個詞，嚴密來說是一種國家概念而非民族概念。他說：

這就像是把人稱「民族大熔爐」的美國各構成民族，全部總稱為「美利堅民族」一樣不可思議。（橫山宏章，《中華思想與現代中國》）

毛利和子也激烈抨擊費孝通的民族論：

費孝通進行調查、並形成他那套民族論的場域，是各民族已經和漢族雜居、且不具備固有文字的雲南與貴州。至於對具備固有的文化、政治共同體，以及固有的言語、文字、風俗，有時甚至還有強烈宗教認同的維吾爾、蒙古、西藏（這些民族全都居住在西北部），他則是殊少見識。是故問題在於，將和西南小型少數民族接觸中誕生出來的民族觀，直接套用在東北、西北部的蒙古人、維吾爾人、西藏人身上，是否適當？（毛利和子，《從邊緣看中國：民族問題與國家》）

「中華民族」這個詞，確實若隱若現存在著政治意圖。

在國境糾紛大致塵埃落定的二十一世紀，中國的軍事展現，以及主權、領土問題的爆發口，就是海洋。在習近平政權誕生以來頻繁使用的「中華民族偉大復興」、「中國夢」口號下，中國朝著嶄新的「海洋大國」、「軍事大國」目標不斷前進。現在，中國仍在東海、南海與東南亞各國以及日本，不斷製造紛爭與緊張局勢。在海洋權益方面，中國主張，「中國人在南海的活動，已有兩千多年的歷史」：

中國歷代政府已經透過行政區域的設置、軍事巡航、海難救助等諸多方式，管轄了南海諸島以及其周邊海域。（「人民網」二〇一六年五月二十三日）

在這裡必須指出的重點是，「中華」這個詞開始有具體的領土意象，是始於中國和西洋各國的帝國主義侵略之間，無法避免衝突的清末。綜觀清朝，不論是行政區域的設置或軍事巡航，在這個區域都不曾實際存在，就連有組織的海難救助，都沒有相關的歷史紀錄。

再回頭來看，中國在陸地國境方面的塵埃落定，也多半是和鄰近國家之間進行熾烈武力鬥爭之後的結果。在這些紛爭爆發時，中國政府說穿了，還是搬出「歷史」來當成自己的主張吧！

比方說中國在一九七一年十二月，開始主張自己對日本的尖閣群島擁有主權。一九六九年，聯合國遠東經濟委員會指出在尖閣群島周邊可能蘊含有石油與天然氣，此後中國便開始這樣主張。這年四月，中華民國也搶先中國，主張自己對這一帶擁有主權；兩者的意圖可說昭然若揭。

為了讓大量消費的主要能源——石油得以順利從中東輸入，進行所謂「珍珠鏈戰略」的海上生命線確保，同時又為了確保以海底油田為首的海洋資源，在東協諸國的領海建造人工島；中國這種軍事的、國家的意圖，可說一清二楚。在這裡，在共產黨獨裁這一政治存在的支配下，以數世紀受壓抑的記憶為基礎，釀成了一套大國意識。在「確信擁有權益」這種自以為是的主張下，中國不斷跨足海洋，但這樣的做法，並無法被國際所認同。

現在的共產黨政權，對於對自己不利的歷史，採取完全無視的態度。

從事物的本質來看，近代開始使用的「中華民族」到了現代，在共產主義教條的規範下，已變成一種「在漢族掌控的現實領土中，將非漢族封閉吸納」的國家意志之象徵性概念。這跟過去將滿族吸收到漢族裡面、當成同一民族對待的做法是一樣的。中國的民族主義不是中國人全體的民族主義，而是漢族的民族主義。

「中華民族」這個概念中，隱含著政府將明顯具備或潛伏著追求自決傾向的少數民族囚禁起來、抑制在現有體制當中的企圖；自孫文、毛澤東以來，這樣的概念始終不變地被繼承下來，從中也可清楚看出漢族的意圖。

蒙古族、藏族、維吾爾族、朝鮮族；佛教、伊斯蘭教、基督教，乃至於泛靈信仰；將這些少數民族，用具有普遍性的單一思維加以囊括起來，以現在來說是不可能的事。

雖然中國也在推動對異民族的綏撫政策，但在漢族本身內部，也是矛盾叢生；都市和農村、沿海和內陸的落差、乃至於地方黨幹部的腐敗，以及環境污染與破壞，導致甚至國土本身的安全都成問題。從大眾媒體的報導中，我們不禁感受到，對於這個維持一黨獨裁的既有體制本身嚴厲問責的時候，或許已經不遠了。

中國共產黨、習近平主席標榜的「中華民族偉大復興」或「中國夢」，這些口號的意義到現在仍然是模糊一片。可是，若要以「中華民族」或「中華」作為克服難局的敲門磚，那就必然要對「中華」的概念重新提出質問。

重新認識「中華」這個詞的成立過程，讓北魏孝文帝與唐太宗李世民意象中的中華，也就是中華抱持的文明主義意味重新甦醒；唯有這個時刻到來，中華文明才能以軟實力之姿，向世界展現其原本的力量。我在此深感期待，並為本書畫下句點。

後記

司馬遼太郎先生曾經如此感嘆：

「中國」或「中國人」究竟是什麼，這個問題隨著時間愈來愈逼近二十一世紀，必定會成為人類確切的課題吧！這個問題說真的並不困難，因為有無數關於它的具體事例堆積在岸邊任人拾取；但是，由於這些事例在形態、色彩、乃至本質上充滿著複雜與相互矛盾，所以要將它統整為一個概念，是件極端困難的事情（中略）……

然而，就算徒勞無功，我們仍然不得不著手去做。（〈千年重負〉一九七八）

這是四十多年前，司馬先生在和陳舜臣先生的合著《對談——思考中國》後記中，寫下的一段內容。現在看起來，司馬先生說的「中國」與「中國人」，也可以替換成「中華」與「漢」。這是困擾司馬先生終身的一個大難題；司馬先生留下眾多關於這個問題的線索後，便與世長辭。

「中華是什麼？」自我開始對司馬先生所提出、堪稱習題的這個問題找尋答案以來，已經過了二十年的歲月。中間我寫了一本半吊子的作品《兩個故宮》（NHK出版），算是一份期中報告；之後我在各位前輩的敦促下，重整旗鼓，再次開始了相關的作業。

學生時代的我，學的是中國文學（現代文學）。一九六〇年代下半葉，中國爆發了文化大革命，日本則有全共鬥抗爭，是個動盪的時代。一九六九年，我在迷惘中改換門庭，投入節目製作的行列，在NHK獲得了一個職務，先後前往新潟、大阪，擔任教育節目的導播長達十年。在大阪的時候，我和新設立的國立民族學博物館（簡稱「民博」，當時的館長為梅棹忠夫先生）有了往來，並得以親炙各位學者的賜教。之後我轉移到東京，負責製作以亞洲為中心的海外取材節目。取材的國家遍及蒙古、不丹、尼泊爾、緬甸、斯里蘭卡、泰國、柬埔寨、北韓乃印尼，幾乎涵蓋了全亞洲。這些取材在事前，都承蒙民博的各位學者提供種種情報，並充分反映在節目當中。對我來說，在沒有專職研究者的時代，民博就是最好的情報網。

當我在尼泊爾與不丹，佇立在喜馬拉雅山的南麓時，首次意識到在銀嶺的彼端，還有中國這個巨大無匹的取材對象。慢慢地，我們也該開始嘗試以中國為主題了吧？我在心裡這樣想。

一九八四年春天，我前往中國雲南取材（NHK特集《秘境雲南》），接著又在NHK特集《大黃河》系列中，從源流開始，沿著整個黃河流域進行取材。雖然每次取材都是要花上一到兩個月、路途艱辛的邊境之旅，但它讓我對中國歷史與文物的見識變得更加廣博，如今想起來實為幸甚。

這次開始中華探索的作業時，我不禁為自己年輕時候的不夠用功深切後悔。當我重新拾起吉川幸次郎、小川環樹這些著名學者當年授課的筆記後，才發現自己超可悲，幾乎都沒有做好事先預習；真是個受業不精的學生啊——我在心底這樣說自己。

就這樣，我開始了退休後和漢文資料苦鬥的歷程。因為有點焦慮，所以我參加了大學時代的老朋友——明治大學教授氣賀澤保規的研究所專題討論；之所以如此，只是為了想多少產生一點理解漢文典籍的感覺。在這堂課中，我從氣賀澤教授、會田大輔同學、石野智大同學（兩位現在都是明治大學兼任講師）、台灣的林韻柔小姐（現任國立中正大學歷史系副教授）等研究生那裡，學到了很多東西。不只如此，在那裡我還得以過目最近的研究動向，以及最新的資料。另一方面，京都大學的杉山正明教授（東洋史）、高田時雄榮譽教授（中國語文學）、阿辻哲次教授（中國語文學），也給了我各式各樣的提示，在此謹一併表示謝意。儘管如此，我還是很擔心我這套自作主張的詮釋，可能會有很多的誤解之處。

另外還有一件意外的事：我借重智慧的各位中國史教師們，對於重新質問「中華」這個概念，並沒有太多的關心。我想之所以如此，原因在於這是關乎整體中國史的問題，因此對於專精斷代區分的專家們而言，這是一個出乎意料的提問吧！

另外還有一個讓我在意的詞彙，叫做「對角線」；這也是司馬先生使用的語彙。

那是我製作一部在北韓取材的節目（NHK特別節目《遙遠的騎馬民族之道~北韓歷史紀行》）時發生的事。在鴨綠江河畔的某個古墳群中，有著前方後圓型的積石塚古墳；因為那是西元前後的產物，所以江上波夫先生認為，這搞不好就是足以填補自己「騎馬民族征服王朝說」失落一環的重要發現。於是得到取材許可之後，江上先生便拜託考古學者森浩一先生同行，並在一九九二年十月展開取材。只是，對於牽扯到天皇譜系的江上理論到底能夠跟節目同調到什麼地步，我感到有點困惑。

於是我問司馬先生，該如何評斷江上理論呢？這時司馬先生簡單明瞭提出的概念，就是所謂的「對角線」：

> 像江上先生這樣在歷史中畫下大膽對角線的學者，幾乎找不到第二人。

對角線——不是從直線來看歷史，而是透過別的視角出發，大概就是這樣的表現方式吧！驗證中華與騎馬民族之間濃厚關聯的本作，也是一種對角線嗎？我一直到最後，都很在意這個疑問。我思考的一個重點，是所謂的「第三者之眼」；具體來說，就是能不能納入北宋歷史學者司馬光的觀點，並為我所用呢？我試著調查一下，發現在司馬光以「臣光曰」評論的帝王當中，本書的主角前秦苻堅、北魏孝文帝、唐太宗確實都相當突出；換言之，千年前司馬光的史家評價，和本書是重合的，至少是一個關於對角線的提示。

本書是這趟有關「中華」探索之旅的最終報告，較司馬遼太郎先生晚了二十年。一路走來，承蒙諸多人士的關照。在論述方面，我在時任中日、東京新聞編輯委員柴田篤先生的照顧下，連載了〈中華的成立過程～騎馬民族皇帝的苦鬥〉（二〇〇八年六至八月，三十六回），並在二〇一〇年考古學者坪井清足教授的九十大壽紀念論文集中，以〈關於中華概念之成立〉為題進行刊載。

回顧起來，前面列出姓名的多位先生都已經不在人世。勉勵我「寫出一本生涯代表之作吧！」的佐佐木高明先生（前國立民族學博物館館長）、坪井清足先生（前奈良國立文化財研究所所長）、樋口隆康先生（京都大學榮譽教授）、加藤九祚先生（國立民族學博物館榮譽教授），都已經不在世間。對於蹉跎太多時間，我留下深深的後悔。

再者，若沒有人文書館的道川文夫先生鼎力協助，這本書不可能成功出版。長年以ＮＨＫ出版社名總編著稱的道川先生，從我的第一本著作《遙遠的不丹》（一九八二年刊）到二〇〇〇年發表的《兩個故宮》，每篇草稿他都會親自過目，並給出相當精確的建議。在我們都步入老境之際，還能透過這恐怕是最後的一本書相互交流，我只能由衷地致上感謝之意。

最後，我要感謝受我拜託、為本書（指日文版）揮毫的書法家石飛博光先生。石飛先生十年前在「砂場會」這個集會中，便是眾人矚目的焦點。這是一個由NHK前輩中村清次先生（前絲路取材班團長）召集，聚集了石飛先生、成城大學榮譽教授東山健吾先生（中國美術史暨敦煌專家）等熱愛絲路人士的集會。之所以如此取名，是因為第一次開會的會場位在神田的蕎麥麵店「砂場」，故以得名。此後，這個以絲路為助談下酒菜的集會，每年都會舉行。

每天都過著忙碌書法家生活的石飛先生因為這段緣分，不只為本書題字，還在各章節的頁首揮毫，寫下一個又一個宛若插畫般、刺激想像力的字。在此，我對他滿足我的任性請求，致上深深的謝意。

順道一提，我也要感謝畫家荒田秀也先生的指導，在此補記。

二〇一七年，初春

後藤多聞

會，1998
《大漢和辭典》，諸橋轍次著，大修館書店
《廣漢和辭典》，諸橋轍次等編，大修館書店
《岩波國語辭典》，西尾實等編
《大辭林》，松村明編，三省堂
《字通》，白川靜編，平凡社

【論文】

〈中華民族史研究的重要成果〉，伍文義，《民族問題研究》，中國人民大學，2002
〈貴霜人與大乘佛教〉，A. N. 澤林斯基，《亞歷山卓（Ay khanum）2003》，東海大學出版會
〈《法顯傳》中所見的陀歷佛教寺院〉，土谷遙子，《東方》（53-1），東方學會，2010
〈曇曜五窟營建次序〉，吉村怜，《佛教藝術》（212號），1994，每日新聞社刊
〈從宇宙之都到生活之都〉，妹尾達彥，《月刊Sinica》，1996年9月號，大修館書店
〈我以我血薦軒轅〉，沈松僑，《台灣社會研究季刊》（二八），1997

* 本書目僅列出引用文獻及單行本書名，至於引用出處及頁數等，因過於繁瑣，故略而不提。

《佛教美術的生態學》，宮治昭著，吉川弘文館，1999
《遙遠的巴米揚》，宮治昭著，NHK出版，2002
《中國石窟：庫木吐喇石窟》，新疆維吾爾自治區文物管理委員會、庫車縣文物保管所編，《中國石窟：庫木吐喇石窟》編輯委員會監修，平凡社，1985
《中國石窟：克孜爾石窟》，新疆維吾爾自治區文物管理委員會、拜城縣克孜爾千佛洞文物保管所編，《中國石窟：克孜爾石窟》編輯委員會監修，平凡社，1991
《中國石窟：雲岡石窟》，雲岡石窟文物保管所編，《中國石窟：雲岡石窟》編輯委員會監修，平凡社，1989
《中國石窟：龍門石窟》，龍門文物保管所、北京大學考古學系編，《中國石窟：龍門石窟》編輯委員會監修，平凡社，1987
《中國石窟：鞏縣石窟寺》，河南省文物研究所編，《中國石窟：鞏縣石窟寺》編輯委員會監修，平凡社，1983
《中國佛教史》（第一卷），鎌田茂雄著，岩波全書，1979
《中國佛教史》（第二卷），鎌田茂雄著，東京大學出版會，1983
《在歷史的交叉路口～日本、中國、朝鮮》，司馬遼太郎、陳舜臣、金達壽，講談社文庫，1991
《對談：思索中國》，司馬遼太郎、陳舜臣，文藝春秋，1978
《三民主義》，孫文著，安藤彥太郎譯，岩波文庫，1956
《章炳麟集》，西順藏、近藤邦康編譯，岩波文庫，1990
《中國之命運》，蔣介石著，波多野乾一譯，日本評論社，1946
《身邊的現代中國論》，竹內好著，筑摩書房，1966
《中華思想與現代中國》，橫山宏章著，集英社新書，2002
《多民族國家：中國》，王柯著，岩波新書，2005
《中華民族多元一體構造》，費孝通編著，西澤治彥等譯，風雪社，2008
《從邊陲看中國：民族問題與國家》，毛利和子著，東京大學出版

《隋唐帝國形成史論》，谷川道雄著，筑摩書房，1971
《隋唐史研究》，布目潮風著，京都大學東洋史研究會，1968
《遊牧民的世界史》，杉山正明著，日本經濟新聞社，1997
《中華的崩壞與擴大》（中國的歷史5），川本芳昭著，講談社，2005
《絢爛的世界帝國》（中國的歷史6），氣賀澤保規著，講談社，2005
《遣隋使所見的風景～從東亞出發的新視點》，氣賀澤保規編，八木書店，2012
《則天武后》，氣賀澤保規著，白帝社，1995
《絲路、遊牧民與唐帝國》（興亡的世界史5），森安孝夫著，講談社，2007
《中國古代的樂制與國家～日本雅樂的源流》，渡邊信一郎著，文理閣，2013
《儒教與中國：「兩千年正統思想」的起源》，渡邊義浩著，講談社選書，2010
《武則天正傳》，林語堂著，小沼丹譯，misuzu書房，1959
《北亞史研究》，內田吟風著，同朋社，1975
《西域史研究》，白鳥庫吉著，岩波書店，1981
《中國史上的民族遷徙期》，田村實造著，創文社，1985
《騎馬民族國家》，江上波夫著，中公新書 1967
《西域文明史概論》，羽田亨著，平凡社東洋文庫，1992
《古代遊牧帝國》，護雅夫著，中公新書，1976
《五胡十六國：中國史上的民族大遷徙》，三崎良章著，東方書店，2002
《匈奴》，澤田勳著，東方書店，1996
《羅什》，橫超慧日、諏訪義純著，大藏出版，1982
《健馱邏：佛的不可思議》，宮治昭著，講談社選書

《西域之佛教》，羽溪了諦著，森江書店，1914
《隋煬帝》，宮崎市定著，中公文庫，1987
《大唐帝國》，宮崎市定著，《世界的歷史7》，河出書房新社，1989
《科舉史》，宮崎市定著，平凡社東洋文庫，1987
〈世界史序說〉，收錄於《宮崎市定全集》第二卷「東洋史」，岩波書店，1992
〈六朝時代江南的貴族〉，收錄於《宮崎市定全集》第七卷「六朝」，岩波書店，1992
《宮崎市定全集》第八卷「唐」，岩波書店，1993
《宮崎市定全集》第十五卷「科舉」，岩波書店，1993
〈亞洲各民族的相互交流〉，收錄於《宮崎市定全集》第十八卷「亞洲史」，岩波書店，1993
〈日出之國：中國的開國與日本〉，收錄於《宮崎市定全集》第二十二卷「日中交涉」，岩波書店，1992
〈《資治通鑑》的有趣之處〉，收錄於《宮崎市定全集》第二十四卷「隨筆（下）」，岩波書店，1992
《中國古代史論考》，佐藤長著，朋友書店，2000
《魏晉南北朝通史，內編》岡崎文夫著，平凡社東洋文庫，1989
《北魏胡族體制論》，松下憲一著，北海道大學，2007
《魏晉南北朝》，川勝義雄著，講談社學術文庫，2003
《魏晉南北朝時代的民族問題》，川本芳昭著，汲古書院，1998
《中國大歷史》，黃仁宇著，山本英史譯，東方書店，1994
《大運河～中國的漕運》，星斌夫著，世界史研究雙書3，近藤出版社，1971
《大運河發展史～從長江到黃河》，星斌夫著，平凡社東洋文庫，1982
《隋代史》，芮沃壽著，法律文化社，1982

《西域通史》，余太山主編，中州古籍出版社，1996
《北涼佛教研究》，杜斗城著，新文豐出版公司，1998
《河西史研究》，齊陳駿著，甘肅教育出版社，1989
《五涼史略》，齊陳駿等著，甘肅人民出版社，1988
《天水史話》，劉瑪莉編著，甘肅文化出版社，2004
《中國史敘論》，梁啟超著，《飲冰室合集》（第一卷），中華書局，1989
《康有為政論集》，康有為著，中華書局，1981
《中華民國解》，章炳麟著，《民報》（第十五號），1907
《孫中山選集》，中華書局，1956
《孫文選集》，黃彥編，廣東人民出版社，2006
《建國方略》，孫文著，羅炳良主編，華夏出版社，2002
《毛澤東選集》，毛澤東著，北京外文出版社，1968
《中國歷代職官辭典》，賀旭志編著，吉林文史出版社，1991
《中國歷史地名大辭典》，魏嵩山主編，廣東教育出版社，1995
《中國歷代帝王名臣像真跡》，河北美術出版社，1996
《春秋左氏傳》，小倉芳彥譯，岩波文庫，1988
《騎馬民族史1：正史北狄傳》，內田吟風、田村實造等譯注，平凡社東洋文庫，1977
《騎馬民族史2：正史北狄傳》，佐口透、山田信夫、護雅夫譯注，平凡社東洋文庫，1978
《魏書釋老志》，北齊・魏收撰，塚本善隆譯注，平凡社東洋文庫，1990
《歷代名畫記》，唐・張彥遠撰，平凡社東洋文庫，1977
《洛陽伽藍記》，東魏・楊衒之撰，平凡社東洋文庫，1990
《法顯傳》，東晉・法顯撰，長澤和俊譯注，平凡社東洋文庫，1971
《支那佛教史跡評解》，常盤大定、關野貞著，佛教史蹟研究會，1926

《歷代求法翻經錄》，馮承鈞著，商務印書館，1931
《龜茲佛教文化論集》，新疆龜茲石窟研究所編，新疆美術攝影出版社，1993
《克孜爾石窟內容總錄》，新疆龜茲石窟研究所編著，新疆美術攝影出版社，2000
《西域佛教研究》，陳世良著，新疆藝術學院西域佛教文化藝術研究所，2008
《克孜爾石窟藝術論集》，史曉明著，新疆藝術學院西域佛教文化藝術研究所，2008
《武威天梯山石窟》，敦煌研究院，甘肅省博物館編著，文物出版社，2000
《中國石窟寺院研究》，宿白著，文物出版社，1996
《陳寅恪：魏晉南北朝史講演錄》，萬繩楠整理，黃山書社，1987
《隋唐制度淵源論稿·唐代政治史述論稿》，陳寅恪著，三聯書店，2001
《中華民族多元一體格局》，費孝通主編，中央民族大學出版會，1999
《魏晉南北朝史研究》，中國魏晉南北朝史學會編，四川省社會科學出版社，1986
《北魏史》，杜士鐸主編，山西高校聯合出版社，1992
《魏孝文帝傳》，劉精誠著，天津人民出版社，1993
《送出石窟的北魏王朝》，金昭·阿勒得爾圖主編，文化藝術出版社，2010
《拓跋春秋》，李凭著，浙江文藝出版社，2010
《北魏政權正統之爭研究》，王朝海著，中國社會科學出版社，2014
《唐太宗傳》，趙克堯著，人民出版社，1984
《突厥史》，林幹著，內蒙古人民出版社，1988
《突厥汗國史》，劉錫淦著，新疆大學出版社，1996

《元史》，明・宋濂等撰，中華歷史文庫電子版
《明史》，清・張廷玉等撰，中華歷史文庫電子版
《清史稿》，民國・趙爾巽等撰，中華歷史文庫電子版
《十六國春秋》，北魏・崔鴻撰，岳麓書社出版，1996
《資治通鑑》，北宋・司馬光撰，中華歷史文庫電子版
《出三藏記集》，梁・僧祐撰，中華書局，1995
《高僧傳》梁・慧皎撰　中華書局，1992
《洛陽伽藍記》，東魏・楊衒之撰，周祖謨校釋，上海書店出版社，2000
《歷代三寶紀》，隋・費長房撰，《大正大藏經》（第四九卷），大藏出版，1927
《史通通釋》，唐・劉知幾撰；清・浦起龍釋，上海古籍出版社，1978
《貞觀政要》，唐・吳兢撰，中國社會科學出版社，2007
《法苑珠林》，唐・道世撰，上海古籍出版社，1989
《廣弘明集》，唐・道宣撰，上海古籍出版社，1991
《封氏聞見記》，唐・封演撰，上海古籍出版社，1992
《唐會要》，北宋・王溥撰，世界書局，1968
《文苑英華》，北宋・李昉等撰，新文豐出版公司
《唐大詔令集》，北宋・宋敏求編，鼎文書局刊，1972
《唐太宗全集》，吳雲等校注，天津古籍出版社，2004
《廿二史箚記》，清・趙翼撰，中華書局，1963
《康熙起居注》，清・內院奉勅撰，景印文淵閣四庫全書
《大義覺迷錄》，清・雍正帝撰，中國城市出版社，1999
《先秦至隋唐時期西北少數民族遷徙研究》，李吉和著，2003
《漢文化與西部大開發—二〇〇三年漢民族學會學術討論會論文集》，文物出版社，2005
《中國人口發展史》，葛劍雄著，福建人民出版社，1991

參考文獻

【文獻&著作】

《史記》，漢・司馬遷撰，中華歷史文庫電子版，2001
《史記集解》，南朝宋・裴駰撰，中華歷史文庫電子版
《漢書》，後漢・班固撰，中華歷史文庫電子版
《後漢書》，宋・范曄撰，中華歷史文庫電子版
《三國志》，宋・裴松之注，中華歷史文庫電子版
《晉書》，唐・房玄齡等撰，中華歷史文庫電子版
《宋書》，南齊・沈約撰，中華歷史文庫電子版
《南齊書》，梁・蕭子顯撰，中華歷史文庫電子版
《梁書》，唐・姚思廉撰，中華歷史文庫電子版
《陳書》，唐・姚思廉撰，中華歷史文庫電子版
《魏書》，北齊・魏收撰，中華歷史文庫電子版
《北齊書》，唐・李百藥撰，中華歷史文庫電子版
《周書》，唐・令狐德棻等撰，中華歷史文庫電子版
《隋書》，唐・魏徵撰，中華歷史文庫電子版
《北史》，唐・李延壽撰，中華歷史文庫電子版
《舊唐書》，後晉・劉昫等撰，中華歷史文庫電子版
《新唐書》，北宋・歐陽修等撰，中華歷史文庫電子版
《新五代史》北宋・歐陽修撰，中華歷史文庫電子版
《宋史》，元・脫脫撰，中華歷史文庫電子版

何謂中華、何謂漢

追逐彩虹的草原男兒

漢とは何か、中華とは何か

作者：後藤多聞（ごとう たもん）｜譯者：鄭天恩｜主編：洪源鴻｜責任編輯：涂育誠、穆通安｜企劃：蔡慧華｜封面設計：木木lin｜內頁排版：宸遠彩藝｜社長：郭重興｜發行人兼出版總監：曾大福｜出版／發行：八旗文化／遠足文化事業股份有限公司｜地址：231新北市新店區民權路108-2號9樓｜電話：02-2218-1417｜傳真：02-2218-8057｜客服專線：0800-221-029｜E-mail：gusa0601@gmail.com｜Facebook: facebook.com/gusapublishing｜Blog: gusapublishing.blogspot.com｜法律顧問：華洋法律事務所／蘇文生律師｜印刷：通南印刷股份有限公司｜ISBN：9789860763683（平裝）、9789860763720（EPUB）、9789860763706（PDF）｜出版日期：2022年1月初版一刷｜定價：600元

國家圖書館出版品預行編目(CIP)資料

何謂中華、何謂漢：
追逐彩虹的草原男兒
後藤多聞著／鄭天恩譯／初版／新北市／八旗文化出版／遠足文化發行／二〇二二年一月
譯自：漢とは何か、中華とは何か
ISBN: 978-986-0763-68-3 (平裝)

一、民族史　二、民族認同　三、中國史

639　　110020972